buchners abiturwissen politik

Basiswissen für die Oberstufe

mit einem Anhang zu Klausur- und Arbeitstechniken

C.C. Buchner · Bamberg

buchners abiturwissen politik

Basiswissen für die Oberstufe
mit einem Anhang zu Klausur- und Arbeitstechniken

Herausgegeben von Manfred Handwerger
Bearbeitet von Max Bauer, Christine Betz, Peter Brügel, Manfred Handwerger, Hartwig Riedel, Beate Thull, Manfred Wissel, Friedrich Wölfl, Dr. Andreas Wolfrum

3. Auflage 3 [7654321] 2014 2013 2012 2011
Die letzte Zahl bedeutet das Jahr des Druckes.
Alle Drucke dieser Auflage sind, weil untereinander unverändert, nebeneinander benutzbar.
Dieses Werk folgt der reformierten Rechtschreibung und Zeichensetzung.

www.ccbuchner.de

Grafische Gestaltung und Herstellung: creo Druck & Medienservice GmbH, Bamberg
Umschlaggestaltung: creo Druck & Medienservice GmbH, Renate Gunnermann

ISBN 978 3 7661 6820 7

1 Politische Systeme

1.1 Staatsformen im Überblick

Leitfragen:

- Wie lassen sich Staatsformen voneinander unterscheiden?
- Welche wesentlichen Kriterien zeichnen eine funktionierende Demokratie aus?
- Worin unterscheiden sich defekte von funktionierenden Demokratien?
- Welche Gemeinsamkeiten und Unterschiede sehen Sie zwischen autoritären und totalitären Diktaturen!

Klassische Staatsformenlehre

Bis in die Moderne hinein unterschied man politische Ordnungen nach der Einteilung des Aristoteles. Er gelangte – je nach Anzahl der Herrschenden – zu einer Dreiteilung. Jede dieser legitimen Formen von Herrschaft konnte jedoch auch „entarten":

Anzahl der Herrschenden		
Einer	Wenige	Viele
Monarchie	Aristokratie	Demokratie
Würde nur das Interesse der Herrschenden verfolgt und der Gemeinnutz vernachlässigt, so entarteten sie zu		
Tyrannis	Oligarchie	despotische Demokratie

Staatsformen der Gegenwart

Die Einteilung des Aristoteles überlebte sich mit der Vielzahl von Ordnungsformen in Neuzeit und Gegenwart. Als Unterscheidungsmerkmal für politische Systeme gilt heute vorwiegend die Art und Weise der Herrschaft. Sie erlaubt eine Reihe von Fragen, die zu den zwei Grundmustern von Demokratie und Diktatur führen.

	Demokratie	Diktatur
Wie wird Herrschaft legitimiert?	Volkssouveränität als Legitimitätsgrundlage	keine Volkssouveränität, Legitimation z. B. durch Ideologie oder Religion

Wie ist der Zugang zur politischen Macht geregelt?	Zugang zur Herrschaft über allgemeine und gleiche Wahlen	keine demokratische Regelung des Machtzugangs
Wer trifft die für alle politisch bindenden Entscheidungen?	verbindliche politische Entscheidungen durch demokratisch gewählte Repräsentanten	Herrschaftsmonopol bei nicht gewählten Entscheidungsträgern
Wie ist die Macht auf verschiedene Machtträger aufgeteilt?	verfassungsmäßig verankerte und faktisch wirksame Gewaltenteilung	Zentralisierung und willkürliche Ausübung der staatlichen Gewalt
Wie ist der Herrschaftsanspruch der Regierenden begrenzt?	definierte und einklagbare Grund- und Freiheitsrechte	willkürlicher Umgang des Staats mit Grund- und Freiheitsrechten
Wie ist die Ausübung politischer Macht geregelt?	Ausübung politischer Macht nach rechtsstaatlichen Grundsätzen	folgenlose Missachtung rechtsstaatlicher Grundsätze durch staatliche Stellen

Eine genauere Betrachtung lässt weitere Differenzierungen zu. Als Grundregel gilt, dass die Freiheiten des Individuums tendenziell von der Demokratie zur Diktatur hin ständig abnehmen, während die Zugriffsmöglichkeiten des Staates stärker und unkontrollierbarer werden. Beide Staatsformen lassen sich so noch einmal unterteilen.

Die Staatsformen im Überblick

Demokratie: funktionierende – defekte

Diktatur: autoritäre – totalitäre

geschützte Freiheits- und Mitwirkungsrechte für das Individuum/Rechtsstaat ▶▶▶ willkürlicher und unkontrollierter Zugriff des Staats auf den Einzelnen/Unrechtsstaat

Die funktionierende Demokratie

Am weitesten sind die Freiheitsrechte des Individuums in einem liberalen demokratischen Verfassungsstaat ausgebaut. Dies bedeutet im Einzelnen:

- „Liberal" beschreibt eine Weltanschauung, die von freien, selbstverantwortlichen Individuen mit unterschiedlichen Interessen, Ansichten und Lebensstilen ausgeht (pluralistisches Gesellschaftsbild). Deren individuelle Artikulation, Vertretung und Verwirklichung im politischen Bereich ist legitim und erwünscht.
- „Demokratisch" bedeutet, dass alle Gesellschaftsmitglieder über die Möglichkeit verfügen, sich an der politischen Willensbildung zu beteiligen; dazu gehören z. B. Kommunikations- und Organisationsfreiheit sowie das freie Wahlrecht.
- „Verfassungsstaat" meint einen Staat, in dem
  - grundlegende (rechtsstaatliche) Rechtsnormen,
  - die Aufteilung politischer Macht auf verschiedene sich gegenseitig kontrollierende Machtträger sowie
  - allgemeine politische Spielregeln durch die Verfassung vorgegeben und von allen eingehalten werden.

Die defekte Demokratie

Defekte Demokratien weisen zwar im Wesentlichen die Kriterien für eine Demokratie auf, in der Wirklichkeit ist jedoch ihre Funktionsfähigkeit teilweise eingeschränkt. Einschränkungen können in einem oder mehreren der folgenden Bereiche auftreten:

- Wahlprozesse werden nicht fair organisiert.
- Der Zugang zu Herrschaftspositionen ist nicht chancengleich gestaltet.
- Demokratisch nicht legitimierte Kräfte (z. B. das Militär) nehmen Einfluss und können Teilbereiche in Staat und Gesellschaft kontrollieren.
- Die Gewaltenteilung ist zwar formal gesichert, wird real aber immer wieder durchbrochen.
- Die bürgerlichen Freiheiten werden nicht jederzeit geachtet und können vom Individuum nicht zuverlässig eingeklagt werden.

Gründe für solche Defizite sind vor allem eine fehlende demokratische politische Kultur oder die Blockade durch nicht- oder vordemokratische Eliten.

Autoritäre Regime

Autoritäre Regime bilden neben totalitären Regimen eine Untergruppe von Diktaturen.

- Sie legitimieren sich in der Regel durch bestimmte – u.U. auch provozierte – Einstellungen in der Bevölkerung (z. B. Schutz vor unerwünschten Minderheiten oder Fremden, Hoffnung auf wirtschaftliche Entwicklung).
- Eine generelle Umgestaltung der Gesellschaft wird nicht angestrebt. Die Machthaber orientieren sich meist an traditionellen Einstellungen und Strukturen.
- Die Partizipation der Bürger wird in einem Maß zugelassen, das die Stellung der Machtelite nicht gefährdet, wobei auch Formen von Depolitisierung vorkommen.
- Ziele sind Machtsicherung und Einhaltung der äußeren Ordnung.

Totalitäre Regime

Einige Diktaturen – vor allem des 20. Jahrhunderts – zeigen zusätzliche Besonderheiten, die sie als eigene Kategorie ausweisen.

- Sie berufen sich auf eine – meist als wissenschaftlich ausgegebene – Ideologie oder auf eine Religion, die als allein gültige Wahrheit angesehen wird, und unterdrücken deswegen gegenläufige Ansichten und konkurrierende Willensbildung.
- Der Gesellschaft wird ein neues Wertesystem aufgezwungen.
- Zur Erreichung dieses Zieles werden neben erzieherischen Maßnahmen auch rücksichtslos Zwangsmittel eingesetzt.
- Alle Formen von privater und öffentlicher Äußerung und Kommunikation werden kontrolliert.
- Die Machtausübung ist zentralisiert und monopolisiert.

1.2 Demokratische Systeme

Leitfragen:

- Welche inhaltliche Erweiterung hat das Prinzip der Gewaltenteilung seit Montesquieu erfahren?
- Welches sind die wesentlichen Unterschiede zwischen parlamentarischem und präsidentiellem Regierungssystem?
- Warum kann die Bundesrepublik Deutschland eher als Konsens- denn als Mehrheitsdemokratie bezeichnet werden?
- Welche Argumente sprechen für, welche gegen die direkte Demokratie?

1.2.1 Die Prinzipien der Demokratie

Moderne Demokratien können durch vier fundamentale Wesensmerkmale definiert und beschrieben werden: Volkssouveränität, Rechtsstaatlichkeit, Gewaltenteilung und Pluralismus.

- **Volkssouveränität**

Das grundlegende Prinzip jeglicher Demokratie (griech., Volksherrschaft) ist die Volkssouveränität (Souveränität = oberste Herrschaftsgewalt). Dies bedeutet, dass in einer Demokratie „alle Staatsgewalt vom Volk ausgeht“ (Art. 20 GG).Die Ausübung der Volkssouveränität ist dabei eng an das Mehrheitsprinzip gebunden, was jedoch nicht heißt, dass der Volkswille in jedem Falle absolute Gültigkeit beanspruchen kann, vielmehr findet er seine Grenzen in den Grund- und Menschenrechten (wertgebundene Demokratie).

- **Rechtsstaatlichkeit**

Rechtsstaatlichkeit bedeutet die Bindung staatlichen Handelns an das Gesetz (formaler Rechtsstaat) und an den Grundsatz der Gerechtigkeit sowie an die Menschenrechte (materieller Rechtsstaat). (siehe auch Kap. 2, S. 25 f.)

Ähnlich wie der Gedanke der Volkssouveränität sind das Rechtsstaatsprinzip sowie das folgende Prinzip der Gewaltenteilung historisch gesehen in der Auseinandersetzung mit der absolutistischen Willkürherrschaft entstanden.

Gewaltenteilung

Die Begrenzung und Kontrolle der Staatsgewalt zur Vermeidung des Missbrauchs staatlicher Macht durch einzelne Institutionen bzw. durch Personen wird durch eine Aufteilung auf verschiedene Staatsorgane erreicht. Am gebräuchlichsten ist im Anschluss an Montesquieu

- die Unterscheidung von Legislative, Exekutive und Judikative, also gesetzgebender, ausführender und richterlicher Gewalt (horizontale Gewaltenteilung).

In der modernen Demokratie wirken sich darüber hinaus weitere Aspekte gewaltenteilend aus:

- die Vergabe politischer Macht auf Zeit. In turnusmäßigen Wahlen besteht die Möglichkeit einer Neubesetzung politischer Ämter (temporale Gewaltenteilung).
- die Verlagerung von Zuständigkeiten an territoriale Gliederungseinheiten in föderalen oder in zumindest teilweise dezentral organisierten Staaten (vertikale Gewaltenteilung), in Deutschland z. B. die Gliederung in Bund und Länder,
- die Möglichkeit der politischen Willensbildung und Teilhabe an politischer Entscheidungsfindung in einer pluralistischen Gesellschaft, z. B. im Rahmen von Parteien, Interessenverbänden oder Medien. Diese schränken die Macht der Regierung bzw. gegenseitig die Möglichkeit der Einflussnahme ein (dezisive Gewaltenteilung).
- die Einschränkung der Regierungsmacht durch eine geschriebene oder ungeschriebene Verfassung, die im Parlament nur mit qualifizierten Mehrheiten oder auch gar nicht (unveränderlicher Verfassungskern des deutschen Grundgesetzes) geändert werden kann (konstitutionelle Gewaltenteilung).

Pluralismus

Im Unterschied zu den bisher genannten staatsrechtlichen Grundprinzipien der freiheitlich demokratischen Grundordnung ist Pluralismus vor allem ein gesellschaftliches Strukturprinzip. Man versteht darunter die gewünschte und legitime Konkurrenz einer Vielzahl frei gebildeter Interessengruppen in nahezu allen Lebensbereichen um politischen Einfluss in einem Staat. Auf diese Weise ermöglicht Pluralismus auch für den Einzelnen die Möglichkeit der politischen und gesellschaftlichen Mitbestimmung (Partizipation) in der modernen Massengesellschaft.

1.2.2 Demokratiemodelle

Die Vielzahl von Ausformungen, welche die Demokratie im Laufe ihrer 2500-jährigen Geschichte aufwies und auch heute aufweist, verlangt nach Ordnung. Für den Vergleich von Regierungssystemen gibt es eine Reihe von Kriterien, z. B. die Rolle der parlamentarischen Opposition oder die Bedeutung der Parteien. Besonders aufschlussreiche Einsichten in die Struktur von Regierungssystemen ermöglichen jedoch folgende Kriterien:

Unterscheidungsmerkmale demokratischer Regierungssysteme

- die Art der Umsetzung der Volkssouveränität,
- die Struktur der Gewaltenteilung sowie
- die Art der Entscheidungsfindung.

Alle drei führen in mehr oder weniger idealtypischen Modellen zu Gegensatzpaaren.

Plebiszitäre und repräsentative Demokratie

Im Hinblick auf die Umsetzung des Prinzips der Volkssouveränität gibt es zwei Grundmodelle von Demokratie: Die plebiszitäre Demokratie und die repräsentative Demokratie.

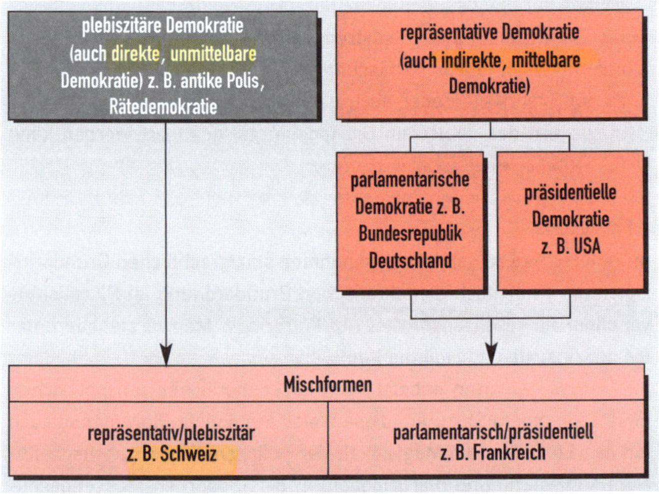

In der plebiszitären Demokratie verfügen die Bürger über die Möglichkeit einer direkten politischen Mitbestimmung. Sie fassen selbst in Volksabstimmungen die Beschlüsse. Das Initiativrecht für ein Referendum kann dabei entweder bei einem Staatsorgan oder bei den Stimmbürgern liegen.
In der repräsentativen Demokratie stellen Wahlen die wichtigste Partizipationsmöglichkeit der stimmberechtigten Bürger dar. Der Wähler entscheidet sich dabei für einen begrenzten Zeitraum für eine Partei, deren Programm und deren politisches Personal. Die gewählten Abgeordneten (Volksvertreter, Repräsentanten) treffen im Parlament in seinem Auftrag die politischen Entscheidungen.

Die Bundesrepublik Deutschland ist auf gesamtstaatlicher Ebene durch das Grundgesetz auf den Typus der repräsentativen Demokratie festgelegt. Unterhalb der nationalen Ebene stehen den Bürgern jedoch fast überall in der Bundesrepublik direktdemokratische Instrumente zur Verfügung:
– Volksbegehren und Volksentscheide auf der Länderebene und
– Bürgerbegehren bzw. -entscheide in den Kommunen und Kreisen.
Kontrovers wird diskutiert, ob direktdemokratische Instrumente auch auf Bundesebene eingesetzt werden sollten.

● Präsidentielle und parlamentarische Demokratie

Zentrales Bauprinzip aller demokratisch-rechtsstaatlichen Ordnungen ist die Gewaltenteilung. Die Struktur der Gewaltenteilung, insbesondere das Verhältnis von Exekutive und Legislative, kann zur Differenzierung von Regierungssystemen herangezogen werden. Zwei Grundtypen repräsentativer Demokratie lassen sich damit unterscheiden: das präsidentielle Regierungssystem und das parlamentarische Regierungssystem.

Im parlamentarischen System sind Exekutive und Legislative relativ stark miteinander verschränkt, es besteht vor allem eine enge Verbindung zwischen der Parlamentsmehrheit und der Regierung.
Im präsidentiellen System agieren Exekutive und Legislative weitgehend unabhängig voneinander.

Parlamentarisches System (Beispiel: Deutschland)	Präsidentielles System (Beispiel: USA)
Parlament und Regierung gehen aus einer Wahl hervor. (Die Regierung wird von der Parlamentsmehrheit gestellt.), *Tendenz zur Gewaltenverschränkung*	Parlament und Regierung gehen aus getrennten Wahlen hervor. Sie verfügen jeweils über eine eigenständige Legitimation. *Tendenz zur Gewaltentrennung*
Der Regierungschef kann durch das Parlament abberufen werden.	Der Präsident kann vom Parlament nicht abberufen werden. Er kann nur bei strafrechtlichen oder anderen schwerwiegenden Verfehlungen angeklagt werden.
Die Regierung kann das Parlament auflösen und Neuwahlen veranlassen.	Der Präsident kann das Parlament nicht auflösen
In der Regel kann oder muss der Regierungschef dem Parlament angehören.	Das Amt des Präsidenten ist mit einem Parlamentsmandat grundsätzlich nicht kompatibel.
Gesetzesinitiative der Regierung möglich.	Gesetzesinitiative der Regierung nicht möglich.

Das semipräsidentielle Regierungssystem (Beispiel: Frankreich) stellt eine Mischform dar, wird aber auch als dritter Grundtyp bezeichnet. Staatspräsident und Parlament werden – wie im präsidentiellen System – in jeweils eigenen Wahlgängen gewählt (zweifache Legitimation). Der Staatspräsident ist mit wesentlichen Rechten ausgestattet, jedoch ist die Exekutive geteilt. Neben dem Präsidenten gibt es den Regierungschef, der vom Staatspräsidenten aus den Reihen der parlamentarischen Mehrheit ernannt wird (also ggf. aus der politisch gegnerischen Partei). Dieser ist sowohl dem Präsidenten als auch – wie im parlamentarischen System – dem Parlament gegenüber verantwortlich und kann von beiden abgesetzt werden.

Mehrheits- und Konsensdemokratie

Ausschlaggebend für diese Gegenüberstellung ist die Art der Entscheidungsfindung. Werden Entscheidungen eher durch die Mehrheit der politisch Verantwortlichen oder im Konsens aller Beteiligten getroffen?
Ein Musterbeispiel für die Form der Mehrheitsdemokratie (auch: Kon-

kurrenzdemokratie, Wettbewerbsdemokratie) ist das britische Regierungssystem mit seinem Zweiparteiensystem (relative Mehrheitswahl!) und den klaren Alternativen von Regierung und Opposition.
Das deutsche Regierungssystem lässt sich überwiegend dem Typ der Konsensdemokratie (auch: Verhandlungsdemokratie, Konkordanzdemokratie) zuordnen. Föderalismus, Mehrparteiensystem (Verhältniswahlrecht!) und Koalitionsregierungen verlangen nach Konsensbildung, oft nach einem langwierigen Aushandlungsprozess mit Kompromisslösungen.

	Mehrheitsdemokratie	Konsensdemokratie
Konzentration der Regierungsmacht	Einparteien-regierung	Mehrparteienkoalitionen
Verhältnis Exekutive Parlament –	Exekutive dominant	Machtbalance
Parteiensystem	Zweiparteiensystem	Vielparteiensystem
Wahlsystem	Mehrheitswahl	Verhältniswahl
Einbeziehung der Interessengruppen	Offen pluralistisch[1]	Reguliert korporatistisch[2]
Zentralisierungsgrad des Staates	Unitarischer Staat	Föderaler/dezentralisierter Staat
Parlamentsstruktur	Einkammersystem	Zweikammersystem
Verfassungsänderung	Einfache Mehrheiten	Qualifizierte Mehrheiten
Verfassungsgerichte	Suprematie[3] des Parlaments	Überprüfung der Gesetze auf Verfassungsmäßigkeit

nach: Carsten Giersch, Materialien zur Vergleichenden Regierungslehre http://www.wiwi.uni-rostock.de/~polreg/content/typologische.merkmale.pdf (abgerufen am 29.3.2005)

[1] Als pluralistisch werden Arbeitsbeziehungen bezeichnet, wenn eine Vielzahl von Verbänden miteinander konkurriert und die Mitsprache von Verbänden in der Politikformulierung und -implementierung nicht institutionalisiert ist.
[2] Korporatistisch ist eine Form der Teilnahme privater Akteure (üblicherweise Gewerkschaften und Arbeitgeberverbände) an der Politik, die nicht durch Konkurrenz-, sondern durch Aushandlungsmechanismen geprägt ist.
[3] Suprematie: Überordnung

1.3 Diktaturen und defekte Demokratien: Beispiele und Formen

Leitfragen:

- Inwiefern weisen die theoretischen Grundlagen und die politischen Strukturen in der Volksrepublik China und in der Islamischen Republik Iran Gemeinsamkeiten auf?
- Welche Chancen für Demokratisierung sehen Sie jeweils?
- Welche demokratischen Regeln werden in Russland verletzt?

Die hier in ihren Grundzügen vorgestellten staatlichen Systeme weisen die für Diktaturen bzw. defekte Demokratien charakteristischen Merkmale auf (vgl. Kap. 1.1, S. 8 f.). Allerdings ist jedes System auch seiner eigenen Geschichte und seinem Kulturkreis verhaftet und aus bestimmten Mentalitäten und Traditionen erwachsen.

1.3.1 Die Parteidiktatur der Volksrepublik China

Die ideologischen Grundlagen

Seit Gründung der Volksrepublik China im Jahr 1949 war die Interpretation des Marxismus-Leninismus durch den Staatsgründer und -chef Mao Zedong die ideologische Grundlage des Staates. Der sog. Maoismus wollte über eine permanente Revolution das Bewusstsein der Menschen verändern und traditionelles, westlich orientiertes oder anderes systemkritisches Gedankengut ausschalten.

Bei allen wirtschaftlichen und sozialen Wandlungsprozessen der letzten Jahrzehnte blieben folgende Grundpositionen der Doktrin unangetastet.

Chinas Staatsdoktrin

- das Selbstverständnis als sozialistischer Staat
- die „Diktatur des Proletariats" und die Unterdrückung der Klassenfeinde
- der Führungsanspruch der Kommunistischen Partei Chinas (KPCh)
- das Prinzip des „demokratischen Zentralismus" als Organisationsprinzip in Staat und Partei, d.h. Willensbildung und Entscheidungsprozesse verlaufen von oben nach unten

Daraus ergeben sich im Umkehrschluss die Ablehnung westlicher Vorstellungen von Demokratie, Gewaltenteilung und Rechtsstaat.

Die Monopolstellung der Kommunistischen Partei im Staat

Alle politischen und gesellschaftlichen Schlüsselpositionen werden von der KPCh personell und ideologisch besetzt. Das formal höchste staatliche Organ ist zwar der Nationale Volkskongress, die Bedeutung dieses indirekt gewählten Parlaments ist jedoch gering, da es von der Partei vollständig kontrolliert wird. Die Parteispitze

- trifft zentralistisch-hierarchisch alle wichtigen Entscheidungen. Ein Nebeneinander von formeller und informeller Willensbildung erlaubt den Leitungsgremien strategische und manipulative Einflussnahme.
- kontrolliert Öffentlichkeit und Medien, definiert, welche Gedanken und Entwicklungen als „westlich" bzw. „gefährlich" einzustufen sind und steuert so die Willensbildung.
- sichert Einfluss und Macht über vielschichtige, oft verdeckte Beziehungsnetze in Staat, Militär, Wirtschaft und Gesellschaft.
- setzt unbegrenzt Machtinstrumente ein, so u. a. militärische oder physische Gewalt, Informationsdosierung, Patronage oder Einflussnahme auf die Rechtsprechung in politisch motivierten Prozessen.

Aufbau einer „sozialistischen" Marktwirtschaft

Seit Ende der 70er-Jahre leiteten die Parteiführer vorsichtig einen marktwirtschaftlichen Kurs ein, der zu einer überaus erfolgreichen wirtschaftlichen Entwicklung in Teilen des Landes beiträgt. Zu den Maßnahmen gehören:

- die Entkollektivierung der landwirtschaftlichen Produktion (bei Beibehaltung des Kollektiveigentums)
- die Liberalisierung der Produktion
- die Aufhebung der Preisbindung etlicher Güter
- die Zulassung von privaten Betrieben und Privateigentum
- die Öffnung des Landes für ausländische Investoren

Die wirtschaftlichen Strukturveränderungen führen auf der anderen Seite zu einem deutlichen sozialen Gefälle und zu sozialen Spannungen. Sie könnten auch den gesellschaftlich-politischen Wandel beschleunigen. Denn die in den Städten entstehende wohlhabendere Schicht will künftig möglicherweise Gesellschaft und Staat mitgestalten.
Allerdings geht die KPCh rigoros, auch unter Missachtung von Menschenrechten, gegen alle Ansätze politischer Liberalisierung vor.

1.3.2 Die theokratische Diktatur im Iran

Berufung auf religiöse Überlieferungen

Der „Gottesstaat“ Iran bezieht sich auf die religiösen Grundlagen der Schiiten, einer konservativen islamischen Glaubensrichtung, der der Koran und die religiösen Überlieferungen als Richtschnur für das gesamte gesellschaftliche und politische Leben gelten. Diese Form des islamischen Fundamentalismus gelangte 1979 in einer Revolution gegen die Schah-Monarchie an die Macht, die eine westliche Modernisierung gegen eine eher traditionell eingestellte Bevölkerung durchsetzen wollte. Der Islam und seine Gesetze sollen nach Auffassung der schiitischen Geistlichkeit im Gottesstaat alle Lebensbereiche regeln. Alle Formen von Volkssouveränität gelten als antiislamisch, da der Mensch nicht über sich selbst herrschen dürfe.

Kritiker innerhalb und außerhalb des Islam werfen den Anhängern des „Gottesstaates“ vor, die islamische Religion für den Machterhalt zu instrumentalisieren und zu missbrauchen.

Staatliche Strukturen

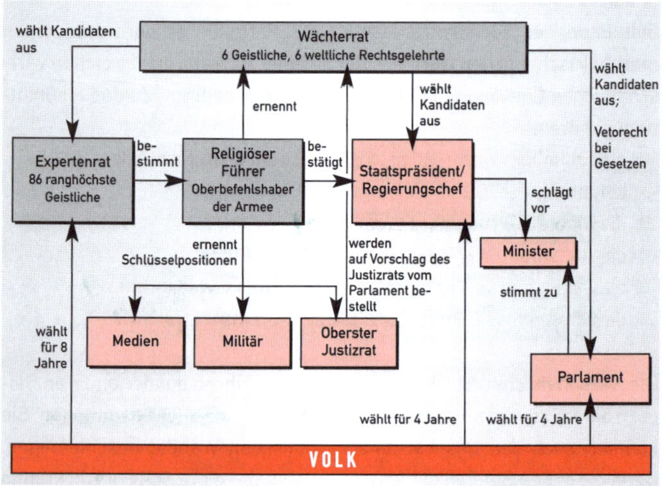

Der Staat ist so organisiert, dass die religiösen Grundsätze immer dominieren, auch wenn der formale Staatsaufbau demokratische Elemente (Wahlen/Parlament/Gewaltenteilung) erkennen lässt.

Kennzeichen der Staatsführung

- Die Begrenzung aller Freiheiten und Rechte des Individuums in der Verfassung, sobald Vorschriften oder Belange des Islam berührt sind (z. B. Grenzen für Presse-, Versammlungs-, Berufsfreiheit)
- „Duale Strukturen", d. h. parallel zu den staatlichen Strukturen gibt es Stellen und Gremien, die von der islamischen Geistlichkeit beherrscht sind
- Der Vorrang für Entscheidungen des „geistlichen Führers" und der islamischen Geistlichkeit bei wichtigen Personalien und politischen Inhalten
- Das Vetorecht des „Wächterrats", einem Gremium von islamischen Geistlichen zur Sicherung einer islamkonformen Gesetzgebung und zur Auswahl und Kontrolle des politischen Personals

Möglichkeiten und Grenzen für Reformkräfte

In der gesellschaftlichen Wirklichkeit beweist das System in manchen Bereichen eine überraschend liberale Einstellung. Offiziell und im öffentlichen Bereich wird streng auf Konformität geachtet, doch im Bereich der privaten Lebensführung öffnen sich Nischen, sodass sogar eine Orientierung an westlichen Lebenswelten möglich wird. Mit dem Einschreiten von Sicherheitskräften ist aber jederzeit zu rechnen, rechtsstaatliche Grundsätze nach westlichem Muster müssen dabei nicht eingehalten werden.
Probleme können sich für die konservativ orientierten Politiker und für das Gesamtsystem dadurch ergeben, dass die demografisch verursachte starke Verjüngung der Bevölkerung tendenziell zu einer Säkularisierung von Gesellschaft und Politik führt. Inwieweit die Reformkräfte mit ihren Bemühungen erfolgreich sein können, demokratische Ansätze und die Einhaltung der Menschenrechte durchzusetzen, bleibt eine offene Frage.

1.3.3 Weitere Formen von Diktaturen

Die Militärdiktatur

Im 20. und 21. Jahrhundert gab und gibt es noch weitere Formen von Diktaturen, so etwa Militärdiktaturen, in denen sich – oft über einen Putsch – Militärs die Macht gesichert haben. Eine „Junta" regiert dann meist mit der Begründung oder unter dem Vorwand, nur so sei im Land die „Ordnung", die nationale Einheit oder eine „wirtschaftliche Entwicklung" zu sichern. Nicht selten werden demokratische Rechte und Strukturen suspendiert und eine Willkürherrschaft errichtet, oft in Verbindung mit Machtintrigen, Misswirtschaft und persönlicher Bereicherung.

● Die Zivildiktatur

Eine andere Variante ist die Zivildiktatur, in der sich eine regierende Elite oder privilegierte Klasse u. U. mit demokratischer Legitimation über rechtsstaatliche Grundsätze hinwegsetzt und den Staatsapparat besetzt hält. Die starke Stellung der Exekutive wird mit der dann angeblich höheren Effizienz und Problemlösungskompetenz bei wirtschaftlichen und gesellschaftlichen Problemen begründet. In Kauf genommen oder rigoros durchgesetzt werden die Aufhebung demokratischer Prinzipien, die Einschränkungen der Grundrechte, willkürliche Repressalien und autoritäre Strukturen.

1.3.4 Russland – eine defekte Demokratie

Russland ist ein Beispiel für eine defekte Demokratie (dem eigenen Selbstverständnis nach eine „gelenkte Demokratie"), die sich in Richtung einer Zivildiktatur zu entwickeln scheint.
Nach jahrhundertelanger autokratischer Herrschaft (Zarenreich, Sowjetherrschaft im 20. Jahrhundert) gab es erst beginnend mit der Reformpolitik *Michail Gorbatschows* Mitte der 80-Jahre deutliche Demokratisierungsbestrebungen, die aber unter den Präsidentschaften *Wladimir Putins* (2000–2008) und seines Nachfolgers *Dmitri Medwedew* wieder in Frage gestellt wurden.
Formal beruht die Verfassung der Russischen Föderation auf einem präsidentiellen System (siehe S. 13 f.) mit weit reichenden Befugnissen für den Präsidenten. Die Macht konzentriert sich neben dem Präsidenten auch auf seine unmittelbare Umgebung.
Während es in der Regierungszeit Putins gelang, für mehr politische und wirtschaftliche Stabilität zu sorgen, hat sich die Situation vor allem im Bereich der bürgerlichen Freiheiten verschlechtert. Kritisiert werden Verletzungen der Meinungs- und Pressefreiheit oder auch politisch motivierte Einflussnahme auf Rechtsverfahren. Die Parlamentswahlen 2007 wurden von der OSZE als „nicht den europäischen Standards entsprechend" bezeichnet. Vor allem in der nach Unabhängigkeit strebenden Republik Tschetschenien kommt es zu Menschenrechtsverletzungen.

1.4 Aktuell: Failing States

Leitfragen:

- Welche Abstufungen lassen sich beim Verlust staatlicher Autorität unterscheiden?
- Warum ist gerade der afrikanische Kontinent besonders von dem Phänomen zerfallender Staaten betroffen?
- Was versteht man unter „State Building"?

Failing States – ein Problem für die internationale Sicherheit

Afghanistan, Irak oder zahlreiche Staaten in Afrika gehören heute aus unterschiedlichsten Gründen zu den von Staatsversagen bedrohten Ländern. Der Zerfall staatlicher Autorität ist ein Problem, das nicht nur die jeweiligen Gesellschaften nachhaltig bedroht, es kann auch die Sicherheit in anderen Staaten gefährden, da solche staatsfreien Räume in vielen Fällen als Stützpunkte krimineller oder terroristischer Banden dienen.

Vom „Staatsversagen" zum „Staatszerfall"

Die Schwäche von Staaten zeigt sich in verschiedenen Abstufungen. Eine mögliche Klassifizierung spricht von:

- Staatsversagen, hier liegen Leistungsdefizite in einzelnen Bereichen vor, z. B. der Zusammenbruch des Bildungs- oder Gesundheitswesens, häufig verbunden mit Legitimationsproblemen der Regierung.
- Staatsverfall, er beschreibt Herrschaftsverhältnisse, in denen – territorial beschränkt – staatliche Kernaufgaben wie die Aufrechterhaltung der Sicherheit an nicht-staatliche Akteure übergehen, z. B. an lokale Warlords oder auch an internationale Hilfsorganisationen.
- Staatszerfall, dies bedeutet den völligen Verlust des Gewaltmonopols und die Infragestellung der staatlichen Einheit.

Der Sudan – Beispiel für einen Failing State

Der Kontinent Afrika weist viele Staaten mit Strukturdefiziten auf. Dies lässt sich mit einer Vielzahl von Ursachen erklären: Dazu gehören eine fehlende Staatstradition, ein belastendes Erbe der Kolonialzeit, schwierige geografische und ökonomische Bedingungen, Einflussnahme durch andere Staaten und vielfach auch „bad governance", d. h. schlechte Regierungsführung und Korruption.

Im Sudan zeigen sich ganz typische Probleme eines Failing State:

- eine autokratische Regierung (Militärdiktatur)
- eine ethnisch heterogene Bevölkerung
- Bürgerkriege aufgrund ethnischer, religiöser und kultureller Konflikte in verschiedenen Teilen des Landes (die westsudanesische Region Darfur ist das größte Krisengebiet des Landes)
- Aufrechterhaltung der Staatlichkeit mit Hilfe von Gewalt, ein permanenter innerer Kriegszustand
- ein zumindest in großen Teilen des Landes zerfallendes Rechtssystem, Menschenrechtsverletzungen, Sklaverei
- völlig unterschiedliche wirtschaftliche Bedingungen, (teilweise Reichtum auf Grund von Bodenschätzen, extreme Armut in verwüsteten Landesteilen)

State Building – Aufgabe der internationalen Politik

Das „State Building" – die Unterstützung schwacher Staaten bei der Steigerung staatlicher Effizienz, im Extremfall sogar der Neuaufbau eines Staates – ist zu einer wichtigen neuen Aufgabe der internationalen Staatengemeinschaft geworden.

Die Erfolge sind dabei sehr unterschiedlich. So ist es weitgehend gelungen, in Krisenregionen des ehemaligen Jugoslawien, z. B. in Bosnien, wieder eine funktionierende Staatlichkeit herzustellen. Im Kosovo wird dies aber noch ein langwieriger Prozess sein. Staaten wie Afghanistan und der Irak werden sich noch auf Jahre in einem sehr schwierigen Neu- und Umstrukturierungsprozess befinden.

2 Die politische Ordnung in Deutschland

2.1 Das Grundgesetz und die Grundlagen der Demokratie in Deutschland

Leitfragen:

- Wie wird die pluralistische Demokratie im Grundgesetz abgesichert?
- Wie sichert der Rechtsstaat die Rechte des Einzelnen ab und wie schützt er ihn vor einer Willkürherrschaft!
- Welche verfassungsrechtlichen Regelungen, Institutionen und Strukturen sichern einerseits die Kontinuität des Grundgesetzes und andererseits seine Offenheit für notwendige Veränderungen?

2.1.1 Grundgesetz und pluralistische Demokratie

„Grundgesetz" ist die Bezeichnung für die Verfassung der Bundesrepublik Deutschland. Es wurde am 23. Mai 1949 verkündet und trat am darauf folgenden Tag in Kraft. In ihm sind die Grundzüge der bundesrepublikanischen Staatsordnung festgelegt: Es sichert eine pluralistische Demokratie, indem es Rahmen und Regeln für die politische Auseinandersetzung, den politischen Prozess, setzt (Verfahrenskonsens) und grund- legende Werte und Prinzipien vorgibt (Wertekonsens).

Das Konzept der pluralistischen Demokratie

Die Vorstellung von einer pluralistischen Demokratie geht davon aus, dass unterschiedliche Interessen, Meinungen und Werte von Individuen und Gruppen artikuliert und vertreten und bei politischen Entscheidungen berücksichtigt werden können.
Dazu ist ein Konsens über die Spielregeln, nach denen sich die verschiedenen Interessen und Ansichten an der Diskussion beteiligen können, notwendig. Die entstehenden Konflikte werden mithin kontrolliert und geregelt ausgetragen und zu einer politischen Entscheidung geführt.

Verschiedene Vorstellungen, Meinungen und Interessen erlauben eine ständige Suche nach neuen Lösungen und halten so die politische und gesellschaftliche Entwicklung offen. Voraussetzung dafür ist ein hohes Maß an Freiheit für das Individuum bzw. für gesellschaftliche Gruppen.

2.1.2 Der Wertekonsens (1): der unantastbare Verfassungskern

Aufgrund der Vorgänge, die zum Ende der Weimarer Republik führten, und der Missachtung der Grundrechte ab 1933 garantiert das Grundgesetz in Art. 79 Abs. 3 („Ewigkeitsklausel") einen unaufhebbaren „Verfassungskern", der in den Art. 1 und 20 GG festgelegt ist. Unveränderbar sind die folgenden Grundsätze:

Die Unantastbarkeit der Menschenwürde

Garantiert wird zunächst die Unantastbarkeit der Menschenwürde als oberster Wert der Verfassung. Konkret bedeutet dies z. B. die Achtung von Leben und Gesundheit oder die Achtung der Willens- und Entscheidungsfreiheit des Menschen.

Die Demokratie

Verankert ist die Demokratie, die als repräsentative Demokratie festgelegt ist. Durch eine Entscheidung des Bundesverfassungsgerichts wurde sie als freiheitliche demokratische Grundordnung inhaltlich konkretisiert.

Grundsätze der freiheitlichen demokratischen Grundordnung

- Achtung vor den Menschenrechten
- Volkssouveränität
- Gewaltenteilung
- Verantwortlichkeit der Regierung
- Bindung der Verwaltung an das Gesetz
- Unabhängigkeit der Gerichte
- Mehrparteiensystem
- Chancengleichheit für alle politischen Parteien und Recht auf Bildung einer Opposition

Die Demokratie schützt ihren Bestand dadurch, dass sie Verfassungsfeinden das Recht abspricht, sich auf die vom Grundgesetz garantierten Freiheiten zu berufen (wehrhafte Demokratie).

Instrumentarium der „wehrhaften Demokratie"

- Verfassungsfeindliche Parteien können durch das Bundesverfassungsgericht verboten werden.
- Vereinigungen, die sich gegen die verfassungsmäßige Ordnung richten, können verboten werden.

- Einzelpersonen können bestimmte Grundrechte verwirken, wenn sie sie gegen die freiheitlich demokratische Grundordnung missbrauchen.
- Öffentlich Bedienstete werden zur Verfassungstreue verpflichtet.

Der Rechtsstaat

Gewährleistet wird ferner der Rechtsstaat, der die Freiheit des Individuums sichert, Rechtsgleichheit und Rechtssicherheit schafft und den Machtmissbrauch durch den Staat verhindert.

Zentrale Elemente des Rechtsstaatsprinzips

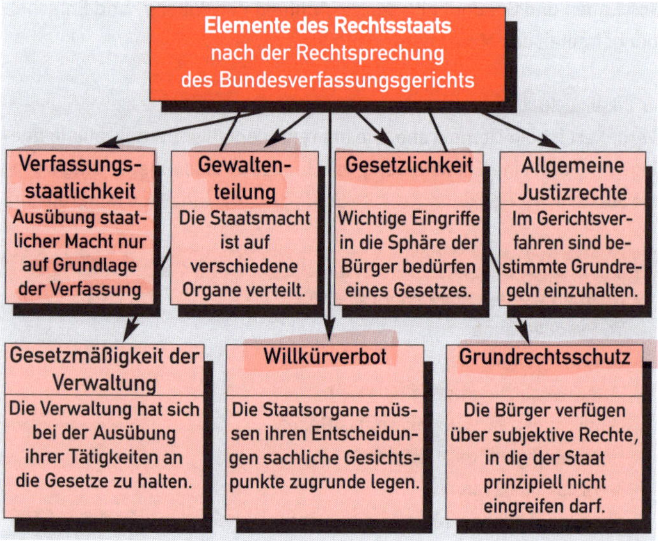

Michael Piazolo, Der Rechtsstaat, hrsg. von der Bayerischen Landeszentrale für politische Bildungsarbeit, München 1999, S. 13

Ein formaler Rechtsstaat, der nur darauf achtet, dass Gesetze rechtmäßig zustande kommen und angewendet werden, kann aber die Verwirklichung dieser Ziele allein nicht sicherstellen. Nötig ist gleichzeitig die Bindung des staatlichen Handelns an die Grundrechte, mithin also der materielle Rechtsstaat.

Der Sozialstaat

Verbindlich gefordert ist die Sozialstaatlichkeit, d. h. der Staat übernimmt Mitverantwortung für die soziale Existenz des Individuums. Dieses Prinzip wird im Grundgesetz nicht näher definiert, seine konkrete Ausgestaltung unterliegt daher den politischen und gesellschaftlichen Kräfteverhältnissen. Deswegen spricht man auch vom Sozialstaatspostulat. (Postulat: unbedingte Forderung)

Handlungsfelder des Sozialstaats

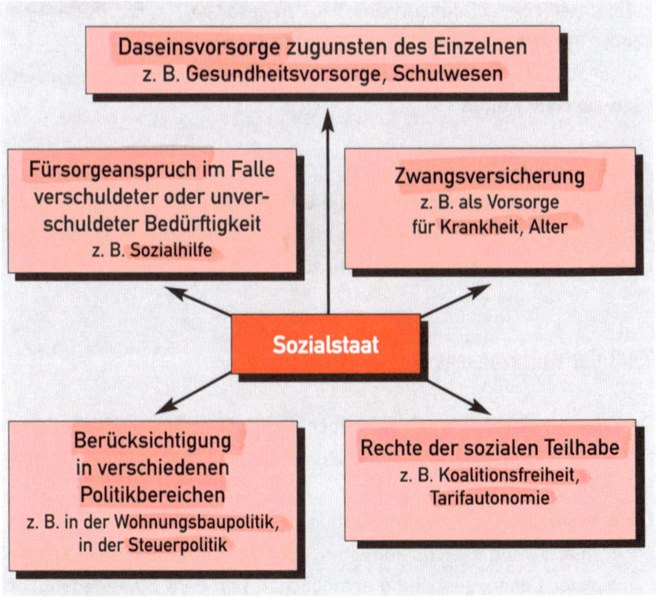

● Der Bundesstaat

Festgeschrieben ist schließlich die Bundesstaatlichkeit. Der Föderalismus ist ein Element der Gewaltenteilung, er bietet jedem Bürger zusätzliche Möglichkeiten der politischen Partizipation und erlaubt überdies eine stärkere Bürgernähe und eine bessere Rücksichtnahme auf die Besonderheiten der verschiedenen Regionen. Die Länder stehen untereinander mit verschiedenen politischen Vorstellungen im Wettbewerb und bieten mit erfahrenen Landespolitikern ein Rekrutierungsreservoir für die Bundesebene.

Da sowohl der Bund als auch die Länder Staatsaufgaben wahrnehmen, sieht das Grundgesetz eine genaue Aufgabenverteilung vor allem im Bereich der Gesetzgebung vor. (Zur Föderalismusreform siehe Kap. 2.5, S. 66 ff.)

Die Gesetzgebungskompetenzen von Bund und Ländern

Ausschließliche Gesetzgebung des Bundes: z. B. Auswärtige Angelegenheiten, Verteidigung, Außenhandel
Konkurrierende Gesetzgebung (Die Länder haben das Gesetzgebungsrecht, wenn der Bund nicht aktiv wird. Der Bund übernimmt nur dann die Gesetzgebung, wenn es darum geht, für alle Bürger „gleichwertige Lebensverhältnisse" zu schaffen.): z. B. Straßenverkehr, Versammlungsrecht, Wirtschaftsrecht
Ausschließliche Gesetzgebung der Länder: z. B. Kommunalwesen, Schulwesen, Kultur

Die Staatsform

Manchmal wird noch eigens auf die Unveränderlichkeit der Staatsform hingewiesen. Die Bezeichnung Republik in „Bundesrepublik" lässt eine andere Form (z. B. Monarchie) nicht zu.

2.1.3 Der Wertekonsens (2): die Grundrechte

Der Wertekonsens ist weiterhin über die im Grundgesetz formulierten Grundrechte definiert. Sie leiten sich von der Menschenwürde als oberstem Wert ab.
Die Grundrechte lassen sich untergliedern in

- Freiheits- und Gleichheitsrechte, die dem Einzelnen eine Sphäre privater Lebensgestaltung ermöglichen und dem Staat gegenüber als Abwehrrechte wirken. Sie basieren auf dem spezifischen Menschenbild der Demokratie, das von dem Gedanken bestimmt ist, dass der Mensch in seinen Entscheidungen frei ist, d.h. dass seine Würde für den Staat unantastbar bleiben und er sich frei entfalten können muss. Entscheidend – auch für die Verwirklichung des Rechtsstaats – ist ferner der Gleichheitsgrundsatz, der die Gleichheit vor dem Gesetz fordert, aber auch den Grundsatz einschließt, dass Gleiches gleich, Ungleiches seiner Eigenart entsprechend verschieden zu behandeln ist.
- Staatsbürgerrechte, die als Mitwirkungsrechte dem Bürger garantieren, das politische und gesellschaftliche Leben mitzugestalten und weiterzuentwickeln.

Das Grundgesetz sichert die Geltung der Grundrechte, ihren Schutz und ihre Wirksamkeit in besonderen Grundgesetzartikeln (immanenter

Schutz), so dürfen sie z. B. in ihrem Wesensgehalt nicht angetastet werden. Ferner sieht es bei Verletzungen der Grundrechte durch den Staat die Möglichkeit der Verfassungsbeschwerde beim Bundesverfassungsgericht (institutioneller Schutz) für jedermann vor.

Freiheitsrechte z. B.	Staatsbürgerrechte z. B.
Recht auf Leben und körperliche Unversehrtheit	aktives und passives Wahlrecht
Glaubensfreiheit	Recht auf Zugang zu öffentlichen Ämtern
Meinungsfreiheit	Wahlstimmengleichheit
Freizügigkeit	Recht auf Staatsangehörigkeit
Recht auf Kriegsdienstverweigerung	

2.1.4 Der Verfahrenskonsens: Regeln und Akteure des politischen Prozesses

Der politische Prozess

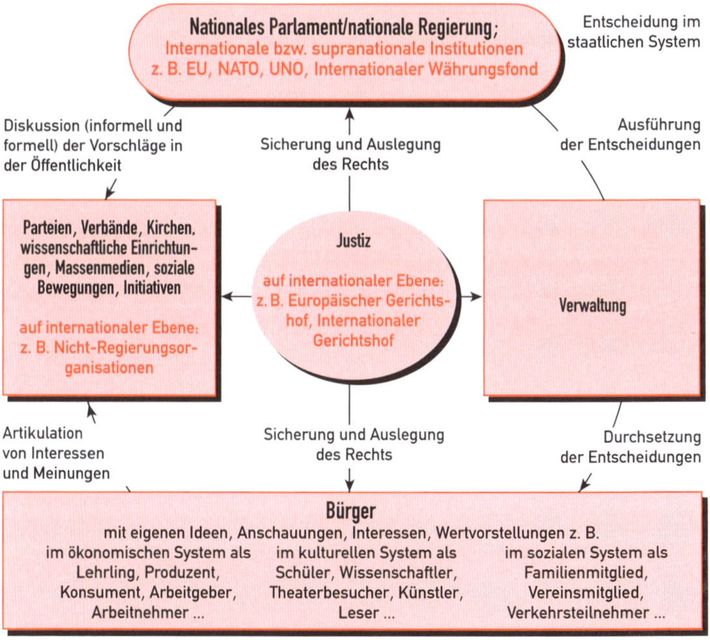

In pluralistischen Demokratien ist am politischen Prozess, in dem unterschiedliche Interessen aufeinandertreffen und Entscheidungen getroffen werden müssen, eine Vielzahl von Akteuren beteiligt. Auch die Spielregeln nach denen diese Konflikte ausgetragen werden und der Weg zu einer für alle verbindlichen Entscheidung sind im Grundgesetz festgelegt. Es werden dort sowohl die Kompetenzen der Akteure als auch ihre Möglichkeiten der Einflussnahme definiert.

Die „Hüter" der Verfassung

Als Hüter der Verfassung sind im Grundgesetz der Bundespräsident und vor allem das Bundesverfassungsgericht vorgesehen.
Der Bundespräsident kann die Unterzeichnung eines Gesetzes verweigern, wenn er daran zweifelt, dass es grundgesetzkonform ist. (Siehe S. 62 f.)
Umfassender und in der Praxis bedeutender sind die Zuständigkeiten des Bundesverfassungsgerichts: Zu ihnen gehören die Entscheidungsgewalt bei Verfassungsbeschwerden sowie bei Kompetenzstreitigkeiten zwischen Verfassungsorganen, außerdem die Überprüfung der Verfassungsmäßigkeit von Gesetzen. Es wirkt als „Letztentscheidungsinstanz". Vereinzelt haben die Entscheidungen politische Auswirkungen und sind dementsprechend auch umstritten. (Siehe S. 64 f.)

Die Offenheit des Grundgesetzes

Für das Grundgesetz charakteristisch ist neben seiner Wertgebundenheit seine gleichzeitige Offenheit. Auf den Wandel in der Gesellschaft, veränderte Wertvorstellungen oder Neuerungen in Technik und Wissenschaft kann das Grundgesetz angemessen reagieren. Änderungen und Ergänzungen des Grundgesetzes können mit einer jeweiligen Zwei-Drittel-Mehrheit in Bundestag und Bundesrat beschlossen werden. Der „Verfassungskern" (s.o.) ist davon jedoch ausgenommen.

2.2 Mittler zwischen Bürger und Staat

2.2.1 Interessenverbände

Leitfragen:
- Ist die Einbringung von speziellen Gruppeninteressen in den politischen Prozess legitim?
- Welche Vorteile hat der Bürger von einer Vertretung durch Verbände?
- Wo liegen die Grenzen eines legitimen Verbandseinflusses?

Verbände – Ausdruck einer pluralistischen Gesellschaft

Das gesellschaftliche und politische Leben in freiheitlich-demokratischen und pluralistischen Staaten wie der Bundesrepublik Deutschland ist geprägt von einer großen Vielfalt oft gegensätzlicher Interessen. Da die Vertretung der Interessen des Einzelnen meist nur im Verbund mit anderen effektiv ist, kommt es zur Ausbildung von Interessenorganisationen. Das Grundgesetz erkennt in Artikel 5, 8 und 9 die Legitimität von Interessenvertretung an.

Was ist ein Verband?

Allgemein versteht man unter einem Interessenverband
- eine auf Dauer angelegte Vereinigung von Personen, Gruppen, Unternehmen oder Institutionen
- zur organisierten Interessenvertretung gegenüber Dritten. Dies können konkurrierende Vereinigungen, staatliche Einrichtungen, Parteien oder die Öffentlichkeit sein.

Ihre Dauerhaftigkeit auf der Grundlage organisatorischer Strukturen grenzt sie im Allgemeinen von Bürgerinitiativen ab und im Unterschied zu politischen Parteien vertreten sie ihre Mitglieder nur unter dem Gesichtspunkt spezieller Interessen und gesellschaftlicher Rollen, kandidieren nicht bei allgemeinen Wahlen und übernehmen keine unmittelbare Regierungsverantwortung.
„Interessenverband“ bzw. „Lobby“ oder „Pressure Groups“ sind weitgehend Synonyme für Organisationen, die im Bereich des zwischen Staat und Markt angesiedelten sog. „dritten Sektors“ tätig sind.

Erster Sektor: Staat

- Parlamente
- Regierungen
- Verwaltungen
- Justiz

Zweiter Sektor: Markt

- Multinationale Konzerne
- Großunternehmen
- kleine und mittlere Unternehmen

Kirchen | Dritter Sektor: Assoziationen | Kammern

- Initiativgruppen
- Interessenverbände
- Vereine
- Vereinigungen

Die vielfältigen Interessenorganisationen in der Bundesrepublik Deutschland lassen sich verschiedenen Bereichen zuordnen:

Sektor	Beispiele
Wirtschaft und Arbeit	Dt. Gewerkschaftsbund (DGB), Arbeitgeberverbände, Bauernverband
Soziales	Rotes Kreuz, Kinderschutzbund, Mieterbund
Umweltschutz	Greenpeace, Bund f. Umwelt u. Naturschutz (BUND)
Freizeit	ADAC, Sportbund, Sängerbund
Politik und Weltanschauung	Int. Gesellschaft für Menschenrechte, Dt.-Israel. Gesellschaft, Islam. Weltkongress
öffentliche Gebietskörperschaften	Dt. Städtetag

Aufgaben der Interessenverbände

Die Interessenorganisationen bringen Gruppeninteressen in den politischen Prozess ein. Sie sind neben den Parteien die wichtigsten Instrumente für Partizipation an und Beeinflussung von politischen Entscheidungen.

Die Funktionen der Interessenverbände im Vorfeld sind:

- Verdichtung von individuellen Wünschen zu einem entscheidungsfähigen Gruppenwillen (Interessenartikulation)
- Bündelung zu einigen wenigen klar umrissenen Entscheidungs- und Handlungsalternativen (Interessenaggregation)

- Auswahl und Gewichtung von Interessen, die in den politischen Prozess eingebracht werden sollen (Interessenselektion)
- Einschluss aller wesentlichen Gruppeninteressen und Verhinderung von politischer Desintegration (Interessenintegration)

Adressaten und Mittel der Einflussnahme

Das politische System der Bundesrepublik bietet eine Fülle von Ansatzpunkten für Lobbypolitik und im Laufe der Jahre haben die Interessenvertreter eine reiche Palette von Methoden entwickelt, mit denen sie bei den einzelnen Institutionen adressatengerecht Einfluss nehmen können. Dabei kann zwischen direkter Einflussnahme auf die Entscheidungsträger und indirekter Beeinflussung (z. B. über die Medien) unterschieden werden.

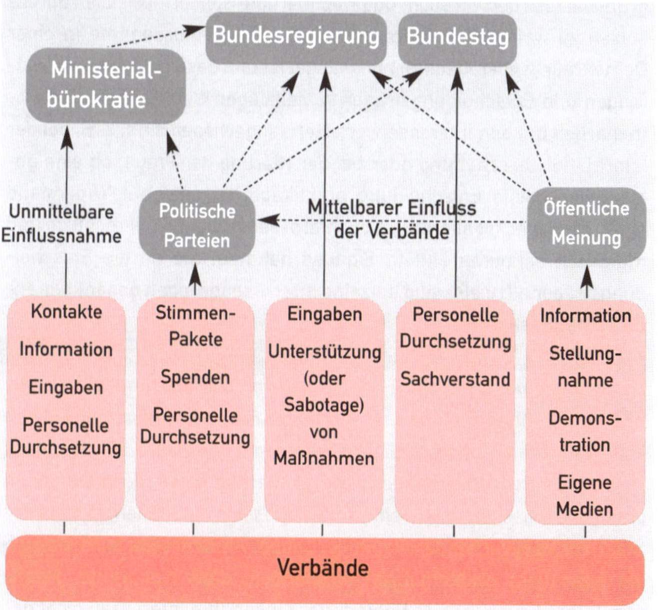

Wolfgang Rudzio, Die organisierte Demokratie. Parteien und Verbände in der Bundesrepublik. Stuttgart 1977, S. 41

Naturgemäß konzentriert sich die Lobbypolitik von Interessenverbänden auf die staatlichen Organe, die im politischen Entscheidungsprozess am wichtigsten sind, vor allem auf die Bundesregierung und die Ministerialbürokratie sowie auf den Bundestag. Zunehmend agieren Zusammenschlüsse nationaler Arbeitnehmer- und Arbeitgebervertretungen aber auch auf europäischer Ebene.

Probleme des Verbandseinflusses

Abnehmende Bindungskraft

Aufgrund einer zunehmenden Ausdifferenzierung der Interessen von Menschen (Individualisierung) schwindet die Bindungskraft an Institutionen aller Art. Auch bedeutende Großorganisationen wie Gewerkschaften, Parteien und Kirchen sind in der Folge dessen mit einem zunehmenden Mitgliederschwund konfrontiert. Antworten darauf zu finden, bleibt eine beständige Herausforderung.

„Informationsmakler" oder „Drückerkolonne"?

Die Öffentlichkeit sieht in den Aktivitäten von Interessenverbänden oft grundsätzlich den Versuch, ungerechtfertigte Sonderinteressen durchsetzen zu wollen. Sie übersieht dabei, dass Einflussnahme in einer Demokratie weder illegitim noch illegal ist und dass politische Verwaltungen und Entscheidungsträger in vielfältiger Weise auf die Zusammenarbeit mit den Interessenvertretern angewiesen sind, z. B. bei der Informationsbeschaffung oder bei der Klärung der Frage, ob eine geplante politische Entscheidung praktikabel ist oder auf Widerstand stößt. Zu prüfen ist allerdings, ob Interessenverbände mit rechtlich und moralisch sauberen Mitteln Einfluss nehmen und ob die Entscheidungsträger allzu einseitig einzelne Interessengruppen gegenüber anderen begünstigen.

„Heimliche Herrscher"?

Der Erfolg eines Verbandes hängt auch von den Machtmitteln ab, die ihm zur Verfügung stehen, z. B. Finanzkraft, Mitgliederzahl, Mitwirkung in Parteien und staatlichen Institutionen. Es wird beklagt, dass manche Interessenverbände heute so mächtig seien, dass sie gegen politische Entscheidungen eine Art Vetoposition innehätten, ja dass der Staat vor den Verbänden kapituliert habe. Andererseits wird vielfach als besonders problematisch empfunden, dass bestimmte gesellschaftliche Gruppen (z. B. Behinderte, Kinder) ihre Interessen nicht genügend zur Geltung bringen können, da sie nicht organisierbar bzw. nicht konfliktfähig sind.

Es bleibt Aufgabe der Politiker – auf der Basis der vom Grundgesetz vorgeschriebenen demokratischen Verfahren und Werte –, dennoch am Gemeinwohl orientierte politische Entscheidungen durchzusetzen.

2.2.2 Parteien

Leitfragen:

- Inwiefern nehmen die politischen Parteien im Vergleich zu den anderen Trägern der politischen Willensbildung eine herausgehobene Stellung ein?
- Welche Funktionen nehmen die Parteien im politischen Kommunikations- und Willensbildungsprozess wahr?
- Die Volksparteien verlieren Wähler und Mitglieder. Wie können diese Entwicklungen erklärt werden? Welche Gegenstrategien erscheinen Ihnen Erfolg versprechend?

Zur Unterscheidung von Parteien und Verbänden

Unter politischen Parteien versteht man Vereinigungen von Bürgern mit gemeinsamen politischen Überzeugungen, die sie in Parlament und Regierung in den Entscheidungsprozess einbringen wollen. Im Gegensatz zu Interessengruppen wollen sie politische Entscheidungen nicht nur in ihrem Sinne beeinflussen, sondern sie sind bereit, unmittelbare politische Verantwortung zu übernehmen.

Parteien und Grundgesetz

Die politischen Parteien wurden 1949 im Grundgesetz verfassungsrechtlich abgesichert. In Art. 21 heißt es:

„Die Parteien wirken bei der politischen Willensbildung des Volkes mit. Ihre Gründung ist frei."

Durch diese unmittelbare Verankerung in der Verfassung sind die Parteien gegenüber anderen Trägern der politischen Willensbildung (Verbänden, Bürgerinitiativen, Medien) herausgehoben. Dies kommt auch durch das sog. Parteienprivileg zum Ausdruck, wonach die Feststellung der Verfassungswidrigkeit einer Partei – und damit deren Verbot – allein dem Bundesverfassungsgericht zusteht (1952 SRP-, 1956 KPD-Verbot).

Die Parteienlandschaft in Deutschland

In der Bundesrepublik hat sich in den 50er-Jahren ein stabiles Parteiensystem ausgebildet, das bis in die 80er-Jahre von einer zunehmenden Konzentrationsbewegung gekennzeichnet war. Mit der Gründung der Partei der Grünen im Jahre 1980 schien eine alternierende Parteienkonstellation – CSU/CDU + FDP versus SPD + Grüne – überschaubare Regierungsverhältnisse zu sichern.

Seit der deutschen Wiedervereinigung von 1990 stellt die PDS (Partei des Demokratischen Sozialismus), die Nachfolgeorganisation der SED (Sozialistische Einheitspartei Deutschlands), einen neuen Schwerpunkt im Parteiensystem der Bundesrepublik dar – sozusagen als Vertretung insbesondere der Bürger der neuen Länder, die mit der Wiedervereinigung bzw. deren Folgen unzufrieden sind. Zur Bundestagswahl 2005 stellten PDS und die ähnlich gesinnte Splittergruppe WASG (Wahlalternative Arbeit und Soziale Gerechtigkeit) unter dem Namen „Die Linke" eine gemeinsame Wahlliste auf und zogen in den Bundestag ein.

Die Aufgaben der Parteien

Die Aufgaben der Parteien nach dem Parteiengesetz von 1967:

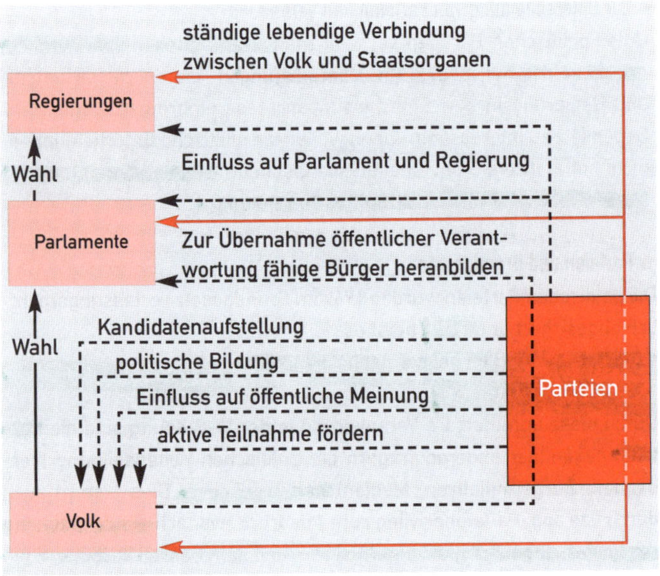

Das Bundesverfassungsgericht hat festgestellt, dass moderne Massendemokratien ohne Parteien, die den Willensbildungsprozess organisieren, nicht möglich sind.

Die Aufgaben der Parteien

- **Partizipation:** Parteien führen die Bürger an die politische Gesellschaft heran, indem sie ihnen als Wähler oder als Mitglieder die Teilnahme am politischen Geschehen ermöglichen. Als Parteimitglied hat der Bürger die Möglichkeit, bei Programmformulierungen und bei der Auswahl der Kandidaten mitzuwirken.

- Meinungsbildung: Parteien nehmen – vor allem mit Hilfe der Medien – auf die öffentliche Meinung Einfluss und fördern die politische Bildung der Bürger.
- Programmfunktion: In den Parteien werden die Interessen und Meinungen der Bürger artikuliert, gebündelt und daraus programmatische Alternativen für Wahlen entwickelt.
- Personalrekrutierung: In der Parteiarbeit wird Führungspersonal ausgebildet, das bei Wahlen auch für die Kandidatur um politische Ämter bereitsteht.
- Einflussnahme auf Regierung und Parlament: Die Parteien stellen als Regierungsmehrheit im Parlament das Regierungspersonal, sie nehmen Einfluss auf politische Entscheidungen bzw. das Staatshandeln. Im Parlament sind sie für ein funktionierendes System verantwortlich (Fraktionen, Arbeitsteilung, Organisieren von Mehrheiten für Regierungsvorschläge, als Oppositionspartei: Formulierung von Handlungsalternativen).
- Integration: Parteien sorgen für eine kontinuierliche Verbindung zwischen Staat und Gesellschaft, indem sie einerseits die Bürgerinteressen gegenüber staatlichen Institutionen artikulieren und andererseits den Bürger über staatliche Entscheidungen aufklären und diese erläutern. Diese Funktion trägt wesentlich zur Stabilität des politischen Systems bei.

Parteien in der Kritik

Der Ansehensverlust der „politischen Klasse" wird u. a. durch „Parteibuchwirtschaft" und durch jeden neuen Fall von Korruption und persönlicher Bereicherung vergrößert, wenn privaten oder Parteiinteressen Vorrang vor öffentlichen Interessen eingeräumt wird.
Zur Parteienverdrossenheit trägt auch bei, wenn Parteien sich für alles zuständig erklären und unrealistische Wahlversprechen propagieren, denn die geweckten Erwartungen können dann doch nicht befriedigt werden.
Auf einer anderen Ebene bewegen sich die Vorwürfe mangelnder innerparteilicher Demokratie und mangelnder Transparenz bei der Parteienfinanzierung, denn dabei geht es um mögliche Verstöße gegen Verfassungsnormen (vgl. Art. 21 GG).

Innerparteiliche Demokratie

Nach Art. 21 GG muss die innere Ordnung der Parteien demokratischen Grundsätzen entsprechen. Dazu gehören

- eine innerparteiliche Willensbildung von unten nach oben und eine Kontrolle der Führung durch die Mitglieder (Ausschluss des „Führerprinzips“),
- geheime Abstimmungen (bei Personalentscheidungen nur wenn gewünscht), gleiches Stimmrecht, Mehrheitsprinzip, befristetes Mandat,
- entsprechend dem Prinzip der Gewaltenteilung eine funktionale Aufteilung in Mitgliederversammlungen, Vorstände und Schiedsgerichte.

Beschließendes Organ	Vollziehendes Organ	Schiedsgerichtsorgan
Bundesparteitag →	Bundesvorstand –Präsidium–	Bundesschiedsgericht
↑ Landesparteitag →	Landesvorstand	Landesschiedsgericht
↑ Kreisdelegiertenversammlung →	Kreisvorstand	Kreisschiedsgericht (z.T.)
↑ Mitgliederversammlung →	Ortsvorstand	–

→ = wählt

Zwischen dem Gebot zur innerparteilichen Demokratie und dem politischen Alltag bestehen Spannungen. Einsichtige Politiker in den Parteien sehen dies selbst so und haben deshalb begonnen, die verkrusteten Macht- und Organisationsstrukturen aufzubrechen: Statt geschlossener Abstimmungen nach dem bisherigen Delegiertenprinzip werden direktdemokratische Verfahren der Mitgliederbefragung diskutiert und gelegentlich auch praktiziert.

Parteienfinanzierung

Zur Erfüllung ihrer Aufgaben benötigen die Parteien ausreichende Einnahmen. Neben den Beiträgen der Mitglieder stammen diese vor allem aus Vermögen, z. B. aus Beteiligungen an Unternehmen, Parteispenden (Spenden über 10 000 € unterliegen der Veröffentlichungspflicht) sowie staatlicher Finanzierung (siehe Grafik).

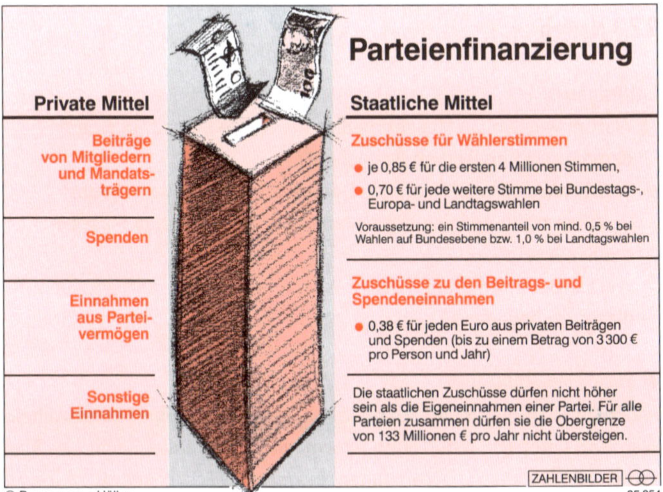

© Bergmoser + Höller 95 054

Da die Parteien auf unterschiedlichen Wegen versuchten – auch mit illegalen Parteispenden (Parteispendenaffären 1979, 1999 und 2002) oder mit sogenannten schwarzen Kassen – , ihren stets steigenden Finanzbedarf zu decken, sah sich das Bundesverfassungsgericht mehrfach genötigt, den Modalitäten der Parteispenden und der staatlichen Finanzierung enge Grenzen zu ziehen. (Insgesamt siebenmal hat das Bundesverfassungsgericht seit 1958 über die Parteienfinanzierung entschieden.)

● Neue Aufgaben der Parteiendemokratie

Verantwortlich für die Krisensymptome der Parteiendemokratie ist, jenseits von Affären und Skandalen, der soziale Wandel in der modernen Gesellschaft. Der Wandel z. B. von Erwerbsstrukturen führt zur Auflösung alter sozialer Milieus. Für die SPD bedeutet dies die Schrumpfung des gewerkschaftsverbundenen Arbeitermilieus in den klassischen Industriezentren. Die Union auf der anderen Seite muss aufgrund veränderter Wertorientierung den Verlust konfessionsgebundener Wählerschaft hinnehmen. Auch junge Mitglieder sind in den Parteien deutlich unterrepräsentiert.

Der Rückgang der Parteibindung führt von einem flexiblen Wahlverhalten bis hin zur Wahlenthaltung. Als Reaktion darauf versuchen die Parteien Bürgerinnen und Bürger stärker in die Parteiarbeit einzubinden. So sollen z. B. parteiungebundene Bürger die Möglichkeit zur Mitarbeit erhalten und die Chancen für Seiteneinsteiger verbessert werden.

2.2.3 Medien

Medien

Leitfragen:

- Warum werden die Massenmedien als „vierte Gewalt" in einem demokratischen System bezeichnet?
- Welche Auswirkungen auf die Demokratie hat es, wenn heute Politikvermittlung in starkem Maße über die modernen Massenmedien erfolgt?
- Welche Gefahren drohen der Pressefreiheit und wie wird versucht, diesen zu begegnen?

Rechtliche Grundlagen

Art. 5 Abs. 1 GG garantiert Meinungs-, Informations- und Pressefreiheit. Während unter Meinungs- und Informationsfreiheit das Recht des Einzelnen zu verstehen ist, Meinungen „in Wort und Schrift oder Bild" frei zu äußern bzw. „sich aus allgemein zugänglichen Quellen ungehindert zu unterrichten", ist die Pressefreiheit mehr als ein Individualrecht. Das Bundesverfassungsgericht definiert die Existenz einer freien, keinerlei Reglementierung unterworfenen Presse als konstitutives Merkmal einer freiheitlichen Grundordnung – die freie Presse nimmt somit den Rang einer öffentlichen Institution ein.

Daraus folgt die Verpflichtung des Staates, die Pressefreiheit zu gewährleisten, d.h. jene Gefahren abzuwehren, die einer freien Presse drohen, z. B. durch Konzentrationsbewegungen auf dem Medienmarkt oder durch die staatliche Kontrolle der Medien.

In Art. 5 Abs. 2 und 3 GG ist jedoch auch festgelegt, dass das Recht auf freie Berichterstattung nicht schrankenlos beansprucht werden darf, sondern durch die allgemeinen Gesetze, das Jugendschutzgesetz und durch das Recht auf persönliche Ehre beschränkt wird.

Die Aufgaben der Medien

Die Politikwissenschaft geht von drei Grundfunktionen der Medien im politischen System der Bundesrepublik Deutschland aus.

Information und Meinungsbildung

Seriöser Journalismus informiert möglichst umfassend und wahrheitsgetreu über politische, gesellschaftliche, wirtschaftliche und kulturelle Entwicklungen. Der Medienkonsument muss sich aber bewusst sein, dass die Berichterstattung immer auch eine „gefilterte Wahrheit"

ist, z. B. durch subjektive Wahrnehmung, Auswahlverfahren der Presseagenturen oder der Redaktionen. Dabei können einzelne Themen sehr unterschiedlich gewichtet oder erst durch Medien in die öffentliche Diskussion gebracht werden. Man spricht deshalb auch von „Agenda-Setting“, also von Themensetzung durch die Medien.
Nicht zu verkennen ist auch, dass sich die Medien den Wünschen und Bedürfnissen der heutigen „Spaßgesellschaft“ anpassen. Zunehmend werden die Grenzen zwischen Unterhaltung und Information aufgelöst. Sensationsheischende Berichterstattung nimmt zu und die Information verflacht. Dieser Vorgang wird mit dem Stichwort Infotainment umschrieben.
Die Information wird außerdem ergänzt durch meinungsorientierte Artikel und Sendungen. Medien beeinflussen so die Meinungsbildung, ggf. auch politische Stimmungen. Zwar können die privatwirtschaftlich betriebenen Sender und Zeitungen politisch einseitig ausgerichtet sein, die Landesmedienanstalten (bei Rundfunk und Fernsehen) und das Bundeskartellamt wachen jedoch darüber, dass sie in ihrer Gesamtheit die Meinungspluralität widerspiegeln.

Artikulation

Die Medien fungieren darüber hinaus als Sprachrohr zwischen Volk und Regierung. Sie transportieren in der Gesellschaft vorhandene Stimmungen, Meinungen und Interessen zu den politischen Entscheidungsträgern und dienen umgekehrt als Vermittler und Kommentatoren von Regierungshandeln.
Das Internet bietet neue Informations- und Kommunikationsmöglichkeiten, die Einfluss auf den politischen Prozess haben werden. Es könnte z. B. neue Wege der direkten Demokratie bei den Parteien eröffnen, beispielsweise bei Abstimmungen über die Kandidatenaufstellung durch Parteimitglieder.

Kritik und Kontrolle

Medien spielen in einem demokratischen System einen wichtigen Part bei der Aufgabe der Gewaltenkontrolle, indem sie Kritik an den politischen Akteuren üben oder der Opposition und anderen Interessengruppen öffentliches Gehör verschaffen. Deshalb werden die Medien vielfach als vierte Gewalt bezeichnet.

Medien im politischen Prozess

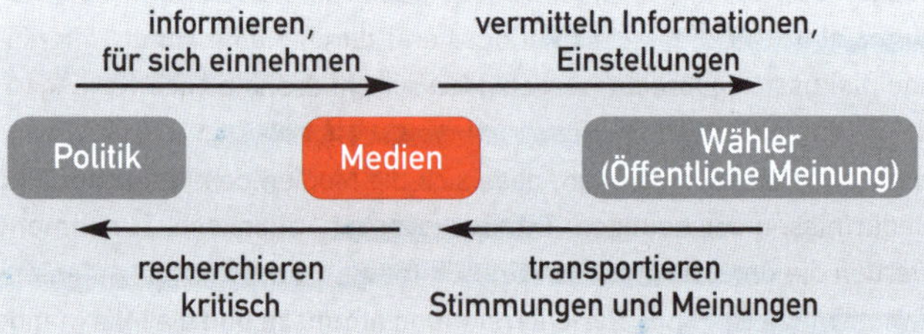

Problematische Entwicklungen:

- Symbolpolitik ersetzt politische Entscheidungen
- Infotainment führt zu Oberflächlichkeit
- Verkürzung der Inhalte zu Schlagwörtern
- Personalisierung statt Sachpolitik

nach: Fritz Schäffer, Grundlagen der nationalen und internationalen Politik, Freising 2003, S. 37

Mediendemokratie

Entscheidende Veränderungen im Prozess der politischen Willensbildung werden mit dem Begriff „Mediendemokratie" umschrieben. Der Begriff beinhaltet

- zum einen die weitgehende Abhängigkeit der Bürger von der Politikvermittlung durch die Massenmedien,
- zum anderen aber auch die zunehmende Ausrichtung des gesamten politischen Prozesses nach den Bedürfnissen der Medien. Medien nehmen heute z. B. einen nicht unerheblichen Einfluss auf Personalentscheidungen der Parteien oder auf die politische Themensetzung und deren mediengerechte Darstellung. Politiker und Politik insgesamt müssen sich den Spielregeln vor allem der Fernsehberichterstattung unterwerfen, wenn sie erfolgreich sein wollen, andererseits nutzen sie die Medien auch für ihre Zwecke (Politikinszenierung).

2.3 Wahlen und Wahlsysteme

Leitfragen:
- Welche Funktionen haben demokratische Wahlen?
- Welche Grundsätze gelten für demokratische Wahlen?
- Warum wird das Wahlsystem der Bundesrepublik als „personalisiertes Verhältniswahlsystem" bezeichnet?
- Welche Überlegungen können einen Wähler dazu bringen, von der Möglichkeit des „Stimmensplittings" Gebrauch zu machen?

Die Bedeutung von Wahlen

Wahlen sind eine unverzichtbare Voraussetzung jeder repräsentativen Demokratie. Durch sie kommt das Prinzip der Volkssouveränität zum Tragen, indem der Wähler diejenigen Personen bestimmt, die in seinem Namen Gesetzgebung und Regierungsgeschäfte wahrnehmen. Dementsprechend werden Wahlen in Gesetzen – in Deutschland im Bundeswahlgesetz – und in der Verfassung geregelt:

> Art. 20 Abs. 2 GG: „Alle Staatsgewalt geht vom Volke aus. Sie wird vom Volk in Wahlen und Abstimmungen und durch besondere Organe der Gesetzgebung, der vollziehenden Gewalt und der Rechtsprechung ausgeübt."

Gewählt wird in regelmäßigen Intervallen und auf unterschiedlichen Ebenen, etwa die Volksvertretungen (Parlamente) in Gemeinden, Kreisen, Ländern, im Bund und in der EU. Wahlen sind damit die am häufigsten von den Bürgern wahrgenommene und effektivste Form der politischen Mitwirkung (Partizipation).

Funktionen von Wahlen

Wahlen haben in repräsentativen Demokratien wichtige Funktionen:
- Sie entscheiden über Personen, Programme und Parteien (kompetitive Wahlen) und bilden so den Wählerwillen in den höchsten politischen Institutionen ab.
- Sie legitimieren das Parlament und direkt oder indirekt die Regierung.
- Sie kontrollieren Regierung und Parlament und ermöglichen einen politischen Machtwechsel.
- Sie integrieren den Wähler in das politische System.

Merkmale demokratischer Wahlen

Damit Wahlen demokratischen Ansprüchen gerecht werden und als Ausdruck der Volkssouveränität gelten können, müssen sie den in Art. 28 und Art. 38 GG festgelegten Grundsätzen genügen.

Wahlgrundsätze

- **Allgemeine Wahl:** Jeder deutsche Staatsbürger ab 18 Jahren hat das aktive Wahlrecht, wenn er seinen Hauptwohnsitz bzw. Lebensmittelpunkt seit mindestens drei Monaten in Deutschland hat. Das passive Wahlrecht besitzt jeder Volljährige, der seit mindestens einem Jahr deutscher Staatsbürger ist.
- **Unmittelbare Wahl:** Die Abgeordneten werden direkt (also ohne zwischengeschaltete Wahlmänner) gewählt.
- **Freie Wahl:** Es gibt keine Wahlpflicht, ferner darf keine direkte Wahlbeeinflussung stattfinden. Der Wähler muss seine Entscheidung zwischen mehreren unabhängigen Parteien und Kandidaten mit unterschiedlichen Programmen treffen können.
- **Gleiche Wahl:** Jede Stimme zählt gleich viel und jeder Wähler kann gleich viele Stimmen abgeben.
- **Geheime Wahl:** Der Wähler muss geheim wählen (in Wahlkabinen, versiegelten Urnen usw.), damit kein Zwang ausgeübt werden kann.

Wahlsysteme

Es gibt zwei Grundmodelle demokratischer Wahlen:

Mehrheitswahl	Verhältniswahl
Das Mehrheitswahlrecht ist eine Persönlichkeitswahl. In Wahlkreisen konkurrieren die Kandidaten der verschiedenen Parteien miteinander. Es gibt zwei Varianten: Bei der relativen Mehrheitswahl (z. B. in Großbritannien) gewinnt der Kandidat mit den meisten Stimmen, bei der absoluten Mehrheitswahl (z. B. in Frankreich) benötigt der Kandidat mehr als die Hälfte der Stimmen, sonst findet ein zweiter Wahlgang statt. In beiden Fällen verfallen die	Bei einem reinen Verhältniswahlsystem hat der Bürger die Wahl zwischen verschiedenen Parteien und ihren Kandidatenlisten, besondere Wahlkreisabgeordnete gibt es nicht. Die Anzahl der Abgeordneten, die eine Partei in das Parlament entsenden kann richtet sich nach ihrem Stimmenanteil.

Stimmen der unterlegenen Mitbewerber, sie werden bei der Sitzverteilung im Parlament nicht berücksichtigt.

Vorteile der Mehrheitswahl

- Die Mehrheitswahl begünstigt in der Regel die großen Parteien und sorgt so für klare Verhältnisse in den Parlamenten.
- Die Regierungsbildung ist normalerweise kein Problem.
- Die Abgeordneten fühlen sich ihren Wählern verbunden, der Einfluss der Parteien ist geringer.

Nachteile der Mehrheitswahl

- Das Wahlergebnis ist nicht gerecht, da der Erfolgswert der Stimmen erschreckend ungleich ist.
- Teile der Bürgerschaft fühlen sich nicht repräsentiert. Dies führt zu einer politischen Desintegration von Wählern.
- Die Wahlkreiseinteilung ermöglicht Manipulationen.

Vorteile der Verhältniswahl

Im Parlament ist der Wählerwille in seiner ganzen Breite und entsprechend seinen Anteilen abgebildet. Gegebenenfalls kann eine Sperrklausel kleinste Gruppen von der Sitzverteilung ausschließen. → 5% Hürde

Nachteile der Verhältniswahl

- Auch kleine Parteien haben die Chance, politisch zu bestehen. Dies kann zu einer Parteienzersplitterung im Parlament mit häufig instabilen Koalitionsregierungen führen.
- Der Wähler hat nur die Wahl zwischen weitgehend anonymen Parteilisten ohne persönlichen Kontakt zwischen dem Abgeordneten und seinen Wählern.
- Die Abgeordneten sind – um wieder aufgestellt zu werden – von übermächtigen Parteiapparaten abhängig.

Das Bundestagswahlsystem

Zur Charakterisierung des deutschen Bundestagswahlsystems wird häufig der Begriff personalisierte Verhältniswahl verwendet. Er verdeutlicht, dass das Wahlsystem im Kern auf dem Verhältniswahlrecht beruht, aber mit Elementen der Persönlichkeitswahl verbunden ist. So versucht das Bundestagswahlrecht die Vorteile der beiden Wahlsysteme zu bewahren und ihre Nachteile möglichst auszuschalten.

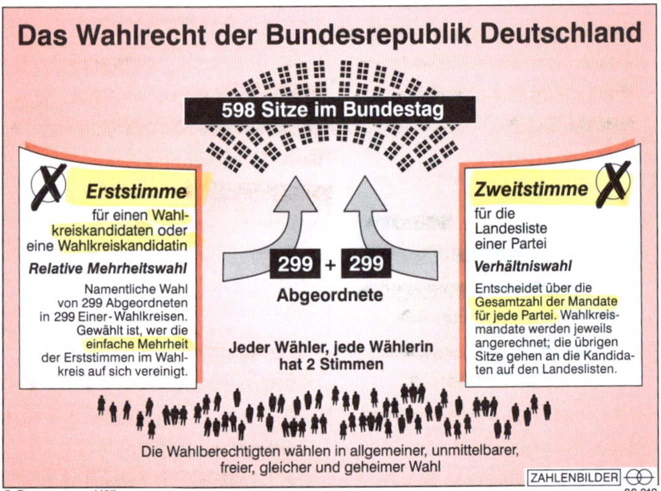

Für die Wahl der 598 Abgeordneten des Deutschen Bundestages haben die Wähler zwei Stimmen: Erst- und Zweitstimme.

- Die Zweitstimme, die Parteienstimme, die nach den Prinzipien der Verhältniswahl abgegeben wird, ist die wichtigere Stimme, denn durch sie wird die Zahl der Mandate bestimmt, die jeder Partei im Bundestag zustehen.
- Mit der Erststimme, der Personenstimme, entscheiden die Wähler nach den Prinzipien der relativen Mehrheitswahl über den Wahlkreisabgeordneten in ihrem jeweiligen Wahlkreis (=Direktmandat). Sie haben damit Einfluss auf die personelle Zusammensetzung der Fraktion, welcher der Wahlkreisabgeordnete angehört.

Das Verfahren der Sitzverteilung

Seit den Wahlen zum 17. Deutschen Bundestag 2009 erfolgt die Sitzverteilung mit Hilfe der Methode Sainte-Laguë/Schepers. Die bisherige Benachteiligung kleinerer Parteien im Verfahren nach Hare/Niemeyer kann mit der neuen Methode vermieden werden.
Hat eine Partei die Sperrklausel (siehe unten) überwunden, wird die Gesamtzahl der für sie abgegebenen Zweitstimmen in Mandate umgerechnet. Anschließend werden die Mandate der Parteien auf die einzelnen Bundesländer umgerechnet – entsprechend den jeweiligen Landesergebnissen. Die einer Partei in einem Bundesland zustehenden Mandate werden zunächst an die in diesem Land erfolgreichen Wahlkreiskandida-

ten der Partei (Direktmandate), dann an Kandidaten von der Landesliste der Partei vergeben (Listenmandate). Sollte die Partei in einem Bundesland mehr Direktmandate errungen haben, als ihr nach dem Zweitstimmenergebnis zustehen, erhält sie so genannte Überhangmandate.

Sitzverteilung nach Sainte-Laguë/Schepers		
Zweitstimmenanzahl der Partei : Zuteilungsdivisor	= Sitzanzahl der Partei	(Auf- oder Abrundung auf ganze Zahl)

Ermittlung des Zuteilungsdivisors:	
Gesamtanzahl aller zu berücksichtigenden Zweistimmen : Gesamtanzahl der zu verteilenden Sitze[1]	= vorläufiger Zuteilungsdivisor[2]

[1] Gesamtanzahl der Sitze abzüglich der Sitze gewählter Direktkandidaten, wenn deren Partei weniger als fünf Prozent der gültigen Zweitstimmen und weniger als drei Direktmandate errungen hat.

[2] Sollte die sich in der Folge rechnerisch ergebende Gesamtsitzanzahl nicht mit den tatsächlich zu vergebenden Sitzen übereinstimmen, wird der Divisor (nach oben oder unten) angepasst.

Modellrechnung, Zuteilung von 8 Sitzen:

1. Schritt: Berechnung des vorläufigen Zuteilungsdivisors

Zweitstimmen	17 500		
Zu verteilende Sitze	8	= 2187,5	= vorläufiger Zuteilungsdivisor

2. Schritt: Sitzverteilung I

Partei	Berechnung	Ergebnis	Ergebnis nach Standardrundung = danach zuzuteilende Sitze
Partei A	10 000 : 2187,5	= 4,57	5
Partei B	6 000 : 2187,5	= 2,74	3
Partei C	1 500 : 2187,5	= 0,69	1

Da bei der Berechnung mit dem Zuteilungsdivisor 2187,5 insgesamt 9 Sitze auf die Parteien entfallen, aber nur 8 Sitze zu vergeben sind, muss der Zuteilungsdivisor heraufgesetzt werden, bis die Berechnung der Sitzzuteilung in der Summe die Zahl der zu vergebenden Sitze ergibt. Hierfür wird nun die Berechnung mit dem erhöhten Zuteilungsdivisor von 2300 erneut durchgeführt.

3. Schritt: Sitzverteilung II

Partei	Berechnung	Ergebnis	Ergebnis nach Standardrundung = danach zuzuteilende Sitze
Partei A	10 000 : 2300	= 4,35	4
Partei B	6 000 : 2300	= 2,61	3
Partei C	1 500 : 2300	= 0,65	1

Sperrklausel

Um die Funktionsfähigkeit des Parlaments nicht durch Kleinst- und Splitterparteien zu beeinträchtigen, wurde in der Bundesrepublik 1953 eine Sperrklausel eingeführt. Sie legt fest, dass nur Parteien, die mindestens 5 % der Zweitstimmen oder drei Direktmandate errungen haben, in den Bundestag einziehen können.

Wahlverhalten

Von Wahl zu Wahl vergeben mehr Wähler ihre Erst- und Zweitstimme gezielt an verschiedene politische Kandidaten bzw. Parteien („Stimmensplitting"), um damit gegebenenfalls Koalitionen und ihre Zusammensetzung zu beeinflussen.
Die zunehmende Lockerung der Parteibindung verstärkt das flexible Wahlverhalten. Gründe hierfür sind die Erosion der politisch-sozialen Milieus, die Individualisierung der Lebenslagen sowie die zunehmende politische Bildung der Wähler.

Wahlrechtsreformvorschläge

Reformvorschläge für das Bundestagswahlsystem zielen auf

- eine Abschaffung bzw. Absenkung der Sperrklausel,
- einen Ausgleich für Überhangmandate,
- eine Herabsetzung des Wahlalters auf 16 Jahre,
- eine Ausweitung der Anteile des Mehrheitswahlrechts,
- eine Einführung des Familienwahlrechts (Eltern erhalten Stimmen für jedes Kind).

Der gelegentlich geäußerte Vorschlag, zu einem Mehrheitswahlsystem überzugehen, hätte dagegen gravierende Auswirkungen auf die Sitzverteilung im Deutschen Bundestag und vermutlich auf das deutsche Parteiensystem insgesamt.
Vorschläge, das Wahlrecht zu ändern, sollten stets daraufhin untersucht werden, wem sie politisch nützen bzw. schaden könnten. Darüber hinaus muss bedacht werden, welche Auswirkungen Veränderungsvorschläge unter folgenden Aspekten hätten:

- Gerechtigkeit des Wahlsystems
- Funktionsfähigkeit von Parlament und Regierung
- Offenheit des Wahlsystems für neue Strömungen in der Politik
- Einfluss des Wählers auf die Regierungsbildung bzw. die Kandidatenauswahl

2.4 Die Verfassungsorgane im politischen Prozess

2.4.1 Die Verfassungsorgane Deutschlands im Überblick

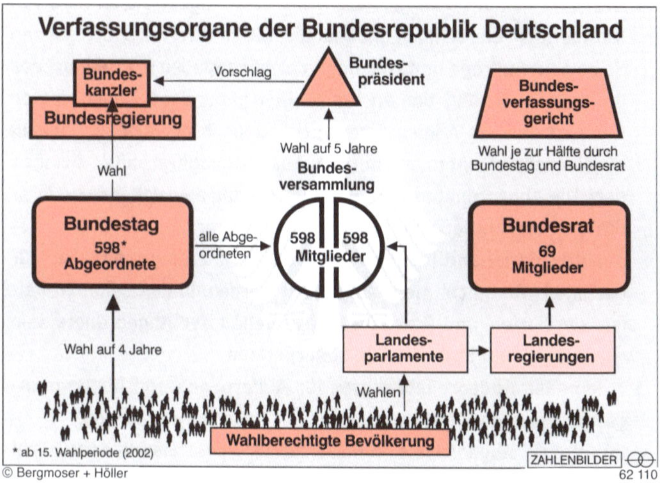

© Bergmoser + Höller 62 110

Die Staatsgewalt ist sowohl auf der Bundes- als auch auf der Länderebene auf Parlament (Legislative) und Regierung (Exekutive) verteilt. Das Bundesverfassungsgericht bildet den politisch wichtigsten Teil der Judikative. Über den Bundesrat können die Landesregierungen auf die Bundespolitik Einfluss nehmen.

2.4.2 Der Bundestag

Die Bedeutung des Bundestags für die parlamentarische Demokratie

Der Deutsche Bundestag, das einzige durch Wahl direkt vom Volk legitimierte Staatsorgan auf Bundesebene, steht im Zentrum der parlamentarischen Demokratie in Deutschland. Vor allem die Bundesregierung bezieht ihre Legitimation aus der mehrheitlichen Wahl des Bundeskanzlers durch den Bundestag.

Die Abgeordneten im Bundestag repräsentieren das Volk. Dies bedeutet aber nicht, dass die Volksvertretung in ihrer sozialen Zusammensetzung ein Spiegelbild der Gesellschaft sein muss; sie sollte jedoch die relevanten politischen Strömungen in der Gesellschaft abbilden.

Die rechtliche und politische Stellung des Abgeordneten

Die verfassungsrechtliche Stellung des Abgeordneten soll seine Unabhängigkeit sichern. Sie ist durch folgende Merkmale gekennzeichnet:

- Das freie Mandat (Art. 38, Abs. 1 GG): Die Abgeordneten sind von fremdem Willen rechtlich unabhängig; sie sind Vertreter des ganzen Volkes, an Aufträge und Weisungen nicht gebunden (Gegensatz: das imperative Mandat, der an Weisungen gebundene Abgeordnete). Dadurch sind die Abgeordneten gegenüber ihrer Partei geschützt, die sie nicht zu einem bestimmten Abstimmungsverhalten zwingen darf. Die Abgeordneten können im Bundestag abweichend von ihrer Fraktion abstimmen. Durch die Betonung ihrer Unabhängigkeit gegenüber Partei und Fraktion riskieren sie allerdings, dass sie zur nächsten Wahl nicht mehr aufgestellt werden. In den seltenen Fällen von Partei- und Fraktionsaustritt behält der Abgeordnete sein Mandat bis zum Ende der Legislaturperiode.
- Indemnität: Abgeordnete dürfen für Äußerungen und Abstimmungen im Parlament nicht zur Verantwortung gezogen werden.
- Immunität: Abgeordnete können für strafbare Handlungen nicht strafrechtlich verfolgt werden. Die Immunität kann im Einzelfall durch das Bundestagspräsidium aufgehoben werden.
- Zeugnisverweigerungsrecht: Abgeordnete können als Zeuge vor Gericht die Aussage verweigern, soweit diese im Zusammenhang mit ihrer Abgeordnetentätigkeit steht.
- Diäten: Abgeordnete haben Anspruch auf eine angemessene Vergütung ihrer Tätigkeit. Das Ausmaß der zeitlichen Belastung schließt im Normalfall eine weitere berufliche Tätigkeit aus, sodass es im Laufe der Jahre zu einer Professionalisierung des Abgeordneten kam. Das Überwiegen reiner Partei- und Verbandskarrieren der Bundestagsabgeordneten wird jedoch als Fehlentwicklung eingeschätzt.

Organisation und Arbeitsweise des Bundestags

Um seine vielfältigen Aufgaben (siehe unten) erfüllen zu können, benötigt der Bundestag eine differenzierte Organisation, die in der Geschäftsordnung geregelt ist.

Der Aufbau des Bundestages

Das Bundestagspräsidium leitet die Bundestagssitzungen. Der Bundestagspräsident und seine Stellvertreter werden zu Beginn jeder Legisla-

turperiode vom Bundestag gewählt, wobei die größte Fraktion im Normalfall den Präsidenten stellt. Der Ältestenrat, bestehend aus dem Präsidium und 23 erfahrenen Abgeordneten, organisiert die Parlamentsarbeit, legt die Tagesordnung von Plenums- und Ausschusssitzungen fest und bestimmt die Redezeiten der Abgeordneten.
Im Plenum, der Vollversammlung des Bundestages, finden die öffentliche Diskussion politischer Fragen und die Abstimmung über Gesetze statt. Daneben gibt es ca. 20 Fachausschüsse, in denen die eigentliche Gesetzgebungsarbeit geleistet wird. Die Mehrheitsverhältnisse in den Ausschüssen entsprechen denen im Plenum. Hier sitzen die jeweiligen Experten unter den Abgeordneten für bestimmte Politikfelder, diskutieren die meist von der Regierung vorgelegten Gesetzesvorschläge und legen dem Plenum ihre Vorschläge für die endgültige Fassung eines neuen Gesetzes zur Abstimmung vor. Die Ausschüsse tagen in der Regel nicht öffentlich, um so eine weniger an der Öffentlichkeitswirkung orientierte, sondern eine auf Sachfragen bezogene Arbeit zu erleichtern.

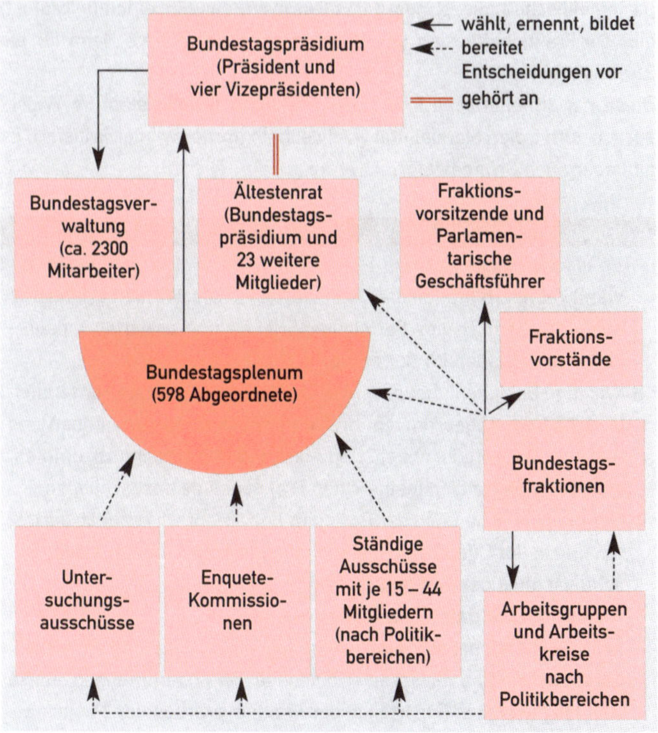

Die Bedeutung der Fraktionen

Der Bundestag ist, wie alle Parlamente von Staaten mit repräsentativer Demokratie, ein Parteienparlament. Nicht die einzelnen Abgeordneten mit ihrer persönlichen Meinung, sondern ihre durch die Parteizugehörigkeit bestimmte Haltung prägt die Arbeit des Bundestags. Die Bundestagsabgeordneten einer Partei schließen sich deshalb zu einer Fraktion zusammen. Dies können auch die Abgeordneten unterschiedlicher Parteien, wenn sie in den einzelnen Bundesländern nicht miteinander konkurrieren wie z. B. CDU und CSU. Eine Fraktion kann gebildet werden, wenn ihr mindestens 5 % der Mitglieder des Bundestages angehören. Mit dem Fraktionsstatus sind etliche Rechte verbunden, z. B. Sitze im Ältestenrat oder zusätzliche Finanzmittel für die Fraktionsführung.

Die Fraktionen steuern die Tätigkeit der Abgeordneten: Sie entsenden Abgeordnete in Bundestagsausschüsse, bestimmen die Redner in Plenardebatten und legen in vorbereitenden Fraktionssitzungen die Haltung zu politischen Vorhaben fest. Bei Abstimmungen, bei denen nicht die parteipolitische Linie, sondern das Gewissen des Einzelnen gefragt ist, gibt die Fraktionsführung den Fraktionsmitgliedern freie Hand für die Stimmabgabe.

Diese parlamentarische Praxis der Fraktionsdisziplin steht im Widerspruch zum freien Mandat und wird deshalb immer wieder kritisiert. Es gibt aber auch Gründe dafür:

Argumente für die Fraktionsdisziplin

- Es werden nicht einzelne Persönlichkeiten in den Bundestag gewählt, sondern Kandidaten von Parteien. Die Wähler orientieren sich vor allem an der Parteizugehörigkeit und erwarten entsprechendes Verhalten im Bundestag.
- Wichtige Entscheidungen werden in Fraktionssitzungen vorbereitet, in denen die Abgeordneten ihre Argumente vortragen können und gleiches Stimmrecht haben. Den Abgeordneten ist dann zuzumuten, sich der mehrheitlich festgelegten Fraktionslinie anzuschließen.
- Um die politische Linie der Partei im Parlament wirksam zu vertreten und in der Öffentlichkeit glaubhaft zu machen, bedarf es der Geschlossenheit der Fraktion.
- Angesichts der unterschiedlichen Politikfelder, die jede Fraktion zu bearbeiten hat, hat sich eine weitgehende Arbeitsteilung entwickelt. Die Abgeordneten verlassen sich deshalb bei Abstimmungen auf die von den jeweiligen Experten in der Fraktion erarbeiteten Positionen.

Die Aufgaben des Deutschen Bundestags

Die vielfältigen Aufgaben des Bundestags werden meist in fünf Grundfunktionen gegliedert:

Besetzung anderer Staatsorgane (Kreativfunktion)

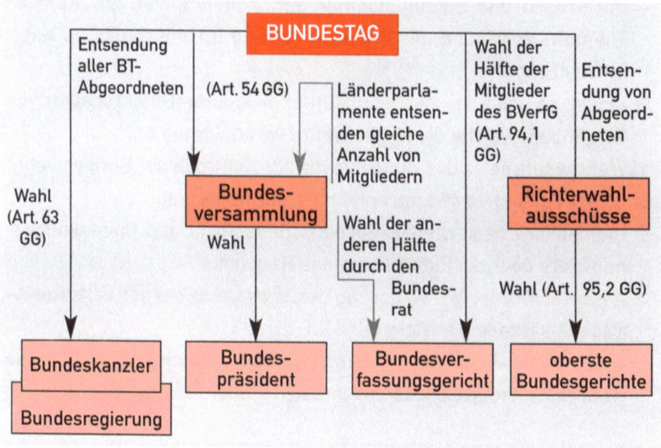

Herausragende politische Bedeutung hat die Wahl des Bundeskanzlers in der Folge einer Bundestagswahl (Art. 63 GG), womit die formale Grundlage der Regierungsbildung geschaffen wird. Außerdem wirkt der Bundestag an der Wahl des Bundespräsidenten (Art. 54 GG), der Wahl der Richter des Bundesverfassungsgerichtes (Art. 94, Abs. 1 GG) und der Besetzung der obersten Bundesgerichte mit.

Kontrolle der Exekutive

Die parlamentarische Kontrolle des Regierungs- und Verwaltungshandelns ist ein Kernstück des Systems von checks and balances, also der Verteilung der Staatsgewalt auf mehrere sich kontrollierende und sich in ihren Kompetenzen begrenzende Institutionen. Die Bedingungen der Parteiendemokratie führen aber zu einer unterschiedlichen Nutzung der Kontrollinstrumente durch die Parlamentsfraktionen. Während die Mehrheitsfraktionen die von ihnen getragene Regierung im Normalfall eher im Vorfeld politischer Entscheidungen intern kritisieren oder zu korrigieren versuchen, wird die öffentliche Kritik und Kontrolle vor allem durch die Oppositionsfraktionen wahrgenommen.

Instrumente der parlamentarischen Kontrolle

- Informationsrechte der Abgeordneten gegenüber der Regierung: Zitierung von Ministern zu Bundestagssitzungen, Große Anfrage und Kleine Anfrage mit dem Anspruch auf mündliche bzw. schriftliche Stellungnahme durch die Regierung, Fragestunde, Aktuelle Stunde mit Fragen und Stellungnahmen von Abgeordneten zu aktuellen Themen, Befragung der Bundesregierung im Anschluss an Kabinettssitzungen
- Einsetzen von Untersuchungsausschüssen zur Untersuchung von Vorgängen, welche die Regierung zu verantworten hat
- Wehrbeauftragter des Bundestages zur Kontrolle der Bundeswehr
- Überarbeitung von Gesetzentwürfen der Regierung
- Haushaltsrecht sowie die Rechenschaftspflicht des Bundesfinanzministers über die Entwicklung des Haushalts
- Aussprache oder Verweigerung des Vertrauens bei der Vertrauensfrage des Bundeskanzlers (siehe S. 56)
- konstruktives Misstrauensvotum, d.h. der Bundestag kann durch die Wahl eines neuen Bundeskanzlers den amtierenden Kanzler stürzen

Initiativfunktion

Der Bundestag kann die Initiative zu neuen Gesetzen durch sein Recht zur Gesetzesinitiative ergreifen sowie mit der Einsetzung von Enquete-Kommissionen neue gesellschaftliche, technologische oder wirtschaftliche Entwicklungen analysieren lassen und damit die Grundlagen für notwendige politische Reaktionen schaffen.

Repräsentations- und Kommunikationsfunktion

Der Bundestag soll Forum der öffentlichen Diskussion sein, wobei alle wichtigen Haltungen in der Gesellschaft zu bedeutsamen politischen Fragen zu Wort kommen sollen (Repräsentationsfunktion). Zugleich wird ein permanenter Kommunikationsprozess über politische Zielsetzungen und mögliche Wege zwischen den staatlichen Institutionen und der Gesellschaft, vermittelt durch Parteien, Interessenverbände und Massenmedien, aufrechterhalten. Der Bundestag soll der Ort sein, an dem Politik bezüglich ihrer Ziele, Lösungsalternativen und Kontroversen dem Bürger transparent werden kann und wo Meinungen aus der Gesellschaft am ehesten Eingang in staatliche Entscheidungen finden können (Kommunikationsfunktion).

Gesetzgebung und Haushaltsrecht

Klassische Aufgabe des Bundestags ist die Diskussion und Verabschiedung der Gesetze und des Haushalts, der die für das jeweils nächste Jahr geplanten Ausgaben und Einnahmen des Bundes festlegt. Das Gesetzgebungsverfahren wird weiter unten nach Darstellung der anderen Institutionen des Bundes gezeigt.

2.4.3 Die Bundesregierung

Funktionen der Bundesregierung im politischen Prozess

Die Bundesregierung ist die eigentliche Lenkerin der Politik. Sie fasst politische Zielvorstellungen in Gesetzentwürfe, die sie dann in den Bundestag zur Beschlussfassung einbringt. Wichtigere politische Entscheidungen werden bereits im Vorfeld mit den Regierungsfraktionen im Bundestag abgestimmt, um sicherzustellen, dass das Gesetzesvorhaben ohne größere Änderungen beschlossen wird. Als Exekutivorgan leitet sie die Bundesbehörden, wobei jeweils ein Fachministerium zuständig und verantwortlich ist. Für außenpolitische Verhandlungen und den Abschluss völkerrechtlicher Verträge ist unter den Bundesorganen alleine die Bundesregierung zuständig.

Wahl und Arbeitsweise

Nach einer Bundestagswahl wählt der Bundestag auf Vorschlag des Bundespräsidenten den Bundeskanzler mit absoluter Mehrheit. Der Bundeskanzler benennt daraufhin seine Minister. Abschließend wird die gesamte Regierung noch förmlich vom Bundespräsidenten ernannt.
Die Arbeitsweise der Regierung (auch als Kabinett bezeichnet) ist durch folgende Prinzipien bestimmt:

- Kanzlerprinzip: Der Bundeskanzler bestimmt die Richtlinien der Politik und verantwortet die Arbeit der Regierung gegenüber dem Bundestag.
- Ressortprinzip: Innerhalb der Richtlinien des Bundeskanzlers leitet jeder Minister sein Ressort in eigener Verantwortung.
- Kollegialprinzip: Alle wichtigen Entscheidungen werden von der Regierung in Kabinettssitzungen beschlossen. Bei Meinungsverschiedenheiten zwischen Bundesministern wird eine Entscheidung durch Mehrheitsbeschluss getroffen.

Verfassungsrechtliche Rolle und politische Macht des Bundeskanzlers

Die Bundeskanzler der Bundesrepublik Deutschland

Konrad Adenauer (CDU, 1949 bis 1963)

Ludwig Erhard (CDU, 1963 bis 1966)

Kurt Georg Kiesinger (CDU, 1966 bis 1969)

Willy Brandt (SPD, 1969 bis 1974)

Helmut Schmidt (SPD, 1974 bis 1982)

Helmut Kohl (CDU, 1982 bis 1998)

Gerhard Schröder (SPD, 1998 bis 2005)

Angela Merkel (CDU, seit 2005)

Das Grundgesetz stattet den Bundeskanzler mit erheblichen Rechten innerhalb der Regierung aus, die ihn zur mächtigsten Institution im Staate machen:

- Das **Kabinettsbildungsrecht** (Art. 64 GG) erlaubt ihm, die Zusammensetzung der Regierung zu bestimmen. Er kann den Zuschnitt der Ministerien festlegen und Minister durch den Bundespräsidenten ernennen und entlassen lassen.
- Die **Richtlinienkompetenz** (Art. 65) erlaubt ihm, den Fachministern Ziele und Grundlinien für ihren jeweiligen Politikbereich vorzugeben.
- Die **Vertrauensfrage** ist ein Mittel, das der Kanzler im Zusammenhang mit einer Sachfrage einsetzen kann, um die Regierungsfraktion/en des Bundestages zu disziplinieren und hinter sich zu einen.

In der Konsequenz dieser Machtfülle ist er allein dem Bundestag für die Politik der Regierung verantwortlich. Der Bundestag hat die Möglichkeit, ihn durch ein **konstruktives Misstrauensvotum** zu stürzen (siehe S. 54). In der Praxis sind die Macht und der Einfluss des Bundeskanzlers allerdings von mehreren Faktoren abhängig:

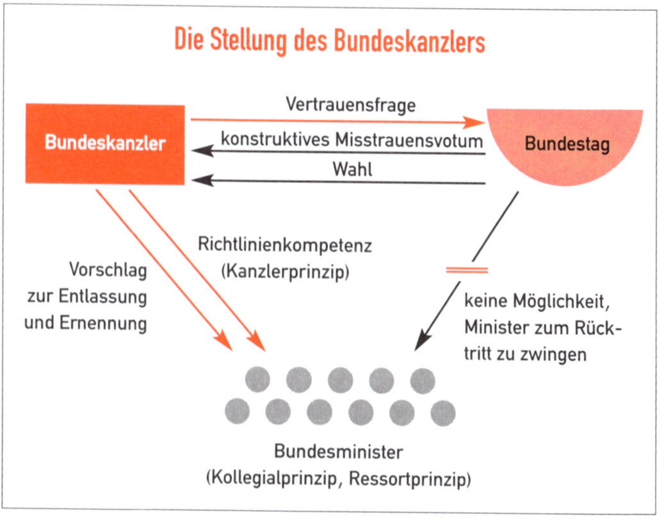

In der Geschichte der Bundesrepublik hat es fast immer Koalitionsregierungen gegeben. Wenn bei den Bundestagswahlen keine der großen Parteien eine absolute Mehrheit erreicht (nur 1957 erreichte die CDU/CSU 50,2 % und konnte unter Konrad Adenauer alleine regieren), ist für die Regierungsbildung in der Regel eine Koalition von zwei oder mehr Parteien notwendig, die ein gemeinsames Regierungsprogramm und die Aufteilung der Ministerposten vereinbaren. Je nach Stärke und Geschlossenheit der Koalitionspartner bzw. der Durchsetzungsfähigkeit des Kanzlers war somit dessen Handlungsfreiheit mehr oder weniger eingeschränkt.
Die tatsächliche Macht des Bundeskanzlers hängt außerdem von weiteren politischen und persönlichen Faktoren ab: Rückhalt in der eigenen Partei und Vertrauen in der Bevölkerung, persönliche Führungsfähigkeit sowie Loyalität und Kompetenz der engen Mitarbeiter.

2.4.4 Regierende Mehrheit und Opposition in der Parteiendemokratie

Im parlamentarischen Regierungssystem Deutschlands sind – wie oben dargestellt – die Mehrheitsverhältnisse im Bundestag entscheidend für die Bildung und den Fortbestand der Regierung. In der Praxis unserer Parteiendemokratie führt dies zu einem Dualismus zwischen Regierung und Regierungsfraktionen einerseits und den Oppositionsfraktionen andererseits, der das gesamte politische Geschehen bestimmt. An die Stelle der klassischen Gewaltenteilung zwischen Legislative und Exekutive ist ein System von Kompetenzaufteilungen, personellen Überschneidungen sowie gegenseitiger Kontrolle und Machtbegrenzung getreten.

„Checks and balances" im deutschen Regierungssystem

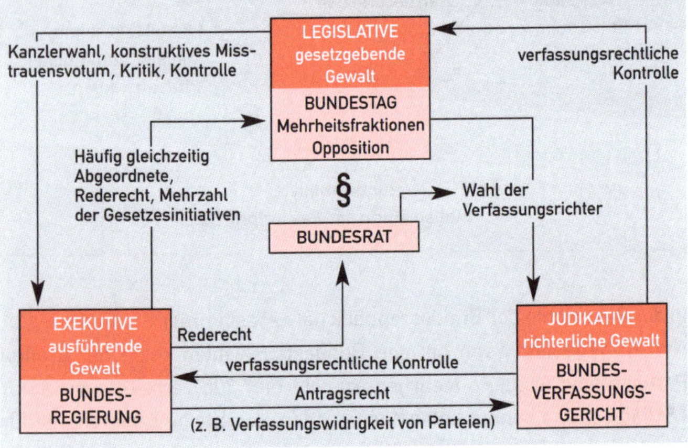

Für die demokratische Kultur von größter Bedeutung ist die Wirksamkeit der parlamentarischen Opposition. Diese hängt davon ab, ob es gelingt, Kritik und Gegenpositionen zu Regierungsentscheidungen in der Öffentlichkeit überzeugend darzustellen und als wählbare Alternative zur regierenden Mehrheit zu erscheinen, um diese bei der nächsten Wahl abzulösen.

Der Opposition stehen dazu folgende Möglichkeiten zur Verfügung:

Innerhalb des Parlaments:

- Nutzung der Kontrollinstrumente, welche der Bundestag gegenüber der Regierung hat (siehe S. 54),
- Einbringen von Gesetzesvorlagen konkurrierend zu den Regierungsentwürfen in den Bundestag (siehe S. 60).

Außerhalb des Parlaments:

- Erarbeiten und Veröffentlichen von programmatischen und personellen Alternativen durch die Oppositionsparteien.

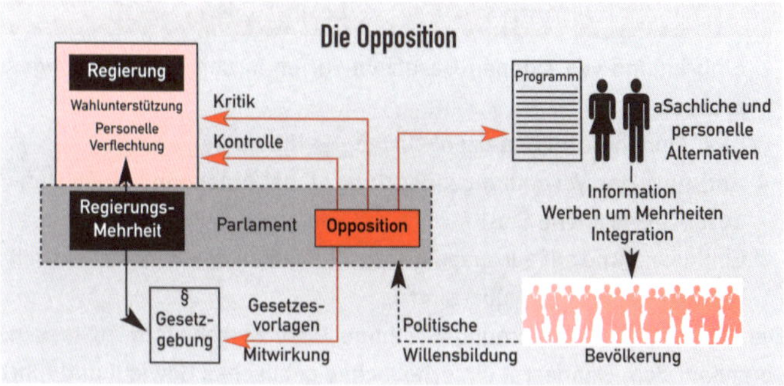

© Bergmoser + Höller Zahlenbilder 67 260

2.4.5 Der Bundesrat

Zusammensetzung des Bundesrats

In die Sitzungen des Bundesrats entsenden die Regierungen der Bundesländer ihre Ministerpräsidenten/Regierenden Bürgermeister oder zuständige Minister. Je nach Bevölkerungszahl hat jedes Bundesland zwischen 3 (z. B. Hamburg) und 6 (z. B. Bayern) Stimmen. Jedes Land kann seine Stimmen nur einheitlich abgeben.

Politische Bedeutung des Bundesrats

Der Bundesrat gibt den Ländern ein Mitwirkungsrecht an der Gesetzgebung und Verwaltung des Bundes. Damit können die Länder vor allem ihre spezifischen Interessen und ihre Verwaltungserfahrung in die Bundesgesetzgebung einbringen.

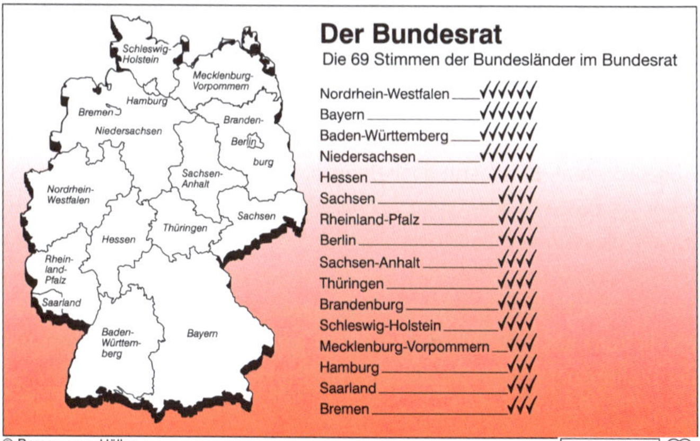

© Bergmoser + Höller ZAHLENBILDER 64 510

Die Kompetenzen des Bundesrates

- Einbringung von eigenen Gesetzentwürfen in den Gesetzgebungsprozess
- Stellungnahme zu Gesetzentwürfen der Bundesregierung
- Anrufung des Vermittlungsausschusses bei Ablehnung eines Bundesgesetzes (siehe S. 61 f.)
- Einflussnahme auf europapolitische Aktivitäten des Bundes – soweit Länderinteressen berührt sind

Die Möglichkeit, zustimmungspflichtige Gesetze scheitern zu lassen, verschafft dem Bundesrat ein erhebliches politisches Gewicht und führt immer wieder zur Versuchung, parteipolitischen Interessen den Vorrang vor Landesinteressen zu geben, gerade bei unterschiedlichen Mehrheiten im Bundesrat und Bundestag. Der Bundesrat kann so zum Instrument der Opposition werden.

2.4.6 Die Verfassungsorgane im Gesetzgebungsverfahren

Gesetze entstehen meist im Zusammenwirken von Bundesregierung, Bundestag und Bundesrat. Das Verfahren ist zwar recht kompliziert, bietet aber staatlichen Institutionen und gesellschaftlichen Gruppen viele Möglichkeiten auf den Inhalt Einfluss zu nehmen. Partikularinteressen können über Verbände, unterschiedliche Gemeinwohlvorstellungen über Parteien und Abgeordnete, Verwaltungserfahrungen über den Bundesrat bzw. die Bundesministerien in die Gesetzgebung einfließen. Außerdem schafft dieses Verfahren Ansatzpunkte oder auch Zwänge für die Suche nach Kompromissen.

Das Initiativrecht

Das Recht zur Gesetzesinitiative liegt bei Bundestag (mindestens 5 % der Abgeordneten), Bundesrat oder Bundesregierung. In der Praxis werden mehr als die Hälfte aller Gesetzentwürfe von der Bundesregierung eingebracht; dieser Anteil steigt noch deutlich, wenn man nur die erfolgreichen Gesetzesinitiativen betrachtet. Diese Gesetzentwürfe werden von dem zuständigen Ministerium ausgearbeitet, wo u. U. bereits Stellungnahmen der betroffenen Verbände eingeflossen sind, und dann zusammen mit der Stellungnahme des Bundesrates im Bundestag eingebracht.

Das Verfahren im Bundestag

Nach den Beratungen im Plenum in der 1. Lesung wird der Gesetzentwurf in die zuständigen Ausschüsse überwiesen. Dort erfolgt eine intensive inhaltliche Diskussion und Überarbeitung. Bei besonders wichtigen Gesetzen kann eine Anhörung von Verbandsvertretern und Fachleuten von außen durchgeführt werden. Der überarbeitete Gesetzentwurf kommt dann zur 2. und 3. Lesung und zur Beschlussfassung zurück in das Plenum.

Das Verfahren im Bundesrat

Hat der Bundesrat Änderungswünsche im Hinblick auf das Gesetz, kann er im Falle von einfachen Gesetzen den Vermittlungsausschuss zwischen Bundestag und Bundesrat anrufen und damit versuchen, seine Vorstellungen in Form eines Kompromissvorschlags einzubringen. Einigt sich der Vermittlungsausschuss auf einen Kompromiss, so kann der Bundestag diesen Vorschlag aber ablehnen. Der Bundesrat hatte dann nur die Möglichkeit, das Gesetz zu verzögern.
Bei zustimmungspflichtigen Gesetzen (die Länderinteressen berühren) kann der Bundesrat durch seine Ablehnung das Vorhaben scheitern lassen. In diesem Fall können Bundesregierung und Bundestag den Vermittlungsausschuss anrufen und damit versuchen, einen Kompromiss zu erreichen.

Ausfertigung und Verkündung

Jedes verabschiedete Gesetz wird zunächst vom Kanzler oder dem zuständigen Minister unterschrieben und dann vom Bundespräsidenten nach einer Prüfung auf Rechtmäßigkeit ausgefertigt und im Bundesgesetzblatt verkündet.

Der Gang der Gesetzgebung

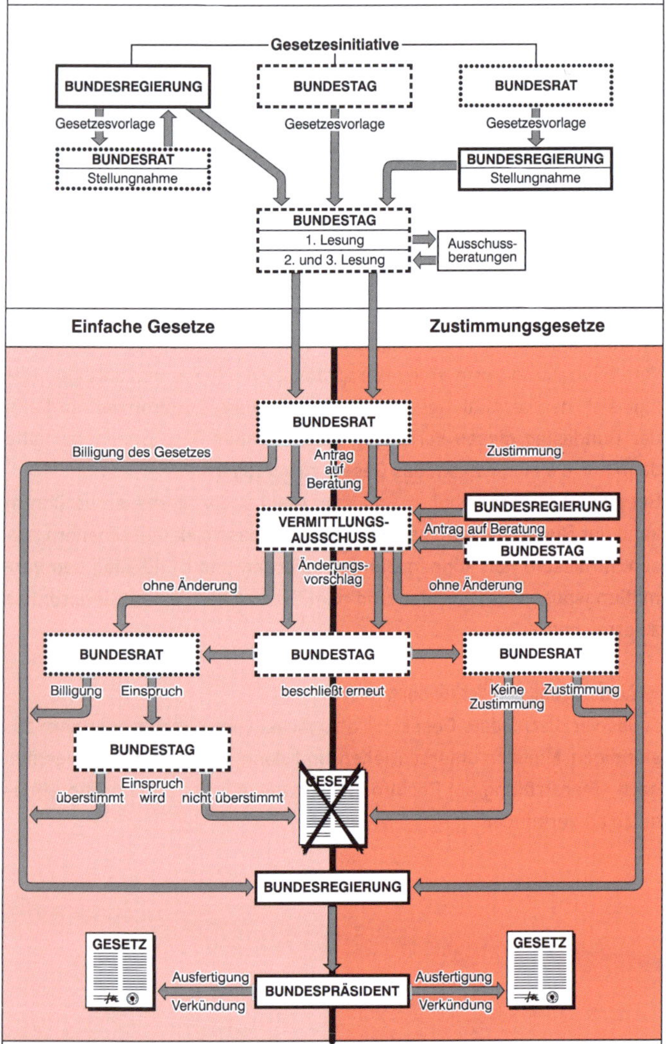

Verfassungsändernde Gesetze erfordern eine 2/3-Mehrheit im Bundestag und im Bundesrat

66 005

ZAHLENBILDER

2.4.7 Der Bundespräsident

Im Gegensatz zum Reichspräsidenten der Weimarer Republik wird der Bundespräsident nicht direkt vom Volk, sondern von der Bundesversammlung auf fünf Jahre gewählt. Dieser abgeschwächten Legitimation entspricht, dass der Bundespräsident auch nur über wenige politische Kompetenzen verfügt. Im Wesentlichen obliegen ihm repräsentative Aufgaben. Um seine überparteiliche, keinerlei Interessen verpflichtete Stellung nicht zu gefährden, lässt er eine eventuelle Parteimitgliedschaft oder berufliche Verpflichtungen während seiner Amtszeit ruhen.

Aufgaben des Bundespräsidenten

- Prüfung und Unterzeichnung der Gesetze
- Ernennung von Bundeskanzler, Bundesministern und Bundesrichtern
- Unterzeichnung von völkerrechtlichen Verträgen, die vorher durch die Regierung ausgehandelt wurden

Bei diesen Aufgaben handelt es sich um formale Kompetenzen, denn der Bundespräsident hat keinen Entscheidungsspielraum, es sei denn, er hat Zweifel an der Verfassungsmäßigkeit des Vorgangs. In politischen Krisenzeiten mit unklaren Mehrheitsverhältnissen im Bundestag kommen dem Bundespräsidenten jedoch zwei verfassungsrechtlich bedeutsame Einflussmöglichkeiten zu:

- Da er das Vorschlagsrecht für das Amt des Bundeskanzlers besitzt, kann er bei unklaren Mehrheitsverhältnissen nach Bundestagswahlen durch den Vorschlag eines Kandidaten ggf. die Wahl des Bundeskanzlers beeinflussen. Im Normalfall schlägt er den Kandidaten vor, der die Mehrheit im Bundestag hinter sich hat.
- Eine echte Entscheidungskompetenz kommt ihm zu, wenn nach einer gescheiterten Vertrauensfrage der Bundeskanzler den Antrag auf Auflösung des Bundestags und die Ausschreibung von Neuwahlen stellt. Dies kann der Bundespräsident auch ablehnen.

Der Einfluss des Bundespräsidenten auf die innere und äußere Politik als höchster Repräsentant des Staates beruht auf seiner Überzeugungskraft und seinem Ansehen. So kann er durch Ansprachen auf Fehlentwicklungen hinweisen und Anstöße für politische Veränderungen geben sowie durch sein Auftreten bei Staatsbesuchen im Ausland das internationale Ansehen Deutschlands fördern.

2.4.8 Das Bundesverfassungsgericht

● Aufgaben und Zusammensetzung

Dem Bundesverfassungsgericht ist vom Grundgesetz die Aufgabe übertragen, das Handeln aller anderen Staatorgane daraufhin zu prüfen, ob es der Verfassung entspricht. Es ist somit der politisch bedeutsamste Teil der Judikative. Wie jedes Gericht wird das Bundesverfassungsgericht aber nur tätig, wenn es durch einen Kläger angerufen wird.
Die insgesamt 16 Richter in zwei Senaten werden jeweils zur Hälfte vom Wahlausschuss des Bundestags und vom Bundesrat auf jeweils 12 Jahre gewählt. Bisher gelang es weitgehend, eine parteipolitische Ausgewogenheit zu erhalten.

© Bergmoser + Höller

Arten von Verfahren

Organstreitigkeiten: Streitigkeiten zwischen verschiedenen Bundesinstitutionen (z. B. Bundestag gegen Bundesregierung), zwischen Länderinstitutionen oder zwischen Bund und Ländern vor allem über Zuständigkeiten (z. B. Zustimmungspflichtigkeit von Gesetzen)
abstrakte Normenkontrolle: Klage von Verfassungsorganen (z. B. Landesregierung, ein Drittel der Bundestagsabgeordneten) wegen Zweifel an der Verfassungsmäßigkeit von Bundesgesetzen

NPD 2. **konkrete Normenkontrolle:** Antrag eines Gerichts, das bei Urteilsfindung in einem Fall Zweifel an der Verfassungsmäßigkeit des anzuwendenden Gesetzes hat

Verfassungsbeschwerde: Jeder Bürger kann nach Ausschöpfen des Rechtswegs über die ordentlichen Gerichte Verfassungsbeschwerde einlegen, wenn er glaubt, durch ein Gesetz, eine Verwaltungsentscheidung oder ein Gerichtsurteil in seinen Grundrechten verletzt zu sein.

Parteienverbote: Auf Antrag von Bundesregierung, Bundestag oder Bundesrat kann das Bundesverfassungsgericht eine Partei, welche die freiheitlich demokratische Grundordnung oder den Bestand der Bundesrepublik gefährden möchte, verbieten.

Verwirkung von Grundrechten: Die Verwirkung von Grundrechten nach Art. 18 GG wird vom Bundesverfassungsgericht ausgesprochen.

Bedeutung des Bundesverfassungsgerichts

Durch seine Rechtsprechung konkretisiert das Bundesverfassungsgericht Normen des Grundgesetzes und entwickelt sie weiter. So müssen vor allem die Grundrechte immer wieder neuen gesellschaftlichen und technologischen Entwicklungen angepasst werden. Ein Beispiel ist das vom Bundesverfassungsgericht zum Schutz der Bürger entwickelte neue Grundrecht auf informationelle Selbstbestimmung angesichts der Möglichkeiten der Informationstechnologie.

Die politische Opposition nutzt die Klagemöglichkeiten, um gegen Regierungshandeln oder gesetzliche Regelungen anzugehen, die sie ablehnt und für verfassungsrechtlich bedenklich hält. Das Bundesverfassungsgericht kann Gesetze für nicht verfassungsgemäß erklären und damit ungültig machen. Nicht unumstritten ist, wenn es in der Urteilsbegründung dem Gesetzgeber vorgibt, welche Regelungen in welcher Weise zu ändern sind. Diese inhaltlichen Vorgaben werden gelegentlich als Verstoß gegen die richterliche Selbstbeschränkung und das Bundesverfassungsgericht als Ersatzgesetzgeber kritisiert.

2.5 Staatsaufbau und Föderalismusreform

Leitfragen:

- Wodurch unterscheiden sich Zentralstaat und Bundesstaat?
- Warum wurde eine Reform des föderalen Systems in Deutschland notwendig?
- In welchen Bereichen wurde durch die Föderalismusreform eine klarere Zuständigkeit von Bund und Ländern erreicht?

2.5.1 Formen des Staatsaufbaus

Die bundesstaatliche Ordnung der Bundesrepublik bildet ein Gegenmodell zum Zentral- bzw. Einheitsstaat:
Bei einem zentralistischen Staatsaufbau (Beispiel: Frankreich) gibt es unterhalb der gesamtstaatlichen Ebene keine Gebietskörperschaften mit originär eigenständigen Verwaltungs- und Gesetzgebungskompetenzen. Dagegen können die Gliedstaaten eines Bundesstaates im Bereich ihrer Kompetenzen Entscheidungen eigenverantwortlich („souverän") treffen. In Artikel 30 des Grundgesetzes heißt es beispielsweise: „Die Ausübung der staatlichen Befugnisse und die Erfüllung der staatlichen Aufgaben ist Sache der Länder."

Modelle und Funktionen föderaler Systeme

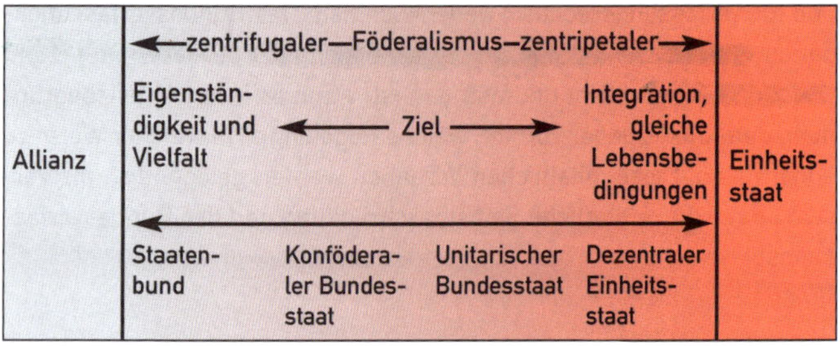

Winand Gellner/Armin Glatzmeier, Macht und Gegenmacht, Baden-Baden 2004, S. 231

Die Grundelemente eines föderal aufgebauten Gesamtstaates sind:

- mehrere Gliedstaaten (Bundesländer) mit eigenen Institutionen und Kompetenzen (= vertikale Gewaltenteilung),
- deren Zusammenschluss in einem Bundesstaat mit eigenen Institutionen und Kompetenzen,

eine Bundesverfassung mit Regelungen über die Befugnisse, die Bestellung und die Amtsdauer der Bundesorgane und über die Kompetenzverteilung zwischen Bund und Gliedstaaten.

2.5.2 Die Föderalismusreform

Politischer Wandel in Deutschland

Das politische System der Bundesrepublik Deutschland kann auf den sozialen, wirtschaftlichen und politischen Wandel reagieren und ihn gestalten. Besonders deutlich wird diese Fähigkeit, wenn vom Änderungsdruck das Grundgesetz selbst betroffen ist.
Allerdings verdeutlicht die langwierige Debatte um die Reform des deutschen Föderalismus auch die Schwierigkeiten des politischen Wandels. Mehrere Anläufe scheiterten, u. a. weil eine Veränderung des komplizierten Verhältnisses von Bund und Ländern in die Struktur des Staatsaufbaus der Bundesrepublik eingreift. Um das Reformprojekt 2006 zu einem Abschluss zu bringen, bedurfte es der politischen Mehrheit einer Großen Koalition von CDU/CSU und SPD (2005 – 2009).

Reform des Bund-Länder-Verhältnisses

Anlass für die Föderalismusreform war eine vom Grundgesetz so nicht vorgesehene Veränderung im Verhältnis von Bund und Ländern: Der Bund schöpfte seine Zuständigkeit bis ins Detail auch da aus, wo er eigentlich nur einen Rahmen setzen oder bei einem gesamtstaatlichen Erfordernis tätig werden sollte. Zum Ausgleich für diese Tendenz zur Zentralisierung wurden die Mitwirkungsrechte der Länder an der Gesetzgebung gestärkt. Der Anteil der zustimmungsbedürftigen Gesetze stieg deutlich, der Bundesrat hatte faktisch die Funktion einer permanenten Vetomacht. Zur Entscheidungsverzögerung kam es vor allem dann, wenn der Bundesrat weniger als Vertretung spezifischer Länderinteressen, sondern als Gegenpart zur Regierungspolitik agierte, ähnlich der parlamentarischen Opposition im Bundestag, aber mit deutlich mehr Druckmitteln ausgestattet.
Ob mit der größten Reform des Grundgesetzes seit seiner Verkündung 1949 die Verflechtung von Bund, Ländern und – mittlerweile – Europa zugunsten von mehr Transparenz, klarer Zuständigkeit und Effektivität aufgelöst wurde, muss die Zukunft zeigen – zumal die Reform der verflochtenen Finanzverfassung noch aussteht.

Die Neuordnung der Kompetenzen

Verlagerung auf die Länder: u. a.

- Strafvollzug
- Versammlungsrecht
- Ladenschlussrecht
- Gaststättenrecht
- Besoldung, Versorgung, Laufbahnrecht der Landesbeamten und Richter
- Ein Großteil des Hochschulrechts mit Ausnahme der Hochschulzulassung und Abschlüsse

Verlagerung auf den Bund: u. a.

- Abwehr von Gefahren des internationalen Terrorismus durch das Bundeskriminalamt, wenn eine länderübergreifende Gefahr vorliegt
- Erzeugung und Nutzung der Kernenergie, Errichtung und Betrieb von Anlagen, Schutz gegen Gefahren, Beseitigung radioaktiver Stoffe

Verlagerung in die konkurrierende Gesetzgebung

- Hochschulzulassung und Hochschulabschlüsse
- Umweltbezogene Materien (Naturschutz, Landschaftspflege, Wasserhaushalt)

(Die Länder haben das Recht zur Gesetzgebung, soweit der Bund von seiner Zuständigkeit nicht Gebrauch macht. Neu beschlossen wurde, dass die Länder, wenn der Bund von seiner Zuständigkeit in diesen Bereichen Gebrauch gemacht hat, durch Gesetz hiervon abweichende Regelungen treffen können.)

Finanzverfassung: u. a.

- Abbau von Mischfinanzierungstatbeständen
- Stärkung regionaler Steuerautonomie

Weitere Veränderungen der föderalen Struktur der Bundesrepublik werden diskutiert. Themen der Reformdebatte sind vor allem:

- eine Verringerung der Zahl der Bundesländer durch Verschmelzung kleinerer Länder mit Nachbarländern,
- ein stärkerer Wettbewerb der Länder miteinander, z. B. in der Wirtschafts- und Sozialpolitik,
- eine Neuregelung der Verteilung der Steuern auf Bund und Länder.

3 Politische Theorien

3.1 Grundbegriffe politischer Theorie

Leitfragen:

- Worum geht es in politischen Theorien?
- Welchen Einfluss haben Menschenbilder auf politische Theorien?

Politische Theorien befassen sich mit Überlegungen zur Herrschaftsausübung in einem Staat, mit deren Gestaltung und deren Zielen. Die Ansätze der Politologen können dabei empirisch-analytisch oder normativ sein. Erstere beschreiben und erklären Ist-Zustände (z. B. die Untersuchungen zu Mehrheits- und Konsensdemokratie, siehe S. 14f.), letztere bewerten Ist-Zustände und formulieren Soll-Zustände (z. B. die Identitätstheorie Jean Jacques Rousseaus, siehe unten). Sie enthalten ethische und normative Grundsätze, an denen sich politisches Handeln orientieren soll.

Staat, Macht und Herrschaft

In aller Regel sehen politische Theorien – mit graduellen Unterschieden – im Staat eine grundsätzlich positiv zu wertende Einrichtung, die mit ihrer Ordnungs-, Sicherheits- und Leistungsfunktion erst ein Zusammenleben von Menschen in einer größeren Gesellschaft ermöglicht. Er verfügt auch über die Macht, die aufgestellten Regeln notfalls mit Zwang durchzusetzen. Mit der grundsätzlichen Bejahung der Notwendigkeit von Herrschaft ist im politischen Denken immer die Frage nach der Legitimation ihrer jeweiligen Ausformung verknüpft. Wie in einem Staat Herrschaft ausgeübt wird, legt die politische Ordnung als gesamtgesellschaftliche Organisation fest.

Zur Definition

Staat bezeichnet die Vereinigung vieler Menschen auf einem abgegrenzten Gebiet unter einer souveränen Herrschaftsgewalt. Zur Durchsetzung seiner Entscheidungen verfügt der Staat über das Gewaltmonopol im Inneren des Landes und über Souveränität gegenüber anderen Staaten.

Macht bezeichnet ein Abhängigkeits- oder Überlegenheitsverhältnis, d.h. die Möglichkeit ohne Zustimmung, gegen den Willen oder trotz Widerstandes anderer die eigenen Ziele durchzusetzen und zu verwirklichen. Sie kann von Personen, Gruppen, Organisationen (Parteien, Verbänden, Behörden) bzw. dem Staat ausgeübt werden oder von gesellschaftlichen (wirtschaftlichen, technischen, rechtlichen, kulturell-religiösen) Strukturen ausgehen.

Herrschaft beschreibt ein Über- und Unterordnungsverhältnis zwischen Herrschenden und Beherrschten, das als rechtmäßig (legitim) anerkannt wird und insofern institutionalisiert ist, als es auf Dauer angelegt und gewissen Regeln unterworfen ist.

Menschenbilder und die Legitimation politischer Herrschaft

Zentral für die Legitimation politischer Herrschaft sind die jeweils zugrunde gelegten Wertvorstellungen und Menschenbilder, die das Verhältnis von Individuum, Staat und Gesellschaft sowie die Herrschaftsform unterschiedlich bestimmen. Sie variieren in den historischen Epochen, in den Kulturen sowie nach religiöser, philosophischer und ideologischer Überzeugung. Je nachdem, ob der Mensch als sozial oder egoistisch, als rational oder triebhaft, als Produkt der Geschichte oder als handelndes Subjekt beurteilt wird, lassen sich unterschiedliche Schlüsse ziehen.

Ausgewählte Menschenbilder

In der politischen Theorie nach freiheitlich-demokratischem Verständnis wird der menschlichen Persönlichkeit eine naturgegebene Würde zugesprochen, die für das Individuum ein Recht auf freie Entfaltung und somit auch ein Recht auf die verantwortliche Mitgestaltung der gesamten Gesellschaft begründet.

Die Ideologie (Weltanschauung) des Marxismus spricht dem Menschen seine Würde nicht als Individuum, sondern als Mitglied seiner Klasse zu. Sein und Bewusstsein des Einzelnen sind durch sie geprägt – er ist „materialistisch determiniert". Seine Freiheit besteht darin, die Notwendigkeit des gleichfalls „determinierten" Geschichtsverlaufs zu erkennen, der nach der Überwindung des Kapitalismus in einer kommunistischen Gesellschaftsform gipfelt. Der kommunistischen Partei kommt dabei die Aufgabe zu, ihm den einzig wahren Weg zu seiner „Bestimmung" zu weisen.

Für die in der Religion des Islam verwurzelten Menschen ist ein Individualismus im westlichen Sinn undenkbar. Die Unterordnung des Einzelnen unter die Gemeinschaft, die in allen Lebensbereichen nach religiösen Vorschriften ausgerichtet ist, wird in den meisten islamischen Strömungen noch immer als unumstößliche kulturelle Norm anerkannt.

Marxismus und Islam erheben einen absoluten Wahrheitsanspruch: Alle anderen Weltanschauungen seien nicht nur falsch, sondern hätten keine Daseinsberechtigung und müssten, da sie für die eigene Weltsicht gefährlich seien, bekämpft werden.

3.2 Grundströmungen politischen Denkens

Leitfragen:

- Welche Anstöße führen zu den unterschiedlichen Grundströmungen politischen Denkens?
- Welche Grundhaltungen charakterisieren Liberalismus, Konservatismus und Sozialismus?

Von unterschiedlichen Menschenbildern führen deutlich erkennbare Verbindungslinien zu den verschiedenen Grundströmungen politischen Denkens, die sich im Europa des 19. Jahrhunderts angesichts einer sich verändernden Gesellschaft herausgebildet haben. In chronologischer Reihenfolge bildeten sich Liberalismus, Konservatismus und Sozialismus. Sie bestimmen bis heute die politische Theorie und Praxis.

Der Liberalismus entwickelte sich aus der Gegnerschaft zum absoluten Staat. Er wandte sich gegen geistige Bevormundung und politische Machtkonzentration.

Liberalismus	
Kernideen	Freiheit des Einzelnen (Individualismus), rechtliche Gleichheit, Selbstverantwortung, Leistung
Menschenbild	Mensch als eigenständiges, vernünftiges Wesen mit natürlichen Grundrechten (Recht auf Freiheit, Leben, Eigentum) hat einen Vorrang gegenüber Staat und Gesellschaft.

Gesellschaftsbild	Freie Entfaltung aller Individuen erzeugt maximalen Wohlstand und Fortschritt in einer harmonischen Gesamtgesellschaft.
Herrschaft	Rational legitimiert; Prinzip der Gewaltenteilung und Machtkontrolle
Rolle des Staates	Lediglich rechtlicher Ordnungsrahmen zur Gewährung von wirtschaftlicher und politischer Freiheit, Rechtssicherheit für das Individuum

Der Konservatismus entstand als Antwort auf den politischen und sozialen Liberalismus sowie die Radikalisierung der Französischen Revolution. Er lehnte Individualismus, Kollektivismus und revolutionäre Veränderungen ab.

Konservatismus	
Kernideen	Bewahrung von traditionellen Werten (Religion, Familie), bewährten Praktiken und historisch gewachsenen Institutionen (Traditionalismus)
Menschenbild	„Natürliche“ Ungleichheit der unvollkommenen und sündigen Menschen führt dazu, dass jeder seinen Platz in einer göttlich gewollten bzw. naturgegebenen sozialen Ordnung einnimmt.
Gesellschaftsbild	Historisch gewachsene Einheit des Gemeinwesens mit natürlichen Hierarchien; Zusammenhalt durch Autoritäten, Staat und „ewige“ Werte
Herrschaft	Traditionell/religiös legitimiert; personales Prinzip der Verantwortlichkeit
Rolle des Staates	Schutz- und Ordnungsfunktion eines starken Staates

Der Sozialismus erhielt seine Schubkraft aus der Reaktion auf den ökonomischen Liberalismus und die durch die Industrielle Revolution entstandene Soziale Frage. Er wandte sich gegen das Privateigentum an Produktionsmitteln (Kapitalismus), das er als Ursache für die Verelendung der Arbeiterschaft ansah, und gegen Ungleichheit aufgrund von Besitz oder Privilegien.

→ Ideologie, nicht zu verwirklichen

Sozialismus	
Kernideen	Vision einer politisch und sozial gerechten Gesellschaft: Freiheit, Gleichheit, Brüderlichkeit (Solidarität)
Menschenbild	Der Mensch ist von Natur aus gut – Konflikte ergeben sich aus unterschiedlichen Interessen von Besitzenden und Besitzlosen. Gemeinschaft und gegenseitige Solidarität werden auf Kosten der individuellen Selbstbestimmung betont (Kollektivismus).
Gesellschaftsbild	Revolutionäre oder reformerische Veränderung der Gesellschaft durch die Arbeiterbewegung: Gemeinwohl als gesellschaftliches Ziel
Herrschaft	Sozial legitimiert; demokratisches Prinzip („Herrschaft des Volkes")
Rolle des Staates	Staat hat das Ziel und die Befugnisse, politische und soziale (Chancen-) Gleichheit herzustellen.

3.3 Denkschulen der Demokratietheorie

Leitfragen:

- Was versteht man unter einer „Vertragstheorie"?
- Aus welchen Gründen schließen sich Menschen in einem Staat zusammen?
- Wie unterscheiden sich die Gemeinwohlvorstellungen von Rousseau und den Pluralisten?

Von Gelehrten sind schon in der Antike, zum Beispiel durch *Aristoteles* im 4. Jahrhundert vor Christus, abstrakte Denkmodelle zu Erklärung und Legitimation politischer Herrschaft durch das Volk entwickelt worden, die grundsätzliche Zusammenhänge darlegen sollen. In der Neuzeit hat man diese vor dem Hintergrund der veränderten Weltsicht, der entstehenden Nationalstaaten und der bürgerlichen Gesellschaft wieder aufgenommen und in zentralen Schriften weiterentwickelt. *Thomas Hobbes* (1588-1679) beantwortete die Frage nach der Legitimation von Herrschaft als erster mit dem Bild eines virtuellen Vertrages zwischen Volk und Herrscher. Legitimität ergibt sich nach dieser Vertragstheorie aus der freiwilligen und dauerhaften Anerkennung der politischen Ordnung durch die von ihr betroffenen Individuen. Anerkennung bedeutet dabei, von den grundsätzlichen Wertvorstellungen, der Rechtmäßigkeit der Herrschaftsform und der Verbindlichkeit der Regeln und Gesetze überzeugt zu sein.

Auch die Frage nach dem Gemeinwohl gehört zu den Grundlagen politischen Denkens: Sie verweist auf die gemeinsamen Ziele und Zwecke (z. B. kollektive Sicherheit, allgemeiner Wohlstand, rechtsstaatliche Gewährleistung individueller Freiheiten), zu deren Verwirklichung Menschen in einer Gemeinschaft zusammengeschlossen sind, und damit auf den Sinn und Zweck von Politik überhaupt.

Abhängig von den jeweiligen Vorstellungen vom Gemeinwohl lassen sich wichtige Schulen der Demokratietheorie unterscheiden:

Identitätstheorie

Ausgangspunkt der Theorie Jean Jacques Rousseaus ist die Feststellung: „Der Mensch ist frei geboren, doch überall liegt er in Ketten". Damit kritisiert er die frühbürgerliche Gesellschaft seiner Zeit, die zu Ungerechtigkeit und sozialer Ungleichheit führe. Er geht deshalb der Frage nach, wie die bürgerliche Gesellschaft beschaffen sein müsste, um den Menschen ein Leben in Freiheit zu ermöglichen.

Identitätstheorie	
Zentrale Schrift	Du Contrat Social (1764)
Gesellschaftsauffassung	Durch den freiwilligen Zusammenschluss (durch Vertrag) in einem Staat wird aus einzelnen Individuen ein Ganzes, eine Gemeinschaft mit einem homogenen Volkswillen.
Staatsauffassung	– Durch die Partizipation aller am Staat (plebiszitäre Demokratie) gibt es keine Fremdherrschaft, sondern es herrscht eine Identität zwischen Herrschenden und Beherrschten. – Der Staat gewährleistet Sicherheit und Freiheit, wobei unter Freiheit verstanden wird, dass sich alle Menschen aus Einsicht dem – vorgegebenen, aus der Vernunft erschließbaren – Gemeinwohl (Gemeinwohl a priori) unterordnen.
Kritik	– Positiv: Betonung der Volkssouveränität

	– Gefahr: Durch den Absolutheitsanspruch Legitimation für totalitäre Regime (Karl Marx, Lenin) – Leugnen der Interessenvielfalt und gesellschaftlicher Konflikte – Gleichheit nur durch Einschränkung der Freiheit – Keine Rechtssicherheit, keine vorstaatlichen Rechte, kein Minderheitenschutz – Keine Verantwortlichkeit bei getroffenen Entscheidungen – Verwirklichung im sozial differenzierten Flächenstaat unmöglich

Repräsentationstheorie

Für *John Locke, Charles de Montesquieu* und die Aufklärer des 18. Jahrhunderts standen dagegen besonders die Menschenrechte, die individuelle Freiheit und die Verfügungsgewalt über das Privateigentum im Vordergrund.

Repräsentationstheorie / Gewaltenteilungslehre	
Zentrale Schrift	Locke, Two Treatises on Government (1689) / Montesquieu, De l'Esprit des Lois (1748)
Gesellschaftsauffassung	– Die Menschen schließen sich zur Sicherung ihres Eigentums und ihrer individuellen Rechte in einem Staat zusammen. Im Rahmen der Gesetze können sie frei handeln.
Staatsauffassung	– Das Volk als Souverän überträgt die Staatsgewalt auf gewählte Vertreter (repräsentative Demokratie), die nach eigenem Gewissen die politischen Entscheidungen aushandeln (Mehrheitsprinzip). – Herrschaftskontrolle durch Gewaltenteilung (Legislative, Exekutive, Judikative) und durch Herrschaftsübertragung auf Zeit.
Kritik	– Keine direkte Einflussnahme auf die Politik während der Legislaturperiode – Geringe Bedeutung der Partizipation und Interessenvertretung – Nur einfache (horizontale) Gewaltenteilung

Pluralismustheorie

Joseph A. Schumpeter und *Ernst Fraenkel* griffen im 20. Jahrhundert die Vorstellungen der Repräsentationstheoretiker wieder auf und übertrugen sie auf moderne Gesellschaften.

Konkurrenztheorie / Pluralismustheorie	
Zentrale Schrift	Schumpeter, Kapitalismus, Sozialismus und Demokratie (1942) / Fraenkel, Deutschland und die westlichen Demokratien (1991)
Gesellschaftsauffassung	In einer heterogenen Gesellschaft konkurriert eine Vielzahl von Interessen miteinander. Konflikte sind daher legitim. Es gibt nur einen Minimalkonsens über die Regeln des Zusammenlebens. Die Partizipation an den politischen Entscheidungen erfolgt über die Interessenvertretungen und durch Wahlen.
Staatsauffassung	Die politische Gewalt ist an Gesetze gebunden und trifft nach einem Willensbildungsprozess verbindliche Entscheidungen. Das Gemeinwohl ergibt sich als Resultat aus einem Ausgleich der Interessen (Gemeinwohl a posteriori).
Kritik	– Nicht alle Interessen sind organisiert und konfliktfähig. – Problem der Interessenvertretung durch Eliten – Demokratie als bloße Legitimierung von politischen Entscheidungsträgern (–> Politikverdrossenheit)

Neuere Demokratietheorien

Der US-amerikanische Philosoph *John Rawls* ergänzte in seinem Buch „Eine Theorie der Gerechtigkeit“ von 1971 die Vertragstheorie durch Gesichtspunkte aus der Spieltheorie: Auch in seiner Theorie schließen sich freie, gleichberechtigte, rational handelnde und Gerechtigkeit liebende Menschen zusammen, da sie nur so die Probleme der modernen Welt bewältigen können. Die Kriterien, die eine gerechte Gesellschaft erfüllen muss, versucht Rawls mit Hilfe eines Gedankenexperiments festzustellen. In einem herrschaftsfreien Urzustand als Ausgangsbasis wird über die zukünftigen grundlegenden Prinzipien der Gesellschaft beraten. Wichtig bei dieser Vorstellung ist, dass die Personen zwar einerseits auf die Erfüllung ihrer eigenen Interessen bedacht sind, andererseits aber nichts über sich selbst, ihre soziale Stellung, Interessen, Kenntnisse, Talente usw. wissen. Damit soll gewährleistet werden, dass der Festlegung der Gesellschaftsstrukturen keine egoistischen Beweggründe zugrunde liegen, sondern dass die zukünftigen Gerechtigkeitsprinzipien nur unter allgemeinen Gesichtspunkten bestimmt werden. In dieser Situation würden sich – laut Rawls – die Menschen auf das Prinzip der politisch-rechtlichen Gleichheit mit größtmöglicher Freiheit, die noch mit gleicher Freiheit für alle verträglich ist, und auf das der Chancengleichheit (z. B. freier Zugang zu Positionen und Ämter für alle) einigen. Nur weil vorher noch nicht bekannt ist, welche gesellschaftliche Position jemand einnehmen wird, werden sich alle auf diese beiden Prinzipien verständigen.

Die Anhänger des Kommunitarismus (bedeutender Vertreter: Amitai Etzioni, geb. 1929) sind hier gegenteiliger Auffassung. Ihre Annahme lautet: Der Mensch gehört einer Gemeinschaft nicht durch Vernunft und freiwillige Zustimmung an, sondern er wird in sie hineingeboren. In dieser sprachlich, ethnisch, kulturell und religiös definierten Gemeinschaft herrschen bestimmte, gemeinsam geteilte Wert- und Moralvorstellungen sowie Traditionen vor. Nur auf deren Basis kann sinnvoll über die Grundsätze der Gerechtigkeit verhandelt werden.

Die akademische feministische Demokratietheorie ist erst in den 1980er-Jahren aus der Frauenbewegung heraus entstanden und sieht die Unterrepräsentanz von Frauen in der Politik als Ausdruck und Ursache für ihre fortgesetzte Diskriminierung. Teilweise geht sie auch über die Geschlechterproblematik hinaus und fordert für alle unterdrückten und marginalisierten Gruppen eine gleichberechtigte und wirksame Repräsentation in der Politik.

4

Sozialstruktur und soziale Sicherung

4.1 Sozialer Wandel: Begriff, Tendenzen, Theorien

Leitfragen:
- Was versteht man unter „sozialem Wandel"?
- Welche Faktoren beeinflussen gesellschaftliche Entwicklungen?
- In welchen Bereichen lässt sich sozialer Wandel festmachen?
- Welche Tendenzen des gesellschaftlichen Wandels sind heute feststellbar?

Wandel in der Gesellschaft

Gesellschaften unterliegen Veränderungen. Der Einzelne erlebt den sozialen Wandel vorwiegend aus seinem subjektiven Blickwinkel, z. B. durch veränderte Lebensumstände im Laufe seines Lebens oder durch den Vergleich des eigenen Freizeitverhaltens in seiner Jugend mit dem seiner Kinder.

Soziologen versuchen diesen Wandel zu systematisieren. Sie untersuchen Veränderungen in den Teilbereichen der Gesellschaft, z. B. in der Bevölkerungsstruktur oder in der sozialen Schichtung, und in der Gesellschaft als Gesamtsystem. Der Übergang von der industriellen zur postindustriellen Gesellschaft ist z. B. Ergebnis und Ursache einer Vielzahl von Veränderungen in Einzelbereichen: in der Arbeitswelt, bei Wertvorstellungen, im Bildungssektor, im Freizeitverhalten etc.

Die wissenschaftliche Analyse zielt auf Einflussfaktoren, Indikatoren und Richtungen des sozialen Wandels. Ergebnisse und Erkenntnisse können helfen, den sozialen Wandel öffentlich zu diskutieren und ggf. zu beeinflussen.

Ausgewählte Deutungen der modernen Gesellschaft

Konsumgesellschaft
Leistungsgesellschaft
Wohlstandsgesellschaft
Risikogesellschaft
Anspruchsgesellschaft
Industriegesellschaft
Dienstleistungsgesellschaft
Freizeitgesellschaft
Arbeitsgesellschaft
Informationsgesellschaft
Erlebnisgesellschaft

Ursachen und Indikatoren sozialen Wandels

Einflüsse auf sozialen Wandel sind nicht linear, er ist nicht monokausal zu erklären. Die verschiedenen Faktoren unterliegen gegenseitigen Wechselwirkungen, können sich gegenseitig verstärken oder abschwächen, ungesteuert oder interessenbezogen verlaufen, Strukturen verändern, Altes verschwinden lassen und Neues schaffen, sich ungleichzeitig oder gegenläufig entwickeln, global bedingt sein oder aus zunächst kleinen Initiativen erwachsen. Einfache Ursache-Wirkungs-Schemata sind für Erklärungen und Prognosen deshalb ungeeignet.

Wichtige Einflussfaktoren auf den sozialen Wandel:

- Wandel im Wertesystem der Individuen und der Gesamtgesellschaft
- Veränderungen in der Politik (Akteure, Strukturen, Inhalte, Impulse)
- globale kulturelle Entwicklungen
- Religiosität bzw. säkulare Tendenzen
- soziale Bewegungen
- Individuelle und kollektive Erfahrungen
- Veränderungen bei Zukunftserwartungen
- Wandel im Recht und im Rechtssystem
- Entwicklungen in der Wirtschafts- und Arbeitswelt
- wissenschaftliche Entdeckungen und Erfindungen
- Änderungen m sozialen und ommunikativen Verhalten
- technische Innovationen
- demografische Entwicklungen

Die Ebenen des sozialen Wandels:
- Individuum
- Teilbereiche der Gesellschaft
- Gesamtgesellschaft

Untersuchungsbereiche und Erhebungen

Bei der Untersuchung sozialen Wandels, werden Daten im Zeitverlauf erhoben, miteinander verknüpft und interpretiert zu: Bevölkerungsstruktur, Bildungsverhalten, Erwerbstätigkeit, Familie und Zusammenleben, Geschlechterverhältnis, Einnahmen und Ausgaben der Haushalte, Vermögen, Wohnen, Freizeit und Kultur, Mitwirkung am politischen und gesellschaftlichen Leben, Gesundheit, soziale Sicherung, soziale Schichtung und Milieus, Wohlbefinden und Zufriedenheit, Wertorientierungen und Erwartungen.

Trends des sozialen Wandels

Die aktuell feststellbaren Veränderungen der Gesellschaft gehen u. a. hin zu

- Wissens- und Bildungsgesellschaft
- industrieller Dienstleistungsgesellschaft
- Lockerung und Pluralisierung des Schichtgefüges
- sozial zersplitterten Randschichten
- Verringerung der Ungleichheiten zwischen den Geschlechtern
- Ausdifferenzierung der Formen des privaten Zusammenlebens
- Alterung der Gesellschaft

Die Modernisierungstheorie

Soziologen suchen seit Langem nach Gesetzmäßigkeiten, nach denen der gesellschaftliche Wandel hin zu modernen Gesellschaften abläuft. Grundlage der Untersuchungen ist dabei die Geschichte europäischer bzw. nordamerikanischer Gesellschaften, in denen der Modernisierungsprozess zuerst sichtbar wurde.
Die Modernisierungstheorie ist ein Versuch, die Ergebnisse zusammenzufassen. Sie beschreibt vier „Dimensionen der Modernisierung".

Die Dimensionen der Modernisierung

Differenzierung: Die Gesellschaft gliedert sich weiter auf, Institutionen und Teileinheiten übernehmen immer spezialisiertere Funktionen. (Beispiele: die Universität, das Spital oder die städtische Verwaltung im Mittelalter und heute)
Rationalisierung: Denken und Handeln orientieren sich an Berechenbarkeit mit dem Ziel höherer Effizienz und Beherrschbarkeit der Welt; Berufung auf Vernunft und Wissenschaft anstatt auf Glauben und Religion.
Individualisierung: Der Einzelne kann sich zunehmend aus den traditionellen sozialen Einheiten und herkömmlichen Vorgaben lösen und erhält zahlreiche Möglichkeiten für seine Lebensgestaltung.
Domestizierung: Der Mensch kann sich immer mehr den biologischen und natürlichen Bedingungen und Begrenzungen entziehen und versucht sie selbst zu beeinflussen.

4.2. Bevölkerungsstruktur

Leitfragen:

- Welche Faktoren bestimmen die Bevölkerungsstruktur?
- Wie verläuft die Bevölkerungsentwicklung in Deutschland seit den 60er-Jahren?
- Welche Probleme ergeben sich und welche Reaktionen erfolgen?

Bestimmungsfaktoren der Bevölkerungsstruktur

„Bevölkerung" in der amtlichen Statistik meint die Einwohner eines abgegrenzten Gebietes ohne Rücksicht auf ihre Staatsangehörigkeit oder Volkszugehörigkeit. „Bevölkerung" in einer Analyse der sozialen Struktur beschreibt ihre Zusammensetzung im dynamischen Bevölkerungsprozess, der durch drei Faktoren bestimmt wird:

- Geburten (generatives Verhalten: Geburtenzahlen, Zahl der Kinder pro Frau),
- Lebensdauer (Lebenserwartung, Sterblichkeit) und
- Migration (Zu- und Abwanderung).

Bevölkerungsentwicklung von der Agrar- zur Industriegesellschaft

Unter diesem Aspekt entspricht die Bevölkerungsentwicklung in Deutschland – abgesehen von den Einschnitten durch die beiden Weltkriege – in ihrer Grundlinie dem industriegesellschaftlichen Modell:

- relativ stabile Bevölkerungszahl bei hoher Geburten- und Sterberate in der Agrargesellschaft (bis etwa 19. Jahrhundert)
- deutliches Bevölkerungswachstum durch Absinken der Sterberate bei gleich bleibender Geburtenrate in der industrialisierten Gesellschaft (Mitte 19. bis Mitte 20. Jh.)
- relativ stabile Bevölkerungszahl bei niedriger Geburten- und Sterberate in der Dienstleistungsgesellschaft (ab Mitte 20. Jh.)

Ursachen dieser Entwicklung waren u. a. neben der besseren hygienischen und medizinischen Versorgung der Wandel in der Einstellung zu Familie und Kind. Betrachtete man in der Agrargesellschaft Kinder noch unter dem Gesichtspunkt des ökonomischen Nutzens, trat in der Industriegesellschaft der Faktor „Kosten" in den Vordergrund.

Bevölkerungsentwicklung seit den sechziger Jahren

Seit Mitte der 60er-Jahre nimmt in allen Industriegesellschaften der Geburtenrückgang drastisch zu. Möglichkeiten der Geburtenkontrolle,

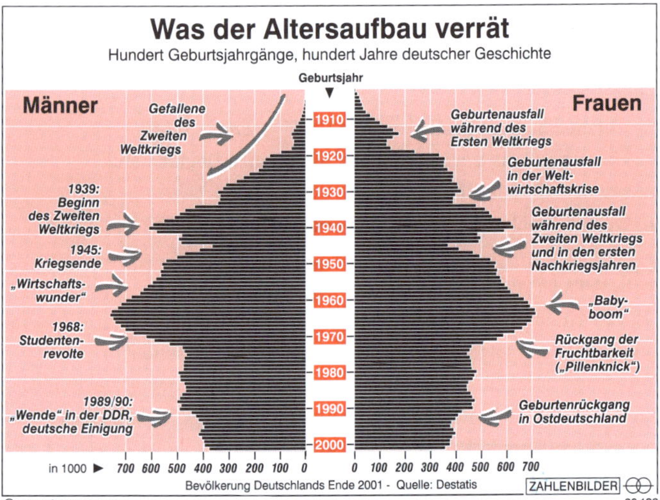

© Erich Schmidt Verlag 20 122

Veränderungen in den Familien- und Geschlechterbeziehungen, Individualisierung der Lebensplanung, neue Anforderungen in der Arbeitswelt sowie ein Wandel in den Werten und Einstellungen führen dazu, dass das Ja zum Kind zu einer kalkulierten Entscheidung wird, die immer weniger Paare treffen. Die Fertilität in Deutschland liegt 2006 bei 1,37 Kindern pro Frau (1860: 5 Kinder, 1881: 3 Kinder, 1904: 2 Kinder, 1965: 1,5 Kinder).

Unter **Fertilität** versteht man die durchschnittliche Zahl der Kinder, die Frauen im Laufe ihres Lebens zur Welt bringen.

Verbunden mit einer stetig **steigenden Lebenserwartung** – im 20. Jahrhundert stieg diese um rund 30 Jahre (2006: Männer 75,1 Jahre, Frauen 80,9) – führt diese Entwicklung zu einer **Überalterung** und, da die niedrige Geburtenrate den Sterbeausfall nicht mehr ausgleicht, gleichzeitig zu einer **Schrumpfung** der Gesamtbevölkerung (Deutschland: um ca. 0,3 Prozent ohne Zuzug).

Glich der Altersaufbau früher noch einer **Pyramide**, so zeigt er heute eher die Form einer Urne bzw. eines **Pilzes** (vgl. Abb. S. 81). Diese Tendenz wird sich in den nächsten Jahrzehnten noch verstärken und kann auch durch den Faktor Migration nur unmerklich verzögert werden.

demografischer Wandel

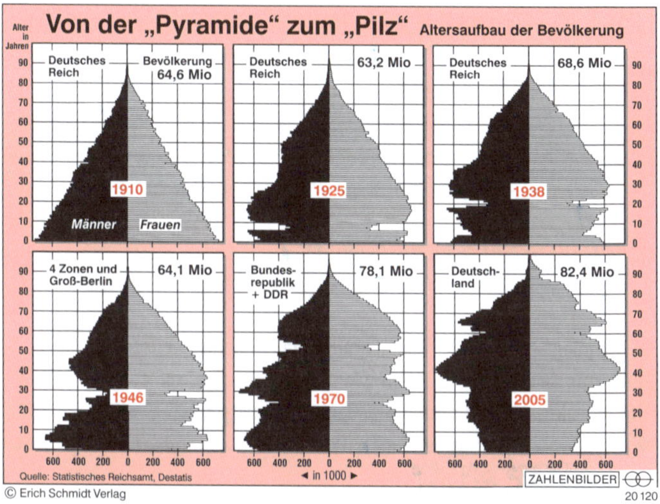

Konsequenzen der veränderten Altersstruktur

Mittlerweile wurden die aus der veränderten Bevölkerungsstruktur resultierenden Probleme erkannt. Im Brennpunkt der Diskussion steht dabei die Frage der Altersversorgung, zum einen in materieller Hinsicht (Funktionsfähigkeit des Rentensystems), zum anderen unter dem sozialen Aspekt der Betreuung und Pflege einer großen Zahl alter Menschen. Darüber hinaus könnte das Zahlenverhältnis zwischen „Jung“ und „Alt“ auch zu einem grundsätzlichen Generationenkonflikt führen, wenn es um die Verteilung von Ressourcen, um politische Entscheidungen oder um Innovationen in der Gesellschaft geht.

Zu den weiteren Problemfeldern gehört beispielsweise die Infrastruktur, die auf eine ganz andere Größe und Zusammensetzung der Bevölkerung zugeschnitten ist. So müssen bereits heute Schulen geschlossen werden und ganze Wohnviertel vergreisen oder werden abgerissen, weil es an Einwohnern fehlt. Die zunehmende Zahl von Einzelkindern oder auch älteren Menschen ohne familiäre Bindung wird auch das soziale Klima innerhalb der Gesellschaft verändern.

Eine andere Folge ist sicher auch ein neues Bild vom Alter als Lebensphase nach dem Berufsleben. Konsum- und Freizeitindustrie, Werbung und Marketing – der Markt wird sich auf die „Generation Silber“ als Zielgruppe umstellen müssen.

Reaktionen der Politik

- Reform der Alterssicherung (Renten- und Pflegeversicherung, Förderung der Eigenvorsorge)
- Stärkere Anreize, um die Zahl der Geburten zu erhöhen (Kindergeld, Kindergartenplätze, Steuerfreibeträge, Erleichterung von Teilzeitarbeit, rechtlicher Schutz von Müttern, Erziehungsurlaub, Elterngeld)
- Öffentliche Debatte und Aufklärung
- Kontrollierte Zuwanderung (z. B. Zuwanderungsgesetz von 2005)

Migration als Lösung des demografischen Problems?

Seit jeher ist die Migration ein wichtiger Einflussfaktor auf die Bevölkerungsstruktur eines Landes. Der Zuzug von Gastarbeitern, Flüchtlingen, Asylbewerbern und Aussiedlern machte Deutschland zu einem wichtigen Einwanderungsland.
Waren in den späten 50er- und 60er-Jahren bis Anfang der 70er vor allem Gastarbeiter aus dem südlichen und südosteuropäischen Ausland unter arbeitsmarktpolitischem Aspekt willkommen, reagierten die Politiker in den 80er- und 90er-Jahre auf die gestiegenen Flüchtlingszahlen mit einer Verschärfung des Asylrechts (vgl. Art 16a GG) und dem Versuch, den Zuzug von Ausländern einzudämmen.
Der Geburtenrückgang in der deutschen Bevölkerung und ein Fachkräftemangel in einigen Wirtschaftsbereichen bewirkten mittlerweile ein Umdenken. Die kontrollierte Zuwanderung mittels Zuwanderungs- und Integrationsgesetzen soll die Probleme der Überalterung entschärfen. Nach Berechnungen der UNO benötigt Deutschland dafür über einen längeren Zeitraum durchschnittlich eine halbe Million Zuwanderer pro Jahr. Die aktuellen Zahlen belegen, dass dieser Stand nicht annähernd erreicht wird. Auch würde so das Problem nur verschoben, nicht gelöst werden, denn auch Ausländer passen sich früher oder später im generativen Verhalten dem Einwanderungsland an.

Mit dem Zuzug ausländischer Migranten ergeben sich neue Herausforderungen für Politik und Gesellschaft:

- Die Aufnahmebereitschaft der deutschen Bevölkerung stößt an ihre Grenzen.
- Die Integration der Zuwanderer muss verbessert werden (das neue Zuwanderungsgesetz schreibt verpflichtende Deutschkurse vor, die nicht nur den Erwerb der deutschen Sprache, sondern auch von de-

Bevölkerungswanderungen in Deutschland

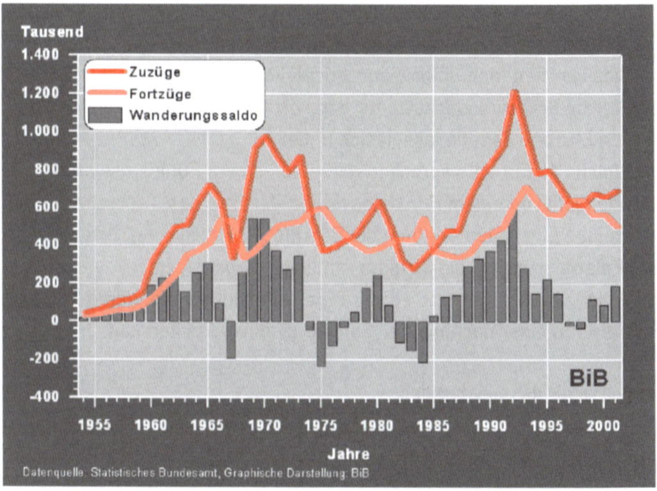

mokratischen Grundwerten und Einstellungen beabsichtigen), um die Entwicklung von Parallelgesellschaften zu vermeiden.

- Die Rahmenbedingungen der Zuwanderung bezüglich Gesamtzahl und qualitativer Steuerung müssen festgelegt werden (hierfür gibt es bisher v. a. arbeitsmarktpolitische Bestimmungen).

Die immer noch anhaltende Binnenwanderung, v.a. von Ost- nach Westdeutschland, bleibt zwar ohne Auswirkung auf die gesamtdeutsche Sozialstruktur, sie zeigt jedoch gravierende Auswirkung auf die Sozial- und Infrastruktur in den östlichen Bundesländern.

4.3 Familie und andere Lebensformen

Leitfragen:

- Was versteht man unter einer „bürgerlichen Familie"?
- Welche Erklärungsansätze für den sozialen Wandel im Bereich von Ehe und Familie lassen sich finden?
- Welche Argumente sprechen dafür, von einem Funktionswandel und nicht von einem Funktionsverlust der Familie zu sprechen?
- Welche Einsichten eröffnen die Begriffe „Pluralisierung" bzw. „Polarisierung" in die Struktur familialer Lebensformen?
- Welche Leistungen und Förderungen sind notwendig, damit man von einer nachhaltigen Familienpolitik sprechen kann?

Merkmale der Kleinfamilie

Der wirtschaftliche und soziale Wandel beeinflusste und beeinflusst in starkem Maß die Lebens- und Familienformen einer Gesellschaft. Es entstanden zu jeder Zeit relativ stabile Muster privater Beziehungen (= Lebensformen) und es bildeten sich jeweils Idealtypen von Familien, an denen man sich orientierte.

Das war in vorindustrieller Zeit die mehrere Generationen, Verwandte und auch familienfremde Personen umfassende Großfamilie. Seit dem 18. Jahrhundert entwickelte sich die bürgerliche Kleinfamilie zu einem solchen Leitbild, das sich in der Mitte des 20. Jahrhunderts in der Bundesrepublik Deutschland sogar als die dominierende Lebensform durchsetzte.

Charakteristika der bürgerlichen Kleinfamilie

- Es besteht eine Haushaltsgemeinschaft zwischen einem verheirateten Paar und dessen – in der Regel leiblichen – unmündigen Kindern.
- Die Entscheidung für die auf Dauer angelegte Ehe und für Kinder beruht auf Liebe und Zuneigung (kaum noch auf wirtschaftlichen Überlegungen).
- Wohn- und Arbeitsstätten sind in der Regel räumlich getrennt.
- Zwischen den Geschlechtern herrscht eine traditionelle Rollenverteilung. Die Ehefrau und Mutter ist nicht berufstätig, sondern für den Haushalt und die Erziehung der Kinder zuständig, der Vater sorgt für den Unterhalt der Familie.

In der DDR (1949–1990) herrschte das Leitbild der sozialistischen Familie vor, das dem bürgerlichen Modell weitgehend entsprach, anstelle der Hausfrau jedoch eine erwerbstätige Mutter vorsah.

Strukturwandel der bürgerlichen Familie

Die bürgerliche Kleinfamilie war aber bereits seit Mitte der 60er-Jahre einem relativ raschen und tief greifenden Wandel unterworfen, den manche Forscher sogar als „Krise" der traditionellen Kleinfamilie interpretieren.

Der Anteil der Familienhaushalte beträgt heute nur noch ca. ein Drittel an allen Haushalten. Diese quantitative Verschiebung beruht vor allem auf einer Verkürzung der Familienphase. Verantwortlich dafür sind

- ein zeitlicher Aufschub der Geburten,
- eine geringere Kinderzahl sowie
- die gestiegene Lebenserwartung nach der Kinderphase.

Allerdings kann aus der Tatsache, dass die Lebensform von Ehepaaren mit Kindern an Bedeutung verloren hat, nur bedingt auf eine Pluralisierung, d. h. eine höhere Variabilität der Lebensformen insgesamt, geschlossen werden. Mit knapp 60 Prozent ist es immer noch der deutlich überwiegende Teil der Bevölkerung, der in einer Lebensform mit zwei verheiratet zusammenlebenden Partnern lebt. Unverheiratet zusammenlebende Paare stellen weiterhin eine Minderheit von rund 7 Prozent dar. Gut 20 Prozent leben allein.

Die Vielfalt der Lebensformen

In Prozent der Bevölkerung über 18 Jahren, Deutschland 1994 und 2003

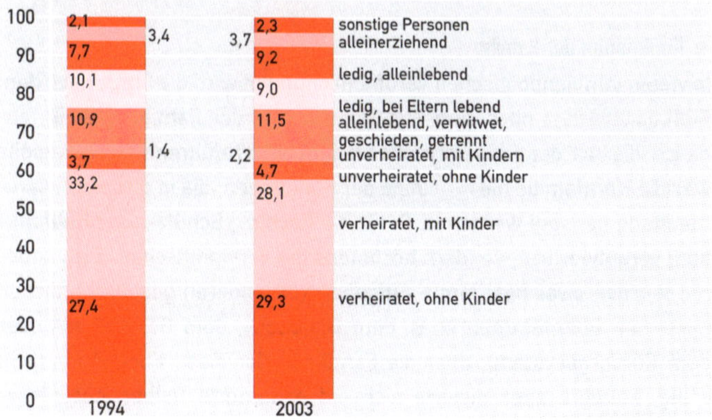

Quelle: Statistisches Bundesamt, Stand: 11.2004

Familiale Trends	
● Rückgang der Kinderzahl	– Abnahme der Mehrkinder-Familien – Zunehmende Kinderlosigkeit
● Bedeutungsverlust der Ehe	– Rückgang der Eheschließungen – Anstieg der Scheidungen – Anstieg und zunehmende gesellschaftliche Akzeptanz von nicht ehelichen Lebensgemeinschaften und Alleinerziehenden
● Veränderte Familien- und Haushaltsstrukturen	– Abnahme von Haushalten verheirateter Paaren mit Kindern – Zunahme von unverheirateten Paaren mit Kindern und Alleinerziehenden – Starke Zunahme der Single-Haushalte – Insgesamt: Abnahme der Haushaltsgröße

Mit dem Begriff der Polarisierung, also einer Zweiteilung der Gesellschaft in einen Familiensektor (eheliche und nicht eheliche Lebensgemeinschaften mit Kindern, Alleinerziehende) und einen Nicht-Familiensektor (alle kinderlosen Lebensformen) wird versucht, einen wesentlichen Aspekt dieses Strukturwandels zu erfassen.

Funktionen der Familie

In vielen familienpolitischen Veröffentlichungen wird die Frage nach dem Funktionsverlust oder dem Funktionswandel der Familie gestellt, obgleich die Art der Frageformulierung meist irreführend ist. Einerseits war die Kernfamilie nie für einige der Funktionen, die in diesem Zusammenhang genannt werden (z. B. für die Rechts-, Schutz- oder Kultfunktion) verantwortlich, sondern höchstens die Verwandtschaft. Zum anderen wurden zwar bestimmte Aufgaben von anderen gesellschaftlichen Systemen übernommen (z. B. dem Bildungs-, dem Gesundheits oder dem Fürsorgesystem), aber die Familie verlor diese Funktionen nicht völlig, sondern spezialisierte sich auf bestimmte Teilbereiche dieser Funktionen. Man kann deshalb höchstens von einem Wandel innerhalb der familialen Funktionen sprechen bzw. von einer funktionalen Spezialisierung. Ganz wesentlich bleiben der Familie vorbehalten:

Familiale Funktionen

- die Nachwuchssicherung oder Reproduktion,
- die Erziehung und Sozialisation der Kinder,
- deren Platzierung in der gesellschaftlichen und beruflichen Statushierarchie durch (außerschulische) Bildung und Bildungsmotivation sowie
- die Regeneration, d. h. die Erholung und psychische Stabilisierung ihrer Mitglieder.

Erklärungen für den Wandel

Als Ursachen für den gesellschaftlichen und speziell den familialen Wandel in den westlichen Industriestaaten werden heute allgemein

- Modernisierungs- und Individualisierungstendenzen,
- der Wertewandel (Enttraditionalisierung)
- sowie deren Auswirkungen insbesondere auf die Rolle der Frau und Mutter genannt.

Das Denken und Verhalten von immer mehr Menschen wurde aus traditionellen Bindungen herausgelöst (Enttraditionalisierung). Dies zeigt sich vor allem im moralisch-religiösen Bereich, der für den Umgang mit Sexualität, Ehe und Familie wichtig ist. Dieser Prozess hat jedem Einzelnen eine Vielzahl von Wahl- und Entscheidungsmöglichkeiten für die persönliche Lebensgestaltung eröffnet (Individualisierung).

Zudem sind die staatlichen und gesellschaftlichen Sanktionen (z. B. Moralvorstellungen, rechtliche Bestimmungen) gegen Lebensformen, die eine Alternative zur herkömmlichen Ehe und Familie bilden, weitgehend entfallen.

Auch wirtschaftliche Veränderungen und neue Anforderungen an die Beschäftigten haben auf die Familie und ihren Stellenwert für den Einzelnen eingewirkt (z. B. veränderte Arbeitszeiten oder höhere Mobilitätsanforderungen).

Nachhaltige Familienpolitik

Die Leistungen der Familie für viele Gesellschaftsbereiche und die Wirtschaft wurden in der Vergangenheit von der Gesellschaft kaum anerkannt. Das Bundesverfassungsgericht hat deshalb in mehreren Urteilen auf den im Grundgesetz (Art. 6) festgelegten Schutz von Ehe und Familie verwiesen und den Gesetzgeber gemahnt, die wirtschaftliche Benachteiligung von Familien mit Kindern schrittweise abzubauen. Kindergeld, Kinderfreibeträge und Erziehungsgeld waren Ansätze in dieser Richtung.

Die Tatsache, dass es in Deutschland von Jahr zu Jahr weniger Kinder gibt, stellt jedoch die Erfolge der bisherigen Familienpolitik in Frage. Immer deutlicher wird, dass die Möglichkeit von Frauen, berufstätig sein zu können, von wesentlicher Bedeutung dafür ist, ob sich Paare für Kinder entscheiden. Daher sollen nun (7. Familienbericht der Bundesregierung, 2005) die familienpolitischen Leistungen verstärkt auf die Vereinbarkeit von Familie und Beruf abzielen, indem sie einen „Politik-Mix" anbieten aus:

- Zeit (beide Elternteile können z. B. bis zur Vollendung des dritten Lebensjahres der Kinder Elternzeit in Anspruch nehmen),
- Infrastruktur (z. B. Kinderbetreuung im Kindergarten, in Krippen; Tagespflege)
- und Geld (Mutterschaftsgeld, Kindergeld, Kinderzuschlag, Elterngeld).

Die Große Koalition aus CDU/CSU und SPD sieht mit der Einführung des Elterngeldes ab Januar 2007 einen „Paradigmenwechsel" in der Familienpolitik: Im Gegensatz zum früheren Erziehungsgeld ist das Elterngeld abhängig vom Einkommen: Ersetzt werden in der Regel zwei Drittel des ausgefallenen Nettoverdienstes, höchstens aber 1800 Euro. Das Mindestelterngeld beträgt 300 Euro. Gezahlt wird es zwölf Monate lang, zwei weitere Monate, wenn auch der Vater eine berufliche Auszeit nimmt. Parteipolitisch umstritten ist noch, ob das Ehegatten- zu einem Familiensplitting (steuerliche Besserstellung von Familien mit Kindern) umgebaut werden kann und soll.

4.4 Berufsstruktur

Leitfragen:

- Welche aktuellen Ursachen führten zu einem Wandel in der Arbeitswelt?
- Welche Folgen ergeben sich daraus für den Arbeitnehmer?
- Wie kann der Staat helfen, die Probleme zu lösen?

Veränderungen der Arbeitswelt

Der Beruf definiert in der Regel nicht nur sozialen Status und Einkommen, sondern auch das eigene Selbstwertgefühl. Veränderungen im Bereich der Arbeitswelt führen jedoch dazu, dass die alte Vorstellung, der Beruf sei eine einmal erlernte und dann das ganze Berufsleben hindurch ausgeübte Tätigkeit, an Bedeutung verliert.

Veränderungen der Arbeitswelt – eine Übersicht

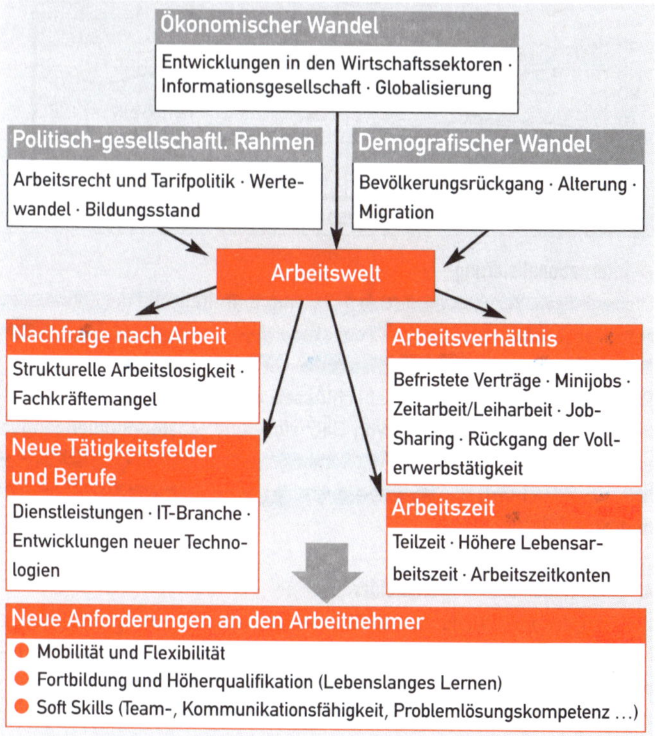

Entwicklung zur Dienstleistungs- bzw. Informationsgesellschaft

Die Anzahl der Beschäftigten in produktionsorientierten Sektoren (primärer und sekundärer Sektor) nimmt ab. Allgemein ist eine Verschiebung der Berufsstruktur hin zu Dienstleistungstätigkeiten in allen Berufen und eine Ausweitung des Dienstleistungssektors (tertiärer Sektor) insgesamt festzustellen. Da in vielen Berufen – unabhängig von Wirtschaftssektoren und Qualifikationsniveaus – die Weitergabe und Verarbeitung von Informationen ständig an Bedeutung gewinnt, spricht man auch von der Entwicklung eines (vierten) Informationssektors, bzw. einer Informationsgesellschaft.

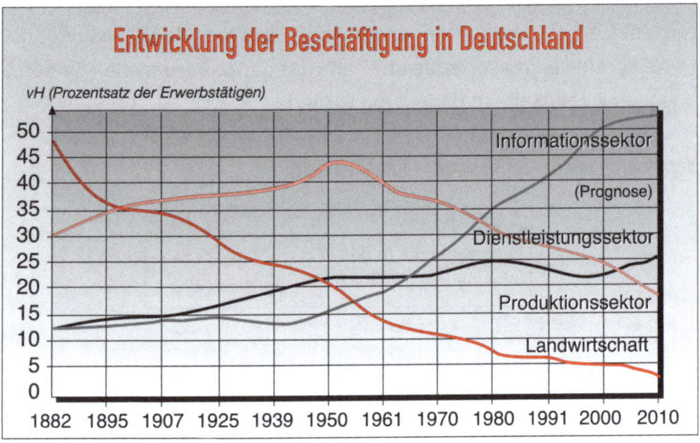

Internationalisierung

Die weltweite Vernetzung und Arbeitsteilung im Rahmen der Globalisierung sorgt dafür, dass ganze Arbeitsbereiche in andere Länder (z. B. Billiglohnländer oder Hightech-Standorte) verlagert werden.

Die Anpassung von Bildungsabschlüssen innerhalb Europas (Bologna-Prozess mit der Einführung von Bachelor- und Master-Studiengängen an Universitäten) sowie eine Angleichung von Löhnen und Arbeitsbedingungen erleichtern den Austausch von Arbeitskräften auf dem Arbeitsmarkt Europa.

Qualifikation und Tätigkeitsfelder

Der Wandel der Arbeitswelt ist mit einem erhöhten Zwang zu beruflicher Mobilität verbunden. Die Biografien werden in immer stärkerem Ausmaß geprägt von Arbeitsplatz- und Berufswechseln sowie ständigen Weiterbildungsmaßnahmen.

In vielen Berufen der Zukunft werden nicht nur die entsprechenden Schul- und Ausbildungsabschlüsse nötig sein, sondern auch fachübergreifende Schlüsselqualifikationen, sogenannte Soft Skills, wie soziale und kommunikative Fähigkeiten, Fremdsprachenkenntnisse, Medienkompetenz.
Hoch qualifizierte Tätigkeiten werden stark ansteigen, gering qualifizierte Tätigkeiten stark zurückgehen, die Schere zwischen den Qualifikationsebenen wird also deutlich aufgehen.

Folgen des Wandels für den Arbeitnehmer

positiv	negativ
Abwechslungsreicher Lebensstil, interessante neue Erfahrungen	Verlust sozialer Bindungen und finanzieller Sicherheiten
Stärkung der Motivation und Selbstverwirklichung durch mehr Gestaltungsfreiheit und Eigenverantwortung im Beruf	Überforderung, Stress und Gesundheitsbelastungen durch erhöhten Entscheidungsdruck und gestiegene Eigenverantwortlichkeit
Neue Aufstiegschancen durch Arbeitsplatzwechsel	Zwang zu starker Anpassungsleistung an Arbeitsmarktanforderungen, Reduktion auf „marktgängige“ Persönlichkeit

Arbeitslosigkeit durch Strukturwandel

Obwohl durch neue Technologien Arbeitsplätze geschaffen werden und v. a. im Informations- und Kommunikationsbereich noch einiges Potenzial an Arbeitsplätzen steckt (hier droht inzwischen sogar ein Fachkräftemangel, der durch die Anwerbung ausländischer Facharbeiter behoben werden soll), bleibt die strukturelle Arbeitslosigkeit (siehe Kap. 7.2) eines der wirtschaftlichen und sozialen Hauptprobleme dieses Wandels, verursacht v. a. durch den Abbau von Arbeitsplätzen im primären und sekundären Sektor sowie durch die Verlagerung von Arbeitsplätzen ins Ausland.

Folgen der Arbeitslosigkeit

Folgen für den Einzelnen	Folgen für den Staat
Wohlstandseinbußen und finanzielle Probleme Verlust von Selbstwertgefühl und Lebenssinn Gefahr der Vereinsamung und Ausgrenzung Langeweile, Orientierungslosigkeit	Wachsende Ausgaben für Arbeitslosengeld, ABM und Umschulungen Fehlende Steuereinnahmen Verlust an Produktivität und internationaler Wettbewerbsfähigkeit Steigende Verschuldung

Die Reaktion des Staates: Arbeitsmarktpolitik

Versuche des Staates, die hohe Arbeitslosigkeit zu bekämpfen:

- **Lockerungen im Bereich des Arbeits- und Tarifrechts**
  z. B. Lockerung von Arbeitszeitregelungen oder Kündigungsschutz
- **Maßnahmen zur Erleichterung von Existenzgründungen**
  z. B. Beschleunigung von Genehmigungen und Fördermaßnahmen
- **Privatisierung von Märkten und Stärkung des Wettbewerbs**
  z. B. Aufhebung von Monopolsituationen (z. B. Telekommunikation, Post, Energie)
- **Änderungen innerhalb verschiedener Rechtsbereiche**
  z. B. im Handwerksrecht (Prüfungen, Nachweise) oder im Steuerrecht (Unternehmenssteuer)
- **Reform der Arbeitslosenhilfe**
  z. B. verschärfte Zumutbarkeitsregelungen, Ein-Euro-Jobs, Verschmelzung von Arbeitslosenhilfe und Sozialhilfe zum Arbeitslosengeld II, Vermittlung durch private Agenturen

Ziel der Politik ist es, Arbeitsplätze zu schaffen, den Faktor Arbeit zu verbilligen und den Einsatz von Arbeitskräften zu flexibilisieren (z. B. Leiharbeit), um so die Arbeitslosenzahlen zu reduzieren.
Für den Arbeitnehmer bedeutet dies allerdings einen Verlust an Statussicherheit und die Hinnahme unerwünschter Arbeitsbedingungen (Überstunden, Wegfall von Vergünstigungen). Ein generelles Sinken der Löhne bzw. ein Anstieg der Lohnspreizung und der Anstieg der Arbeitsleistung insgesamt sind zu erwarten.

4.5 Soziale Ungleichheit und Mobilität

Leitfragen:
- Welche Modelle zur Beschreibung von Ungleichheit in einer Gesellschaft kennen Sie und worin unterscheiden sie sich?
- Welche Dimensionen sozialer Ungleichheit werden heute diskutiert?

Soziale Ungleichheit und ihre Dimensionen

Mit sozialer Ungleichheit wird die vertikale Differenzierung einer Gesellschaft beschrieben. Soziale Ungleichheit wird je nach Gesellschaftsbild des Betrachters unterschiedlich bewertet: als zu lösendes Problem, als akzeptierte Notwendigkeit oder als wünschenswertes Ziel für die Sozialstruktur einer Gesellschaft. Geht man zum Beispiel von dem Ideal einer „Gesellschaft der Gleichen" aus, ist soziale Ungleichheit eine Fehlentwicklung, die bekämpft werden muss.
Die Kriterien (Dimensionen), die für eine vertikale Differenzierung der Gesellschaft ausschlaggebend sind, wie z. B. Herkunft oder Bildung, besitzen zu verschiedenen Zeiten und in unterschiedlichen Kulturkreisen ihren jeweils eigenen Stellenwert.

Grundtypen zur Beschreibung der Gesellschaft

Ständegesellschaft

Die Ständegesellschaft des Mittelalters regelt die Zugehörigkeit zu den Ständen (Adel, Klerus, Bürger- und Bauerntum) über die Herkunft. Die Stände waren sozial und rechtlich über Standesnormen und Verhaltensmuster voneinander abgeschlossen. Das streng hierarchische System galt als von allen Gesellschaftsmitgliedern akzeptiert, zumal es von weltlicher und geistlicher Herrschaft als „gottgewollte Ordnung" dargestellt wurde.

Klassengesellschaft

Nach Karl Marx sind die Mitglieder der Klassengesellschaft durch ihre ökonomische Position antagonistisch geteilt in Besitzende von Produktionsmitteln (Kapitalisten) und Nichtbesitzende (Proletariat). Er beschrieb damit die Gesellschaft des 19. Jahrhunderts und sah als einzige Möglichkeit, diesen Antagonismus aufzulösen, eine Revolution der Arbeiterklasse mit anschließender Diktatur des Proletariats.

Schichtengesellschaft

Seit Mitte des 20. Jahrhunderts wurden verschiedene Schichtmodelle entworfen, um die Sozialstruktur von Industriegesellschaften wiederzugeben. Als zentrale Dimensionen der sozialen Ungleichheit galten:

- Beruf,
- Einkommen und Vermögen,
- Bildung,
- Macht und Einfluss,
- Sozialprestige.

In den Fünfziger- und Sechziger-Jahren wurde die Gesellschaft der Bundesrepublik Deutschland oft als „nivellierte Mittelstandsgesellschaft" (*Helmut Schelsky*) bezeichnet. Der Begriff zielte in den Zeiten wirtschaftlichen Aufschwungs auf die Angleichung der materiellen Bedingungen und Verhaltensmuster für große Teile der Bevölkerung. Kennzeichnend für die Schichtgesellschaft war, dass das Individuum sich zwischen den Schichten bewegen (vertikale Mobilität) konnte. Damit verbunden war die Ansicht, Auf- und Abstiegsprozesse seien dem individuellen Verdienst oder Versagen zuzuschreiben („Leistungsgesellschaft").

Soziale Milieus

Seit ca. 1980 trugen weiter gehende Untersuchungen der fortschreitenden Differenzierung der Gesellschaft Rechnung und ergänzten objektive Kriterien um subjektive Faktoren. Die Verknüpfung von objektiven und subjektiven Faktoren führte zu verschiedenen sozialen Milieus, die sich in Lebenslagen und Einstellungen ähnlich sind.

Kriterien dafür sind

- der soziale Status (z. B. Schulbildung, Beruf, Einkommen),
- das Alltagsbewusstsein (z. B. Arbeits- und Freizeitmotive, Zukunftsvorstellungen, Lebensstile),
- Wertorientierungen (z. B. Lebensziele, materielle und postmaterielle Werte, Vorstellungen vom Glück).

Aus der Auffächerung und Pluralisierung der Lebensstile in der Gesellschaft ergeben sich z. B. das intellektuelle Milieu, das traditionelle Arbeitermilieu, das status- und karriereorientierte Milieu oder das hedonistische (genussorientierte) Milieu. Vor allem die Markt- und Parteienforschung war an diesen Untersuchungen interessiert, da so eine gezieltere Ansprache der Zielgruppen möglich wurde.

Neuere Forschungsansätze

Neuere Positionen kritisieren die Lebensstil- und Milieukonzepte wegen ihres geringen Erklärungswerts und ihrer Tendenz, vertikale Ungleichheitsstrukturen zu verdecken. So räumt man in neueren modifizierten Klassen- und Schichtmodellen den ökonomischen Lebensbedingungen in Verbindung mit Bildungsabschlüssen wieder größere Bedeutung bei der sozialen Differenzierung ein. Diese Sichtweise sei gerechtfertigt, so der Zeithistoriker *Paul Nolte*, weil die ökonomische Situation – oft unter der lebensweltlichen Oberfläche – die Grundlagen für unterschiedliche Optionen, Lebensrisiken und Partizipationsmöglichkeiten böte.

Politische Milieus im Schichtgefüge (2006)

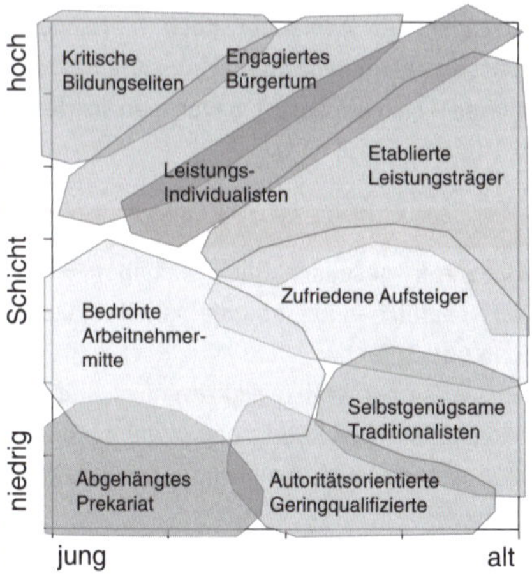

Grundgesamtheit: Wahlberechtigte Bevölkerung in Deutschland

Quelle: Friedrich-Ebert-Stiftung (TNS Infratest Sozialforschung, Berlin), Gesellschaft im Reformprozess, Bonn 2006

Neben diesen umfangreichen Ansätzen werden auch Einzelaspekte der sozialen Ungleichheit untersucht und diskutiert, z. B. die schichtspezifischen Ungleichheiten im Bildungsbereich, im Gesundheitsbereich oder bei der Altersvorsorge.

Nach wie vor von Bedeutung ist so vor allem die Entwicklung der sozialen Ungleichheiten zwischen Frauen und Männern. Dabei gewinnt man Daten aus dem Bildungssystem, der Arbeitswelt, der Politik und der Familie sowie zu geschlechtsspezifischen Sozialisations- und Aufstiegsprozessen, ihren Ursachen und Wirkungen. Sie dienen als Grundlage und Entscheidungshilfe für Maßnahmen in Politik und Gesellschaft, die ein höheres Maß an Geschlechtergerechtigkeit zum Ziel haben.

Am unteren Ende der Gesellschaft: Randgruppen

Bei einer Analyse sozialer Differenzierung stößt man auch in Deutschland auf Bevölkerungsgruppen, für die das Etikett „Randgruppe" – bei aller Unschärfe des Begriffs – seine Berechtigung hat. Randgruppen sind aufgrund von Benachteiligungen in verschiedenen Bereichen nicht oder nur mangelhaft in die Kerngesellschaft integriert, d.h. ihre Teilnahme am gesellschaftlichen, kulturellen und politischen Leben ist erheblich eingeschränkt.

Bei der großen Vielfalt und Vielgestaltigkeit von sozialen Problemgruppen ist es nicht immer zutreffend, diese gleich dem gesellschaftlichen Rand zuzurechnen. So gibt es z. B. innerhalb der Gruppen der Arbeitslosen, der Alleinerziehenden oder der Ausländer doch hinreichende soziale Unterschiede. Es müssen erst bestimmte ungünstige Faktoren zusammenkommen (kumulieren – sich anhäufen), bevor man von Randständigkeit sprechen kann.

Merkmale von Randgruppen:

- Randgruppen weisen Defizite in gesellschaftlich wichtigen Bereichen auf, z. B. bei der wirtschaftlichen Leistungsfähigkeit (Einkommen) und/oder bei Bildung und Sprache.
- Randgruppen werden in vielfältiger Weise diskriminiert und benachteiligt (z. B. bei der Ausstattung von Randgruppenwohngebieten mit Infrastruktureinrichtungen; durch Verweigerung von Chancengleichheit im Bildungsbereich).
- Randgruppen sind relativ einflusslos. Sie lassen sich meist nur schwer organisieren und haben wenig Druckmittel (z. B. das Instrument des Streiks) in der Hand.

Weitere Merkmale, die nur für einige Randgruppen zutreffen:

- Sie zeichnen sich durch gering ausgeprägte Anerkennung der von der Kerngruppe für verbindlich gehaltenen Werte und Normen aus (z. B. regelmäßige Erwerbstätigkeit, Zuverlässigkeit, Streben nach Wohlstand und Reichtum).
- Sie werden von der Kerngruppe als Bedrohung für die gesellschaftliche Ordnung bzw. für ihre Werte eingestuft (z. B. Strafgefangene).
- Sie sind Ziel von Vorurteilen und Stigmatisierung.

Am oberen Ende der Gesellschaft: Eliten

Einen neuen Stellenwert gewonnen haben Untersuchungen zu Führungsgruppen und Eliten. Dazu zählt man die hoch geschätzten und oft gut dotierten Führungspositionen in den Bereichen Wirtschaft, Politik und öffentliche Verwaltung, Wissenschaft und Bildung, Kultur, Kunst, Kommunikation, Kirche, Justiz, Militär. Gemeinsam ist ihnen die Möglichkeit, Einfluss auf Entscheidungen nehmen zu können, die für Staat und Gesellschaft wichtig sind.

Kennzeichen der Eliten in Deutschland

- ein hohes Bildungsniveau
- eine verhältnismäßig hohe Rekrutierung aus sozial und beruflich privilegierten Bevölkerungsschichten
- eine relativ geringe Homogenität aufgrund der verschiedenen Wirkungsbereiche und der dezentralen, föderalen Struktur der Bundesrepublik (pluralistische Eliten).

Als Probleme der Elitenbildung werden u. a. häufig diskutiert:

- der geringe Anteil von Frauen an den Führungsgruppen
- das Ausmaß und der Einfluss von Elitenetzwerken
- die soziale Selektivität bei den Aufstiegschancen in die Eliten
- die geringe Elitenzirkulation zwischen den Teileliten

Soziale Mobilität

Mit dem Begriff „soziale Mobilität" bezeichnet man die sozialen Auf- und Abstiegsprozesse in einer Gesellschaft, vor allem zwischen Schichten oder Berufsgruppen. Unterschieden wird zwischen der Karrieremobilität (Intragenerationenmobilität) und der Generationenmobilität (Intergenerationenmobilität). Gemessen wird die soziale Mobilität mit Abstrom- oder Zustromquoten aus bzw. zu Berufsgruppen oder Schichten. Die Quoten erlauben Rückschlüsse auf die Chancen für sozialen Auf- oder Abstieg in einer Gesellschaft.

Für die Bundesrepublik ergeben sich folgende Trends:

- Die Mobilität ist in den letzten Jahrzehnten bei der Generationenmobilität geringfügig gestiegen.
- Die im internationalen Vergleich insgesamt geringe Karrieremobilität hat eher zugenommen.
- Bei der Mobilität überwiegt die Kurzstreckenmobilität in benachbarte Positionen.
- Generell sind Bildungspositionen und -schichten offener zugänglich als Besitzpositionen und -schichten.
- Die Sozialstruktur veränderte sich weniger durch hohe Ab- und Zustromquoten, sondern durch eine Anhebung des Gesamtniveaus.

4.6 Die Sozialordnung in Deutschland

Leitfragen:
- Was versteht man unter „sozialer Gerechtigkeit"?
- Inwiefern sichert das Grundgesetz den Sozialstaat?
- Was versteht man unter den sozialethischen Prinzipien von „Solidarität" und „Subsidiarität"?

Unterschiedliche Vorstellungen über Sozialpolitik

Die Antworten auf die Frage, ob und in welchem Umfang der Staat auf gesellschaftliche Veränderungen und auf ungleiche Lebenschancen von verschiedenen Gruppen der Bevölkerung Einfluss nehmen soll, wandeln sich im Laufe der historischen Entwicklung und unterscheiden sich auch heute je nach den Vorstellungen über das Verhältnis von Staat und Gesellschaft und dem dahinterstehenden Menschenbild. Das Spektrum reicht von der Beschränkung staatlicher Sozialpolitik auf Hilfe bei wirklicher Not (Armenpolitik) bis hin zu der Vorstellung, der Staat müsse vorausplanend und steuernd in alle wesentlichen gesellschaftlichen Bereiche wie Produktion und Verteilung von Gütern, Arbeitsbedingungen oder Bildung im Sinne gesellschaftspolitischer Ziele eingreifen.

Offenheit des Sozialstaatsprinzips im Grundgesetz

Zu sozialpolitischem Handeln ist der Staat durch das Sozialstaatsgebot des Grundgesetzes verpflichtet (Art. 20, Art. 28 GG), eines der zum Verfassungskern zählenden Ordnungsprinzipien (siehe Kap. 2.1). Die Rechtsprechung des Bundesverfassungsgerichts, der Sozialgerichte und die Staatsrechtslehre haben das Sozialstaatsprinzip dahingehend interpretiert, dass die Ziele des sozialen Ausgleichs in Form von Chancengleichheit und der sozialen Existenzsicherung durch politisches Handeln anzustreben sind, die Wege zur Erreichung dieser Ziele jedoch der Gestaltung durch demokratische Mehrheiten überlassen sind. Dabei verbieten das Menschenbild des Grundgesetzes sowie bestimmte Freiheitsrechte (z. B. Garantie des Privateigentums in Art. 14, Abs. 1 GG) eine Ausgestaltung des Sozialstaats, die den Bürger zum Objekt wohlfahrtsstaatlicher Fürsorge degradiert und damit seine Freiheit zu eigenverantwortlicher Lebensgestaltung unangemessen einschränkt.

Ziele und Aufgaben des Systems sozialer Sicherung

Das System sozialer Sicherung bildet nach allgemeiner Auffassung den Kernbereich der Sozialstaatlichkeit. Dabei geht es zunächst darum, jeden Bürger vor einer unzumutbaren Verschlechterung seiner materiellen Existenzbedingungen zu schützen. Diese Sicherung betrifft also nicht primär die Benachteiligten in der Gesellschaft, sondern die breite Masse der Bevölkerung, die durch typische Risiken oder durch individuelle Notlagen in ihrer materiellen Existenz gefährdet ist. Darüber hinaus soll besonders für sozial Schwache eine Verbesserung der materiellen Lage und damit die Bedingungen für mehr soziale Gerechtigkeit erreicht werden, womit sich die Ziele der Existenzsicherung und des sozialen Ausgleichs vermischen.

Soziale Gerechtigkeit

Dieses Grundanliegen möchte eine möglichst ausgewogene Verteilung von Lebens- und Entfaltungschancen, von Anstrengungen, Belastungen, Kosten und Belohnungen auf die Angehörigen einer Gesellschaft, einer Familie und anderer sozialer Institutionen. Die Vorstellungen über die Art und den Umfang gehen erheblich auseinander.

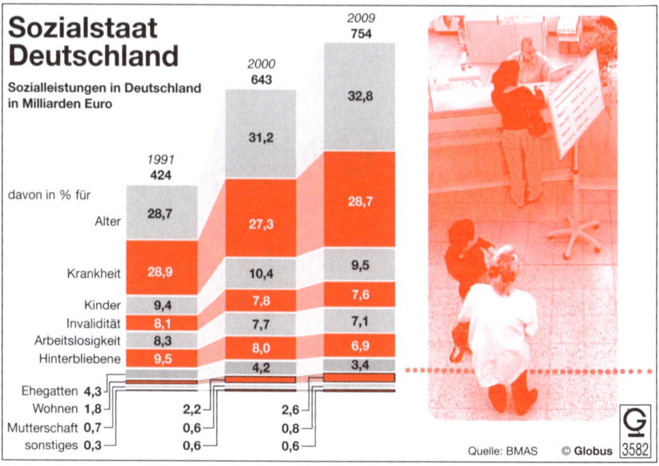

Die Sozialversicherung

Die Sozialversicherung ist ein gesetzliches Versicherungssystem, das als Teil der sozialen Sicherung in Deutschland eine herausragende Rolle spielt. Die einzelnen Zweige bieten Schutz vor den großen Lebensrisiken und deren Folgen.

Die Zweige der Sozialversicherung (Stand 2009)

	Rentenversicherung	Krankenversicherung	Pflegeversicherung	Arbeitslosenversicherung	Unfallversicherung
Pflichtversicherte	Angestellte, Arbeiter, manche Selbstständige, Pflegepersonen	Angestellte und Arbeiter bis zu einem Monatseinkommen von 4050,– €	Angestellte und Arbeiter bis zum einem Monatseinkommen von 4050,– €	Angestellte und Arbeiter	Alle Arbeitnehmer, Schüler, ehrenamtlich Tätige
Leistungen	Rente im Alter, bei Invalidität und Tod des Versicherten (Hinterbliebenenrente)	Arzt-, Zahnarzt- und Krankenhausbehandlungskosten, Hilfsmittel, Krankengeld bei Arbeitsunfähigkeit	Leistungen bei stationärer und häuslicher Pflege, Pflegegeld, Rentenversicherungsbeiträge	Arbeitslosengeld 60/67% des Netto-Lohns für 12 Monate (im Alter bis 24 Monate), Umschulung, berufliche Aus- und Fortbildung	Behandlungskosten und Förderungsmaßnahmen, evtl. Rente bei Arbeitsunfällen sowie Berufskrankheiten
Finanzierung (Pflichtbeiträge; jeweils vom Bruttolohn)	19,9 %, je zur Hälfte vom Arbeitnehmer und Arbeitgeber zu tragen; Bundeszuschuss aus Steuermitteln Beitragsbemessungsgrenze (BBG): 5 400,– €/West; 4 550,– €/Ost	14,6 %, je zur Hälfte vom Arbeitnehmer und Arbeitgeber zu tragen; Zuschlag nur für Arbeitnehmer: 0,9 % BBG: 3 675,– €	1,95 %, je zur Hälfte vom Arbeitnehmer und Arbeitgeber zu tragen; Zuschlag für kinderlose Arbeitnehmer: 0,25 % BBG: 3 675,– €	2,8 %, je zur Hälfte vom Arbeitnehmer und Arbeitgeber zu tragen; Bundeszuschüsse aus Steuermitteln BBG: 5 400,– €/West; 4 550,– €/Ost	Pflichtbeiträge der Arbeitgeber; Höhe je nach Gefahrenklasse und Betriebsgröße

Finanzierungsprinzipien sozialer Sicherung

	Versicherungs-prinzip (Eigenvorsorge)	Versorgungs-prinzip	Fürsorgeprinzip
Leistungs-anspruch	Eintritt des Versicherungsfalls	Vorliegen bestimmter Sachverhalte (Sonderopfer oder Sonderleistungen für die Gemeinschaft)	Bedürftigkeit
Finanzierung	Versicherungs-beiträge und Staatszuschüsse	Steuermittel	Steuermittel
Bereiche der sozialen Sicherheit	Die Zweige der Sozialversicherung	z. B. Beamten-versorgung, Kriegsopferversorgung	z. B. Arbeitslosengeld II, Wohngeld, Jugendhilfe

Sozialethische Prinzipien

Grundlage für die Ausgestaltung der sozialen Sicherung und für Art und Umfang der Beteiligung der Bürger an der Finanzierung ihrer Absicherung bilden die sozialethischen Prinzipien der Solidarität und der Subsidiarität.

Unter dem **Solidarprinzip** versteht man die Umverteilung von Lasten und Leistungen zugunsten des sozial Schwächeren, entwickelt aus der Einsicht, dass Menschen als soziale Wesen in einer staatlichen Gemeinschaft wechselseitig verbunden sind und Verantwortung füreinander tragen.

Mit dem **Subsidiaritätsprinzip** meint man in der Sozialpolitik den Grundsatz, den jeweils kleineren Verbänden (z. B. Familie, Selbsthilfegruppen, freie Wohlfahrtsverbänden) diejenigen Aufgaben zu überlassen, die sie leisten können. Die größeren Gruppen, vor allem staatliche Institutionen, greifen ein, wenn die Selbsthilfe überfordert ist, und stärken die „kleineren Netze“ durch finanzielle Unterstützung.

4.7 Aktuell: Fragen und Probleme der Sozialpolitik

Leitfragen:

- Worin liegen die heutigen Probleme unseres Sozialstaates begründet?
- Welche Lösungsansätze erscheinen Ihnen sinnvoll?

Ursachen für die Belastung des Sozialstaates

Spätestens seit dem Beginn der 1980er-Jahre ist die Frage nach den Grenzen des Sozialstaates fester Bestandteil der politischen Diskussion. Ursachen für die fortwährende Ausweitung des sozialstaatlichen Sektors – die Ausgaben für Sozialleistungen machen heute ca. ein Drittel des gesamten Bruttoinlandprodukts der Bundesrepublik aus – sind:

- ständig gestiegene Sozialleistungen, die einerseits eine weit verbreitete Anspruchshaltung der Bürger, andererseits aber auch neue Aufgaben aufgrund veränderter gesellschaftlicher Verhältnisse (z. B. Veränderung der Haushaltsstrukturen, des weiblichen Rollenbildes etc.) widerspiegeln,
- eine seit den 1970er-Jahren kontinuierlich zunehmende Arbeitslosigkeit, die in den 1990ern aufgrund struktureller Veränderungen in der Wirtschaft sprunghaft anstieg,
- die Zunahme von neuen Formen der Arbeit, die nicht mehr sozialversicherungspflichtig sind,
- die Globalisierung der Wirtschaft und die damit verbundene Verlagerung von Arbeitsplätzen ins Ausland,
- die Wiedervereinigung der beiden deutschen Staaten 1990, die wegen des Auseinanderklaffens von wirtschaftlicher Leistungsfähigkeit in Ost und West und der angestrebten Angleichung der Lebensverhältnisse hohe Transferleistungen in die neuen Bundesländer notwendig machte, Ost-West-Ausgleich
- eine sich zunehmend verschlechternde Altersstruktur im Bevölkerungsaufbau der Bundesrepublik.

Zur Bewältigung der anstehenden Probleme scheint eine Korrektur in Einzelbereichen der sozialen Sicherung wohl nicht ausreichend, es bedarf vielmehr einer grundsätzlichen Besinnung auf die wesentlichen Zielsetzungen unseres Sozialstaats.

Überblick über Lösungsansätze zum Umbau des Sozialstaats

Problem	Mögliche Lösung
Hohe Kosten für ein umfassendes Versorgungssystem, in dem fast jeder mit allen Risiken erfasst ist	– Überlassung tragbarer Risiken der Eigenvorsorge der Bürger (z. B. Riester-Rente) – Selbstbeteiligung der Sozialversicherten an den Kosten der eigenen Inanspruchnahme von Leistungen (z. B. Arzneimittelzuzahlung, Praxisgebühr) – Kürzung von wohlfahrtsstaatlichen Leistungen, durch die Leistungsanreize bei den Empfängern verloren gehen
Ausrichtung der Sozialpolitik auf eine konsumtive Reaktion, d. h. z. B. finanzieller Ausgleich im Fall der Arbeitslosigkeit	– Neuausrichtung der Sozialpolitik in Richtung Prävention, d.h. z. B. Verhinderung der Arbeitslosigkeit u. a. durch (Aus-)Bildungsprogramme
Belastung der Arbeitgeber durch hohe Lohnnebenkosten	– Ersetzung des Arbeitgeberanteils durch eine „Maschinensteuer", die menschliche Arbeit verbilligt – Ersetzung des Arbeitgeberanteils durch eine Steuer auf den Ressourcenverbrauch (z. B. Öko-Steuer)
Finanzielle Belastung durch Sozialleistungen	– Förderung der Familienselbsthilfe, des sozialen Ehrenamtes in Wohlfahrtseinrichtungen und Nachbarschaften zur Entlastung der öffentlich finanzierten professionellen Dienste – Soziale Erwerbsarbeit statt Arbeitslosigkeit – Sozialdienstpflicht („Soziales Pflichtjahr")

Intergenerationenkonflikte durch die ungleiche Lastenverteilung und steigende Abgabenlast	– Größere finanzielle Verantwortung für Kinderlose

Die diskutierten Lösungsvorschläge bzw. beschlossenen Reformmaßnahmen lassen hinter allen Detailfragen meist die sozialethischen Grundprinzipien erkennen, die eine Zuordnung zu unterschiedlichen Sozialstaatsvorstellungen ermöglichen. So beruht die Idee einer steuerfinanzierten Grundrente eher auf dem Gedanken der eigenverantwortlichen Vorsorge auf dem Sockel eines von der Gesamtheit aufgebrachten Existenzminimums, während die Beibehaltung der umlagefinanzierten Rentenfinanzierung stärker die Solidarität zwischen den Generationen einfordert.
Zur Bewertung der unterschiedlichen Lösungsvorschläge ist die Frage nach möglichen Nebenwirkungen und nach der Berücksichtigung gruppenspezifischer Interessen wichtig. So unterscheiden sich zum Beispiel die Vorschläge zur Alterssicherung hinsichtlich der Be- und Entlastung von Erwerbstätigen und Rentnern, der Berücksichtigung von Hausarbeit und Kindererziehung und der Wirkungen auf die von den Unternehmen zu tragenden Beitragsleistungen.

Das magische Fünfeck der Sozialpolitik

Das folgende Schema enthält häufig auftretende Ziele sozialpolitischer Maßnahmen, die nur teilweise gleichzeitig erreichbar sind oder in Widerspruch zueinander stehen.

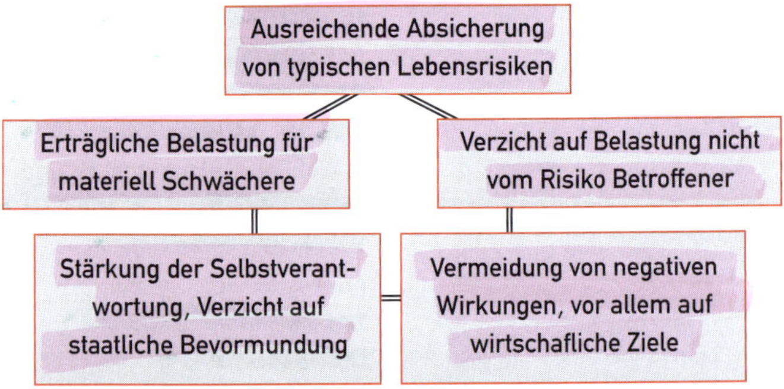

5

Die Europäische Union

5.1 Der Prozess der europäischen Einigung

Leitfragen:

- Welche Gründe gab es für eine europäische Einigung?
- Ist es gerechtfertigt, von einem Prozess der zunehmenden europäischen Integration zu reden?
- Warum konnte gerade der Weg der kleinen ökonomischen Schritte erfolgreich sein?

Impulse der europäischen Einigungsbewegung

Als der britische Premierminister Winston Churchill 1946 vorschlug, man müsse „etwas wie die Vereinigten Staaten von Europa schaffen", griff er einen Gedanken auf, der schon seit der frühen Neuzeit europäische Politiker und Philosophen bewegte. Nach zwei verheerenden Kriegen war Mitte des 20. Jahrhunderts die Zeit reif für die Umsetzung dieser Idee, denn eine Befriedung Europas konnte – wie Churchill feststellte – nur über eine enge Zusammenarbeit zwischen Deutschland und Frankreich, den Erzfeinden vergangener Tage, gelingen.
Die europäische Einigungsbewegung war dabei keineswegs einheitlich oder unumstritten; doch eine Kombination mehrerer Impulse, verlieh ihr eine Dynamik, die letztendlich zum Erfolg führte:

- Neue gemeinsame Sicherheitsstrukturen wurden gesucht in einer Welt, in der der einzelne Nationalstaat nicht mehr genügend Schutz bot.
- Auf die „deutsche Frage", d. h. die Kontrolle Deutschlands in Europa, sollte eine Antwort gefunden werde. Dabei sollte - im Gegensatz zum Versailler Vertrag und seinen in Deutschland als Diskriminierung empfundenen Bestimmungen – die Bundesrepublik als gleichberechtigter Partner eingebunden werden.
- Der wirtschaftliche Wiederaufbau Europas konnte mit gegenseitiger Abstimmung rascher gelingen.
- Viele Menschen empfanden das Bedürfnis, den eigentlichen Siegern des Zweiten Weltkrieges, den neuen Weltmächten USA und der UdSSR, gegenüber eine europäische Identität zu demonstrieren.

Meilensteine auf dem Weg zur Europäischen Union

Die Europäische Gemeinschaft für Kohle und Stahl

Den Anfang der Gemeinschaftsverträge machte 1951 der Abschluss des Vertrages über die Europäische Gemeinschaft für Kohle und Stahl (EGKS, häufig auch als Montanunion bezeichnet), der den Bergbau und die Schwerindustrie, die Schlüsselindustrien der damaligen Mitgliedsländer Frankreich, Bundesrepublik Deutschland, Belgien, Italien, Luxemburg und Holland, den nationalen Entscheidungen entzog und einer Hohen Behörde unterstellte. Ein großer politischer Entwurf, wie es etwa der zur selben Zeit ausgearbeitete Plan einer europäischen Verteidigungsgemeinschaft (EVG) sein sollte, war die Montanunion noch nicht. Doch sein technokratischer Ansatz, die Strategie der kleinen ökonomischen Schritte, eines Europa „durch die Hintertür“, sollte sich für einige Jahrzehnte als erfolgreiches Modell bewähren. Die EVG hingegen scheiterte 1954 am Veto der französischen Nationalversammlung, der die Übertragung der militärischen Souveränitätsrechte an eine supranationale Behörde zu weit ging.

Die Verträge von Rom: EWG und Euratom

Ein weiterer Meilenstein waren die 1957 unterzeichneten Römischen Verträge zur Gründung der Europäischen Wirtschaftsgemeinschaft (EWG) und der Europäischen Atomgemeinschaft (Euratom). Mit einer Europäischen Wirtschaftsgemeinschaft strebten die Gründerstaaten der EGKS eine Zollunion an. Intern wollten sie Handelshemmnisse abbauen, sich mit einem gemeinsamen Außenzoll jedoch vor externer Konkurrenz schützen. Ziel von Euratom dagegen war – wie im Falle der Montanunion – die Friedenssicherung durch „Vergemeinschaftung“, d. h. durch gegenseitige Kontrolle eines kriegswichtigen Gutes, in diesem Falle der Nukleartechnik.

Die Einheitliche Europäische Akte

Im Februar 1986 erfolgte mit der Einheitlichen Europäischen Akte (EEA), ein wichtiger Schritt auf dem Weg zu einem wirklichen Binnenmarkt. Bis 1992, so die Absicht, sollte er vollendet sein. Aber auch institutionell veränderte sich einiges: Die Rechte des Europäischen Parlaments wurden gestärkt, die Gemeinschaft beanspruchte nunmehr Entscheidungsbefugnis auf Politikfeldern, die bisher nicht in ihren Kompetenzbereich gefallen waren, z. B. in der Umwelt- und Sozialpolitik. Außerdem wurde die seit den 70er-Jahren bestehende Europäische Politische Zusammenarbeit, eine zunächst unabhängig von der Europäischen Gemeinschaft bestehende Abstimmungspolitik der Außenminister, nun vertraglich in die EG einbezogen.

Der Vertrag von Maastricht: Gründung der Europäischen Union

Den umfassendsten Fortschritt des europäischen Einigungsprozesses in Richtung auf eine politische Union und eine grundlegende Reform der Gemeinschaft bedeutete der im Februar 1992 unterzeichnete Vertrag von Maastricht. Die vertraglichen Bestimmungen zeichnen das Bild von drei Säulen unter dem Dach einer Europäischen Union:

- Säule 1: die Europäische Gemeinschaft mit erheblich ausgeweiteten Kompetenzen unter Einschluss der Bestimmungen über die Einführung einer Wirtschafts- und Währungsunion. Hier werden die Entscheidungen supranational in den EG-Organen getroffen.
- Säule 2: eine intergouvernementale Zusammenarbeit für eine Gemeinsame Außen- und Sicherheitspolitik.
- Säule 3: eine intergouvernementale Zusammenarbeit in den Bereichen Innen- und Justizpolitik.

Der Reformvertrag von Lissabon

Die mehrfachen Erweiterungen der EU ließen eine institutionelle Reform immer dringender werden. Durch neue Regelungen sollten die Effizienz von Arbeitsweise und Beschlussfassung in einer erweiterten Union sichergestellt und außerdem Bürgernähe und demokratische Legitimation der Institutionen verbessert werden.

Nach mehreren unbefriedigenden oder erfolglosen Anläufen – Verträge von Amsterdam (1997) und Nizza (2000), Entwurf eines Verfassungsvertrages (2004, bei Referenden in Frankreich und den Niederlanden abgelehnt) – brachte erst 2007 der Vertrag von Lissabon das gewünschte Ergebnis. Nach einem langwierigen Ratifizierungsprozess trat er Ende 2009 in Kraft.

Die Reformen entstammen im Wesentlichen dem gescheiterten Verfassungsvertrag und wurden lediglich in die bestehenden EG- und EU-Verträge eingearbeitet.

- Aus EG und EU wird die Europäische Union: Mit dem Vertrag von Lissabon verschmelzen die bisher getrennten Rechtsräume zur Europäischen Union, in der alle Entscheidungen – auch die GASP – in den EU-Organen stattfinden, wenn auch mit unterschiedlichen Beschlussfassungsverfahren (Aufhebung der 3-Säulen-Struktur).

- **Aufwertung des Europäischen Parlaments**: Das Mitentscheidungsverfahren, das Parlament und Rat gleiche Rechte zubilligt, wird im Gesetzgebungsprozess und bei der Abstimmung über den Haushalt zum Standardverfahren. Das Parlament erhält außerdem das Recht, den Kommissionspräsidenten zu wählen.
- **Erleichterte Abstimmungen im (Minister-)Rat**: Mehrheitsentscheidungen werden ausgeweitet, um die Möglichkeit eines einzelstaatlichen Vetos zu reduzieren (qualifizierte Mehrheit: ca. 2/3, Einstimmigkeit: ca. 1/3).
  Für die Mehrheitsabstimmungen wird das Kriterium der „doppelten Mehrheit" eingeführt (allerdings erst ab 2014/2017): Erforderlich sind dazu eine Zustimmung von 55 Prozent der Mitgliedsländer, die zugleich 65 Prozent der EU-Bevölkerung repräsentieren. Damit erhalten erstmals die Bürger ein eigenes Gewicht bei Abstimmungen.
- **Berufung eines Präsidenten des Europäischen Rates**: Ein hauptamtlicher Präsident wird für je zweieinhalb Jahre vom Europäischen Rat ernannt und soll für eine größere Kontinuität bei längerfristigen politischen Projekten sorgen. Der Europäische Rat, der bisher nicht zu den Gemeinschaftsorganen zählte, wird nun in die EU-Architektur eingebunden.
- **Neugewichtung des Hohen Vertreters für Außen- und Sicherheitspolitik**: Dieser ist nun zugleich Vorsitzender des Außenministerrats und Vizepräsident der Kommission. Durch die Bündelung bisher verteilter Kompetenzen kann er die Union wirkungsvoller nach außen vertreten. Zu seiner Unterstützung wird ein eigener auswärtiger Dienst aufgebaut.
- **Institutionalisierung der Verstärkten Zusammenarbeit**: Vertraglich ermöglicht wird eine weitergehende Integration einer Gruppe von Mitgliedstaaten, auch wenn andere sich nicht daran beteiligen.
- **Einführung eines europaweiten Bürgerbegehrens**.

Die Erweiterungen der Europäischen Union

Der Weg der EU

1951: Belgien, Deutschland, Frankreich, Italien, Luxemburg und die Niederlande bilden die Europäische Gemeinschaft für Kohle und Stahl (EGKS)

1957: Römische Verträge

Europa der 6
Belgien, Deutschland (BR), Frankreich, Italien, Luxemburg, Niederlande

Europa der 9
+ Dänemark, Großbritannien, Irland

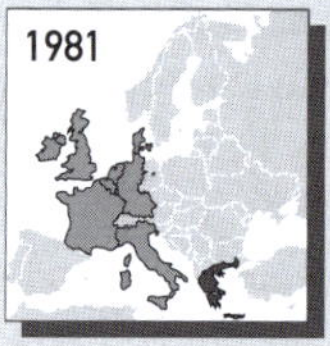

Europa der 10
+ Griechenland

Europa der 12
+ Portugal, Spanien

Europa der 15
+ Finnland, Österreich, Schweden

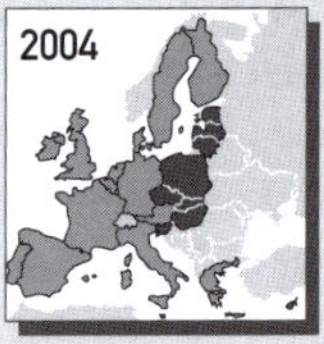

Europa der 25
+ Estland, Lettland, Litauen, Polen, Tschechien, Slowakei, Ungarn, Slowenien, Malta, Zypern

Europa der 27
+ Rumänien, Bulgarien

Beitrittsverhandlungen mit der Türkei und Kroatien

5.2 Institutionen und Entscheidungsprozesse in der Europäischen Union

Leitfrage:

- Leidet die Europäische Union an einem „Demokratiedefizit"?

Die vertraglichen Grundlagen

Die Europäische Union stellt heute ein supranationales Gebilde dar, dessen Beschlüsse in sehr vielen Politikbereichen nationale Entscheidungen ersetzen.

Nach Inkrafttreten des Vertrages von Lissabon liegen der EU rechtlich zwei Verträge zu Grunde: Der modifizierte EU-Vertrag (EUV) und der gleichfalls überarbeitete Vertrag über die Arbeitsweise der Europäischen Union (AEUV, ehemals EG-Vertrag, Vertrag von Rom)). Als rechtsverbindlich gilt außerdem die Charta der Grundrechte (in Großbritannien, Polen und Tschechien unter Vorbehalt).

Die Schichten-Architektur der Zuständigkeiten

Die Abgrenzung der Zuständigkeiten von Union und Mitgliedsländern kann in einer Schichten-Architektur dargestellt werden.

Ausschließliche Zuständigkeit Nur die Union kann gesetzgeberisch tätig werden. Sie handelt hier wie ein Staat, z. B. in der Zoll- und Handelspolitik und bei der Wettbewerbspolitik.
Geteilte Zuständigkeit Die Mitgliedstaaten können tätig werden, wenn die EU keine Regelungen trifft, z. B. im Bereich des Verbraucherschutzes oder in der Umweltpolitik.
Unterstützung, Koordinierung oder Ergänzung von Maßnahmen der Mitgliedstaaten z. B. in den Bereichen Gesundheit oder Bildung
Intergouvernementaler Bereich Gemeinsame Beschlüsse der Mitgliedstaaten im Europäischen Rat oder im Ministerrat, vor allem in der Gemeinsamen Außen- und Sicherheitspolitik und bei der Koordinierung der Sozial-, Steuer- und Beschäftigungspolitik

Eingeschränkt werden die Kompetenzen der Union durch das Subsidiaritätsprinzip. Dies bedeutet, dass die Union in den Bereichen der geteilten Zuständigkeit nur dann tätig werden darf, wenn die Ziele der geplanten Regelungen weder auf nationaler noch auf regionaler oder lokaler Ebene zu erreichen sind. Die Einhaltung des Subsidiaritätsprinzips kann seit Lissabon von (mindestens) 1/3 der nationalen Parlamente eingefordert werden.

Bisher wurden immer weitere Politikbereiche der Zuständigkeit der EU übertragen, was den mehrheitlichen Willen zu einer Vertiefung der europäischen Integration zeigt. Andererseits ließen die europäischen Regierungen bei solchen Vertiefungsschritten auch Vorbehalte gegen eine weitere Abgabe von Souveränität an die Union erkennen.

● Arten von gemeinschaftlichen Rechtsakten

Europäische „Gesetze" werden von den europäischen Institutionen entweder als Verordnung oder – wesentlich häufiger – als Richtlinie erlassen:

Verordnungen sind ab dem Zeitpunkt ihrer Verabschiedung durch die Europäische Gemeinschaft verbindlich; sie gelten unmittelbar in jedem Mitgliedsstaat und müssen nicht erst in nationales Recht umgesetzt werden.

Richtlinien legen Ziele und oft auch Vorgehensweisen zur Regelung eines bestimmten Problems mehr oder weniger detailliert fest. Die Mitgliedsstaaten sind verpflichtet, diese Vorgaben in nationale Gesetze umzusetzen.

● Die Institutionen der Europäischen Gemeinschaft

Europäischer Rat

Die Treffen des Europäischen Rates werden auch als „Europa-Gipfel" bezeichnet und genießen hohe Aufmerksamkeit in den Medien.

Zusammensetzung	Die Staats- und Regierungschefs der 27 EU-Staaten sowie der für 2½ Jahre gewählte Präsident des Europäischen Rates und der Präsident der Kommission. Außerdem nimmt der Hohe Vertreter für Außen- und Sicherheitspolitik an den Arbeiten teil.
Aufgaben	Hier werden Grundsatzentscheidungen zur Weiterentwicklung der EU getroffen und allgemeine Leitlinien für die Gemeinsame Außen- und Sicherheitspolitik (GASP) sowie die Gemeinsame Sicherheits- und Verteidigungs-

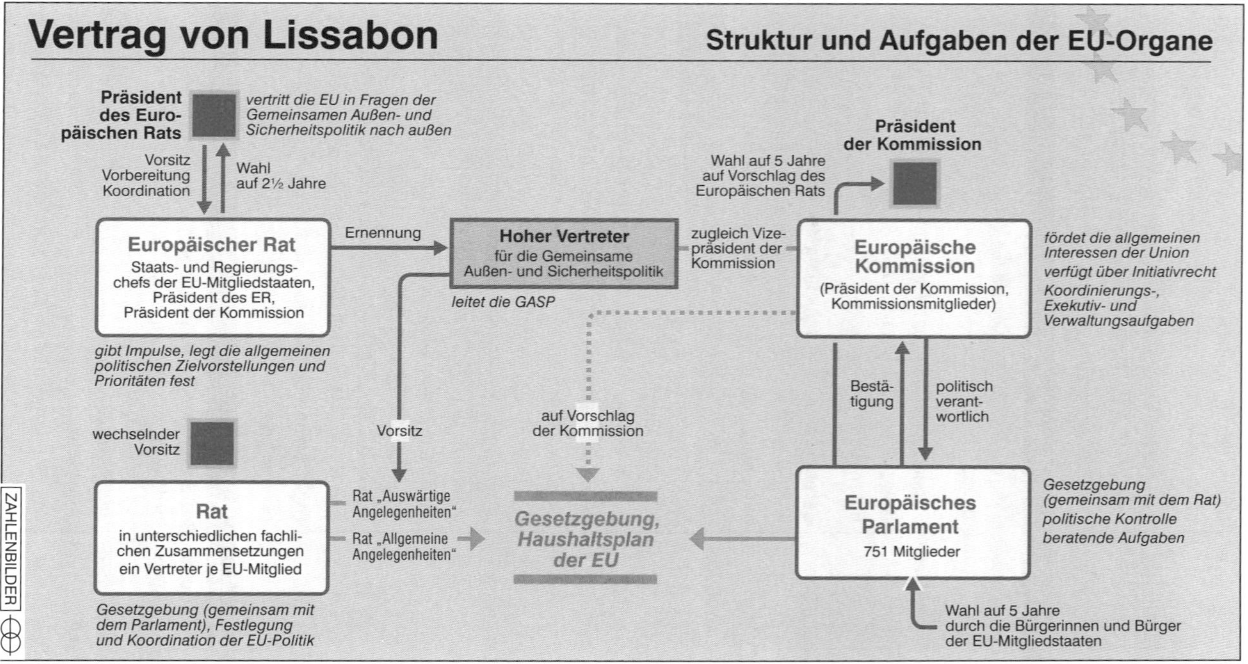
Vertrag von Lissabon
Struktur und Aufgaben der EU-Organe
Präsident des Europäischen Rats
vertritt die EU in Fragen der Gemeinsamen Außen- und Sicherheitspolitik nach außen
Vorsitz Vorbereitung Koordination
Wahl auf 2½ Jahre
Europäischer Rat
Staats- und Regierungschefs der EU-Mitgliedstaaten, Präsident des ER, Präsident der Kommission
gibt Impulse, legt die allgemeinen politischen Zielvorstellungen und Prioritäten fest
Ernennung
Hoher Vertreter
für die Gemeinsame Außen- und Sicherheitspolitik
leitet die GASP
zugleich Vizepräsident der Kommission
Wahl auf 5 Jahre auf Vorschlag des Europäischen Rats
Präsident der Kommission
Europäische Kommission
(Präsident der Kommission, Kommissionsmitglieder)
fördet die allgemeinen Interessen der Union
verfügt über Initiativrecht
Koordinierungs-, Exekutiv- und Verwaltungsaufgaben
Bestätigung
politisch verantwortlich
wechselnder Vorsitz
Vorsitz
auf Vorschlag der Kommission
Rat
in unterschiedlichen fachlichen Zusammensetzungen ein Vertreter je EU-Mitglied
Rat „Auswärtige Angelegenheiten“
Rat „Allgemeine Angelegenheiten“
Gesetzgebung (gemeinsam mit dem Parlament), Festlegung und Koordination der EU-Politik
Gesetzgebung, Haushaltsplan der EU
Europäisches Parlament
751 Mitglieder
Gesetzgebung (gemeinsam mit dem Rat)
politische Kontrolle
beratende Aufgaben
Wahl auf 5 Jahre durch die Bürgerinnen und Bürger der EU-Mitgliedstaaten
ZAHLENBILDER
714 121

	politik (GSVP) aufgestellt. Am eigentlichen Gesetzgebungsverfahren nimmt der Europäische Rat nicht teil.
Arbeitsweise	Unter dem Vorsitz des Präsidenten des Europäischen Rates finden die Treffen in der Regel vierteljährlich statt. Beschlüsse bedürfen der Einstimmigkeit.

Rat der Europäischen Union, auch Ministerrat oder Rat

Der Ministerrat ist die Vertretung der Nationalstaaten und das wichtigste Entscheidungsorgan der EU.

Zusammensetzung	Je nach dem Gegenstand des Treffens tagen die Fachminister der 27 EU-Staaten (z. B. Agrar-, Innen- oder Außenminister).
Aufgaben	Beratung und Verabschiedung der Gesetze – in der Regel gemeinsam mit dem Parlament (siehe unten: Mitentscheidungsverfahren). Außerdem werden hier internationale Verträge beschlossen und die Außen- und Sicherheitspolitik sowie die Wirtschafts- und Steuerpolitik abgestimmt.
Arbeitsweise	Der Vorsitz im Rat wechselt alle sechs Monate zwischen den Mitgliedstaaten. Für das Entscheidungsverfahren gilt bis 2014: Die Stimmen der Mitgliedstaaten sind nach Größe gestaffelt (z. B. 3 für Malta und 29 für Deutschland). Entscheidungen erfordern meist eine qualifizierte Mehrheit, seltener Einstimmigkeit. Ab 2014 (mit Übergangsbestimmungen bis 2017) verfügt jedes Land über eine Stimme. Entscheidungen werden nun in der Regel mit doppelter Mehrheit getroffen (55 % der Staaten, 65 % der Bevölkerung), vor allem bei GASP, GVSP, Steuerpolitik ist aber nach wie vor Einstimmigkeit notwendig.

Kommission

Sie wird als „Regierung" der EU bezeichnet. Sie vertritt gemeinschaftliche Ziele und fördert die Entwicklung einer gemeinschaftlichen Politik.

Zusammensetzung und Bestellung	Jedes der 27 Länder stellt einen Kommissar. Der Präsident wird vom Europäischen Rat unter Berücksichtigung des Wahlergebnisses zum Europäischen Parlaments (EP) vorgeschlagen und dann vom EP gewählt. Die übri-

	gen Kommissare werden im Einvernehmen von designiertem Präsidenten und den Regierungen der Mitgliedsstaaten benannt. Die Zustimmung des Parlaments zur gesamten Kommission ist erforderlich.
Aufgaben	Sie hat das alleinige Initiativrecht für „Gesetze“ und regelt und überwacht deren Durchführung. Sie erstellt die Haushaltsplanung, überwacht die EU-Länder auf die Einhaltung der Verträge und kann Sanktionen verhängen.
Arbeitsweise	Der Kommissionspräsident besitzt die Richtlinienkompetenz. Die Beschlüsse der Kommission werden mit einfacher Mehrheit gefasst.

Europäisches Parlament

Die direkt gewählte Vertretung der Bevölkerung konnte ihre Kompetenzen im Laufe der Jahre wesentlich erweitern, hat allerdings noch nicht alle Rechte eines „normalen“ Parlaments.

Zusammensetzung	Aktuell 736 Abgeordnete, jeweils auf 5 Jahre von der Bevölkerung in den Mitgliedsländern nach den Prinzipien der Verhältniswahl (Wahl von Parteilisten) gewählt. Die Anzahl der Sitze pro Land orientiert sich an der Bevölkerungszahl. Die Zahl bewegt sich gegenwärtig zwischen 5 und 99. Im Vertrag von Lissabon wurde die Anzahl der Abgeordneten künftig auf 751 festgelegt und die Sitze pro Land schwanken zwischen 6 und 96 (z. B. Deutschland 96, Frankreich 78 und Malta 6 Sitze).
Aufgaben	Gesetzgebung sowie der Beschluss des Haushaltes erfolgen gemeinsam mit dem Ministerrat, in der Regel im Mitentscheidungsverfahren (siehe unten); Kontrolle der Kommission; Das Misstrauen kann mit zwei Drittel-Mehrheit bekundet werden; Zustimmung zu völkerrechtlichen Verträgen.
Arbeitsweise	Das Parlament gliedert sich in Fraktionen über nationale Grenzen hinweg. Die Hauptarbeit erfolgt in Ausschüssen. Beschlüsse werden mit einfacher oder qualifizierter Mehrheit gefasst.

Der Europäische Gerichtshof (EuGH)

Der Europäische Gerichtshof, auch als „Wächter über die Verträge" bezeichnet, besteht aus 15 Richtern, die von den Regierungen der EU-Staaten einvernehmlich auf 6 Jahre ernannt werden. Er ist für die Auslegung der Verträge und damit für die Fortentwicklung des Gemeinschaftsrechts zuständig. Dies geschieht vor allem, wenn er über Klagen der Kommission gegen Mitgliedsstaaten wegen Verletzung von Gemeinschaftsrecht entscheidet. Daneben urteilt er auch zum Beispiel über Klagen gegen EU-Organe oder über Klagen eines EU-Staates gegen einen anderen wegen Verletzung von Gemeinschaftsrecht.
Seit 1988 existiert zur Entlastung das „Gericht erster Instanz", das über Klagen von Bürgern oder Unternehmen gegen EU-Organe entscheidet.

Das Verfahren der Mitentscheidung

Das Verfahren der Mitentscheidung, das dem Parlament eine gegenüber dem Ministerrat gleichberechtigte Position bei der Gesetzgebung gibt, wurde inzwischen auf ca. drei Viertel aller Rechtsakte ausgeweitet.

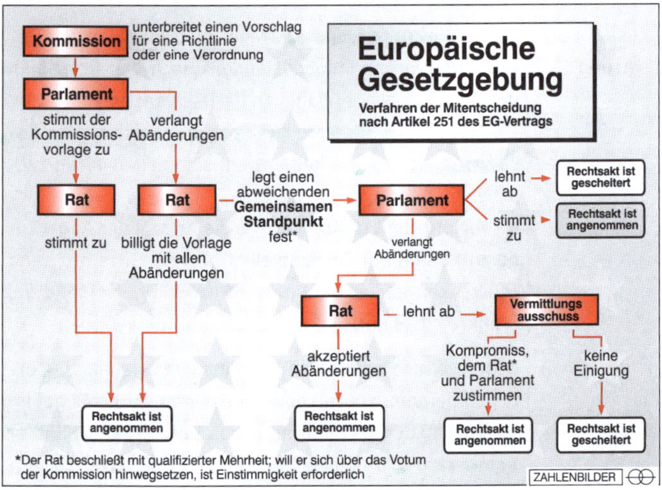

© Bergmoser + Höller 715 420

Kritik an der EU

Die EU hatte im Laufe der Jahre immer mehr Entscheidungsbefugnisse von den Mitgliedsländern übernommen, ohne die nach demokratischen Prinzipien nötigen Legitimationsgrundlagen aufzubauen. Daher wurden ihr häufig Bürgerferne, mangelnde Transparenz der Entscheidungen und ungenügende demokratische Legitimation der Institutionen vorgeworfen. Mit vielen Neuregelungen und Konkretisierungen wurde im Vertrag von Lissabon der Versuch unternommen, diesen Vorwürfen zu begegnen. Es liegt jedoch auch in der Natur eines „Staatenverbundes" (siehe Kapitel 5.4), dass er nur schwer mit den Maßstäben einer nationalstaatlichen Demokratie zu messen ist.

Das „Demokratiedefizit"

In repräsentativen Demokratien ist das Parlament als Vertretung des Volkes Basis aller staatlichen Macht. Aus mehreren Gründen kann das Europäische Parlament diese Rolle bisher nur ungenügend spielen:
- Es hat nicht die Kreativfunktion für die Regierung, hier also die Kommission. Diese wird letztlich durch die nationalen Regierungen bestimmt.
- Die Entscheidungskompetenzen sind immer noch im Vergleich zu nationalen Parlamenten unterentwickelt. Wichtige Beschlüsse z. B. der Außen- und Sicherheitspolitik werden durch die nationalen Regierungen (in Europäischem Rat und Ministerrat) bestimmt.
- Eine europäische Öffentlichkeit existiert erst in Ansätzen. Die Mehrheit der Bevölkerung fühlt sich zunächst regional und national gebunden und erst in dritter Linie als Europäer. Die Wahlbeteiligung bei Europawahlen ist immer weiter gesunken und ist inzwischen bei knapp über 40 % angelangt.

Bürgerferne und Bürokratie

Zwar wird anerkannt, dass viele Probleme sich nicht mehr innerhalb nationalstaatlicher Grenzen lösen lassen, dennoch wird die „Regelungswut" der „Bürokraten im fernen Brüssel" gerade von Regionalpolitikern immer wieder beklagt. Um dieser Kritik entgegenzutreten, wurde im Vertrag von Maastricht das Subsidiaritätsprinzip (siehe oben) eingeführt, dessen Einhaltung nun von den nationalen Parlamenten auch überprüft werden kann. Mit dem Vertrag von Lissabon erhalten die Bürger zudem die Möglichkeit von Bürgerbegehren.
Dennoch zeigen z. B. die Ablehnung einer Europäischen Verfassung in Frankreich und den Niederlanden und wiederholte ablehnende Referenden in Irland, dass Teile der Bevölkerung einer fortgesetzten Erweiterung und Vertiefung der EU kritisch gegenüberstehen und die Gefahr besteht, dass Europa als „Elitenprojekt" die Unterstützung der Bürger verliert.

5.3 Wichtige Politikbereiche der Europäischen Union

Leitfragen:

- Was bedeutet die Wirtschafts- und Währungsunion für die Bürger und für die Unternehmen in der EU?
- Warum tut sich die EU mit einer gemeinsamen Außen- und Sicherheitspolitik so schwer?

Die Wirtschafts- und Währungsunion (WWU)

Die im Vertrag von Maastricht vereinbarte Wirtschafts- und Währungsunion ist wohl das neben der Gemeinsamen Außen- und Sicherheitspolitik bisher ehrgeizigste Ziel europäischer Politik. Seit 1999 stellt sie eine neue Dimension wirtschaftlicher Verflechtung dar. Ziel ist die Freisetzung wirtschaftlicher Dynamik und damit Wachstum und Beschäftigung.

Die Wirtschaftsunion

Für die Wirtschaftsunion mussten zunächst die Voraussetzungen in den Mitgliedsstaaten geschaffen werden. Durch zahlreiche nationalstaatliche Regelungen wie z. B. Produktstandards und Grenzkontrollen hatten sie ihre Märkte abgeschottet und damit den Handel blockiert. Es bedurfte eines jahrzehntelangen Prozesses, diese Behinderungen abzubauen. 1993 war es soweit: Der Europäische Binnenmarkt, ein Wirtschaftsraum,

© Bergmoser + Höller

in welchem der freie Verkehr von Waren, Personen, Dienstleistungen und Kapital gewährleistet wurde, konnte starten. Für die Unternehmen stellt heute die EU einen riesigen Markt dar, auf dem sie tätig werden können.
Von den Teilnehmerstaaten der Wirtschaftsunion verlangt der EU-Vertrag außerdem, dass sie ihre jeweilige Wirtschaftspolitik als eine Angelegenheit des gemeinsamen Interesses betrachten und sie auf die der anderen Staaten abstimmen. Seit dem Jahre 1994 werden für jedes Jahr die gemeinsamen Grundzüge der Wirtschaftspolitik beschlossen, deren Einhaltung von der EU-Kommission kontrolliert wird.
Den Bürgern der EU brachte der Binnenmarkt zahlreiche Erleichterungen und Freiheiten in ihrem Alltagsleben, u. a. die Möglichkeit zunehmender beruflicher Mobilität. Dazu mussten (und müssen immer noch) Zugangsbarrieren zu nationalen Arbeitsmärkten abgebaut und Bildungs- und Ausbildungssysteme in der EU harmonisiert werden.
Viele Bürger sehen die Auswirkungen auf den Arbeitsmarkt oder auf den Verbraucherschutz aber eher kritisch und unterschätzen die positiven Effekte. Erhebliche Probleme bringt der Binnenmarkt allerdings hinsichtlich der zunehmenden Verkehrsbelastungen.

Die Währungsunion

Die Währungsunion verbessert durch den Wegfall des Wechselkursrisikos, durch größere Markttransparenz und gesteigerten Wettbewerb die Bedingungen und die Effizienz des Wirtschaftens. Die europäischen Volkswirtschaften wurden so für den internationalen Wettbewerb gestärkt. Darüber hinaus stellte die WWU einen entscheidenden Schritt zur Vertiefung europäischer Integration hin zu einer politischen Union dar.
Für die Teilnahme an der Währungsunion wurden im Euro-Stabilitäts- und Wachstumspakt Kriterien formuliert. Dazu gehören vor allem die Begrenzung des jährlichen Haushaltsdefizits und der öffentlichen Verschuldung insgesamt (siehe dazu auch Kap. 7.4.1). Dies sicherte in den Folgejahren die Geldwertstabilität im gesamten Währungsraum.
Eurogegner halten dagegen die Vergemeinschaftung der Geld- und Währungspolitik angesichts einer weiterhin in nationaler Verantwortung geführten Wirtschaftspolitik für einen Konstruktionsfehler. Unterschiedliche wirtschaftliche Entwicklungen in den Teilnehmerländern können nun nicht mehr durch eine Auf- oder Abwertung der jeweiligen nationalen Währung ausgeglichen werden. Bei mangelnder internationaler Konkurrenzfähigkeit z. B. könnte eine Abwertung Waren eines Landes

billiger und damit auf dem Weltmarkt attraktiver machen. Die Wirtschaft würde angekurbelt. Ebenso hätte eine Abwertung die Verringerung einer hohen Staatsverschuldung zur Folge. Der Schuldenstand bliebe zwar nominal der gleiche, wertmäßig aber verringerte er sich. Der Verlust dieses Steuerungsinstruments macht vor allem den südeuropäischen Ländern Griechenland, Portugal und Spanien Probleme, die in der Folge der internationalen Finanzkrise von 2008 in Schwierigkeiten geraten waren.

Die Sicherheits- und Außenpolitik

Die Entwicklung einer Gemeinsamen Außen- und Sicherheitspolitik (GASP) ist bisher ein von Rückschlägen begleiteter mühsamer Prozess gewesen, der bei weitem nicht den Erfolg der wirtschaftlichen Integration erreicht hat.

Zwar bemüht sich die Europäische Union auf internationaler Bühne um ein geschlossenes Auftreten, jedoch offenbarte der Irakkonflikt im Jahr 2003, dass eine gemeinsame Position nicht immer möglich ist. Als Hindernis für eine gemeinsame Sicherheits- und Außenpolitik erwies sich vor allem die geringe Bereitschaft der Mitgliedsländer, ihre eigene interessenorientierte nationale Außenpolitik aufzugeben. Ob die institutionelle Neugestaltung der GASP im Vertrag von Lissabon mit einem gestärkten Hohen Vertreter für Außen- und Sicherheitspolitik zu einer geschlosseneren Politik führt, bleibt abzuwarten.

Dennoch sind Fortschritte in der Ausgestaltung einer Europäischen Sicherheits- und Verteidigungspolitik und beim Aufbau multinationaler EU-Streitkräfte erzielt worden. Ziel ist es, innerhalb der NATO (siehe Kapitel 6.2.2) einen zu eigenständigem militärischen Handeln fähigen europäischen Pfeiler zu bilden. Die Aufgaben der Streitkräfte bestehen dabei je nach Krisensituation in humanitärer Hilfe, friedenserhaltenden Maßnahmen und Kampfeinsätzen. Bei zahlreichen Einsätzen, z. B. auf dem Balkan und im Kongo, tragen EU-Soldaten mittlerweile zur Krisenbewältigung und zur Friedenssicherung bei.

5.4 Perspektiven und Probleme der europäischen Integration

Leitfragen:
- Welche Chancen und Probleme sind mit Erweiterungen verbunden?
- Was ist die Europäische Union und was will sie werden?

Die Osterweiterungen um zehn ehemalige Ostblockstaaten sowie um Malta und den griechischen Teil Zyperns stellt eine Zäsur in der Entwicklung der EU dar. Die Aufnahme von zwölf Staaten hat nicht nur wirtschaftliche und finanzpolitische Fragen aufgeworfen, vielmehr wurden auch Fragen nach der Funktionsfähigkeit und der künftigen Gestalt der EU sowie ihren Grenzen dringlicher.

Ökonomische und haushaltspolitische Folgen der Osterweiterung

Das sozioökonomische Entwicklungsgefälle der Beitrittsländer gegenüber den alten EU-Staaten ist teilweise sehr groß. Das Bruttosozialprodukt pro Kopf erreichte zwei Jahre nach dem Beitritt im Durchschnitt nicht einmal die Hälfte des Durchschnitts der alten EU. Andererseits ist das Wirtschaftswachstum in allen neuen EU-Ländern deutlich höher. Die Folgen für die alte EU sind vielfältig:

- Die Absatzchancen der Wirtschaftsunternehmen sind wegen des Nachholbedarfs im Osten größer geworden.
- Wegen der neu entstehenden Märkte und der geringeren Produktionskosten werden Arbeitsplätze in die neuen EU-Staaten verlagert. Dies wird durch die dort geltenden niedrigen Sätze für Unternehmenssteuern sowie durch die Förderung der Industrieansiedlung aus dem EU-Haushalt verstärkt.
- Im Rahmen der durch die alten EU-Staaten zugelassenen Freizügigkeit wandern Arbeitskräfte aus den neuen EU-Ländern in die Arbeitsmärkte. Dies bedeutet in Ländern mit großem Arbeitskräftebedarf eine willkommene Entspannung, ist aber in Staaten mit hoher Arbeitslosigkeit ein Problem, zumal die Zuwanderer bereit sind, ihre Leistungen deutlich unter dem hier üblichen Preis anzubieten.
- Die Anpassung der Infrastruktur, die Förderung der Industrieansiedlung sowie Hilfen für die oft wenig leistungsfähige Landwirtschaft binden sehr große Mittel aus dem EU-Haushalt. Die Leis-

tungsfähigkeit und -willigkeit für weitere Erweiterungen ist daher begrenzt.

Der Türkei, Kroatien und Mazedonien wurde der Status eines Beitrittskandidaten verliehen und den anderen Nachfolgestaaten des ehemaligen Jugoslawien wurde die Perspektive eines EU-Beitritts in Aussicht gestellt. Auch Staaten der ehemaligen Sowjetunion, vor allem die Ukraine, sowie Island streben eine EU-Mitgliedschaft an. Angesichts dieser Wünsche wird nun die Frage der Aufnahmefähigkeit der EU und der geografischen Grenzen des integrierten Europa dringlicher. Vor allem am geplanten Beitritt der Türkei entzündet sich die Diskussion um die von der EU vertretenen Werte und die europäische Identität.

Bundesstaat – Staatenbund – Staatenverbund

Fünf Jahrzehnte wurde die europäische Integration zwischen Erweiterung und Vertiefung vorangetrieben, ohne dass ein angestrebtes Endziel für die Gestalt des integrierten Europa definiert worden wäre.

Als mögliche Grundmodelle für eine künftige Organisationsform gelten „Bundesstaat" und „Staatenbund".

- **Bundesstaat**
  Ein Bundesstaat – etwa nach dem Muster der Bundesrepublik Deutschland – stellt einen Zusammenschluss mehrerer Staaten zu einem übergeordneten Gesamtstaat dar. Sowohl der Bund als auch die Gliedstaaten verfügen über eigenständige Kompetenzen und die Gliedstaaten sind gegenüber dem Bund zur Bündnistreue verpflichtet.
- **Staatenbund**
  Ein Staatenbund ist ein Zusammenschluss von Staaten, die sich zum Ziel gesetzt haben, eine begrenzte Anzahl von Aufgaben gemeinsam wahrzunehmen, dabei bleibt die Souveränität der einzelnen Mitgliedsstaaten stets unberührt.

Die heutige europäische Union ist jedoch ein Gebilde, das sich von beiden Staats- und Bündnisformationen unterscheidet.
Juristisch und politisch betrachtet ist die EU mehr als ein Staatenbund, denn die Europäische Union hat beispielsweise in bestimmten Politikbereichen das Recht, Gesetze zu erlassen, die für den Einzelnen verbindlich sind und die auch Vorrang vor nationalem Recht beanspruchen

können. Dennoch kann die Europäische Union nicht als Staat oder Bundesstaat bezeichnet werden, da die Mitgliedstaaten der EU ihre Souveränität nicht verloren haben und sie somit nicht zu bloßen Gliedstaaten im „Bundesstaat Europa" herabgestuft worden sind. Das Bundesverfassungsgericht hat für dieses Gebilde daher den neuen Begriff Staatenverbund geprägt.

● Zukunftsszenarien

Für die weitere politische Entwicklung wurden in der politischen Wissenschaft fünf mögliche Szenarien erarbeitet:

Supermacht Europa

Die EU entwickelt die Instrumente für eine gemeinsame Politik auch nach außen und kann so weltpolitisch auftreten, wie es seiner wirtschaftlichen Leistungsfähigkeit, seiner Bevölkerungszahl, seinen potenziellen militärischen Fähigkeiten und seinem attraktiven Wertesystem entspricht.

Gravitationsraum Europa

Eine Gruppe von Staaten verfolgt das Ziel einer weiteren Vertiefung der Integration und schafft damit einen europäischen Kern, der durch seine Erfolge weitere Staaten zur Teilnahme lockt.

Methode Monnet

Die EU setzt die bisherige Methode der Entwicklung der Integration fort, wobei Fortschritte nur auf der Basis des kleinsten gemeinsamen Nenners möglich sind.

Kerneuropa

Die unterschiedlichen Zielvorstellungen bedrohen die weitere Entwicklung und lassen den Rückfall in eine Freihandelszone befürchten. Eine Gruppe von integrationswilligen Staaten vertiefen ihre Zusammenarbeit und weiten die Bereiche der gemeinschaftlichen Politik aus, woran sich die anderen Staaten nicht beteiligen. Europa zerfällt damit in mindestens zwei Staatengruppen.

Titanic

Durch rücksichtslose Vertretung der nationalen Interessen wird eine gemeinsame Politik blockiert. Es besteht die Gefahr einer weitgehenden Auflösung der EU und der Renationalisierung der Politik.

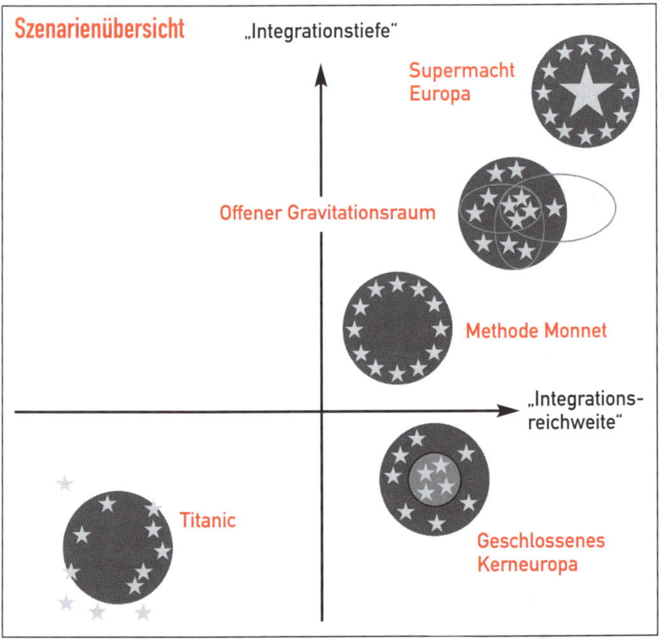

Mit der Erweiterung der EU auf 27 Mitglieder ist auch die Meinungsvielfalt in der Frage des Integrationszieles nur größer geworden. In etlichen EU-Staaten betont man heute die Bedeutung der nationalen Souveränität und möchte nicht über den jetzt erreichten Stand der Integration hinausgehen. Es werden die Vorteile der wirtschaftlichen Integration gesehen, man möchte aber vitale nationale Interessen nicht Gemeinschaftsorganen ausliefern. Im Vertrag von Lissabon wurde daher festgelegt, dass eine Gruppe von EU-Staaten auch ohne Zustimmung der anderen weiter gehende Integrationsschritte vereinbaren kann. Damit soll der Gefahr begegnet werden, dass das Zusammenwachsen Europas durch Staaten, die daran nicht interessiert sind, verhindert wird. Mit diesem Beschluss sind Voraussetzungen für die Szenarien Gravitationsraum Europa oder Kerneuropa geschaffen.

6

Internationale Politik

6.1 Herausforderungen und Probleme der internationalen Politik

Leitfragen:

- Was versteht man unter „asymmetrischen Kriegen“ und warum zählen diese zu den besonders gefährlichen Konflikten?
- Welche Friedensrisiken werden das 21. Jahrhundert prägen?
- Warum rechnet man auch Umweltgefährdungen und die Bevölkerungsexplosion in der dritten Welt zu den Sicherheitsgefährdungen?
- Was sind die besonderen Merkmale des islamistisch-fundamentalistischen Terrors?

6.1.1 Krieg und Frieden

Zentrales Thema des Forschungsbereiches „Internationale Politik“ ist das Problemfeld von Krieg und Frieden. Die beiden Begriffe scheinen eindeutig und sind dennoch klärungsbedürftig.

Zur Definition von Krieg

Krieg wird allgemein als „Anwendung physischer Gewalt durch Kampfverbände“ (Zangl/Zürn, Frieden und Krieg, Frankfurt a. M. 2003) bezeichnet. Doch dabei können die Akteure sowohl Staaten als auch nichtstaatliche Akteure wie Clanchefs oder Milizenführer sein. Entsprechend variiert auch die Form des Krieges und man unterscheidet:

- zwischenstaatlicher Krieg
- Bürgerkrieg: Kampf zwischen verfeindeten Gruppen innerhalb eines Landes
- transnationaler Krieg: Eine Überlappung von Staaten- und Bürgerkrieg. Gemeint sind damit Kriege, bei denen Bürgerkriegsparteien und auswärtige Staaten miteinander koalieren. Vor allem in Afrika sind Konstellationen dieser Art zu beobachten.
- asymmetrischer Krieg: Viele der großen und gefährlichen Konflikte der Gegenwart gehören diesem Typus an, in dem eine hochgerüstete Armee einer schwer fassbaren Miliz oder Terrorgruppe gegenübersteht. Beispiele sind die Kriege in Afghanistan (USA und ihre Verbündeten contra Taliban) oder in Libanon (Israel contra Hisbollah).

Zur Definition von Frieden

Ebenso gibt es heute eine differenzierte Vorstellung von dem, was unter Frieden verstanden wird. Zu den zentralen Elementen eines konsensfähigen Friedensbegriffes gehört die Unterscheidung zwischen einem Frieden, der noch Gefährdungen unterliegt, und einem vollkommenen Frieden. Man spricht heute von instabilem und stabilem Frieden (im einen Fall besteht noch die Möglichkeit von Gewaltanwendung, während sie im zweiten Fall grundsätzlich ausgeschlossen ist) oder von negativem und positivem Frieden (bei ersterem liegt nur die Abwesenheit physischer Gewalt vor, bei zweitem herrscht zusätzlich soziale Gerechtigkeit und ein ökologisches Gleichgewicht). Die Entwicklung von negativem zu positivem Frieden wird dabei als Prozess gesehen, bei dem sich abnehmende Gewalt und zunehmende Gerechtigkeit gegenüberstehen.

Gefahren für Frieden und Sicherheit im 21. Jahrhundert

Frieden und Sicherheit sind im Spannungsfeld der Weltpolitik den unterschiedlichsten Gefährdungen ausgesetzt. Zu den globalen Problemen, die mögliche Friedensrisiken darstellen, gehören heute:

- soziale Konflikte, die sich aus der Übervölkerung der Erde, aus Massenarmut und unkontrollierten Migrationsbewegungen ergeben können;
- ökologische Risiken und die Ressourcenverknappung, die die Sicherheit und Existenz der Menschheit gefährden;
- aggressive Ideologien einschließlich des religiös-fundamentalistischen Spannungspotenzials;
- politische Konflikte, ausgelöst durch Hegemonialstreben oder Missachtung von Menschenrechten in Diktaturen;
- ethnische sowie nationale Auseinandersetzungen überall dort, wo das Selbstbestimmungsrecht der Völker noch zu keinen demokratischen Lösungen geführt hat;
- Massenvernichtungswaffen in der Hand verantwortungsloser Staatsführer oder Terroristen;
- internationaler Terrorismus;
- das Phänomen des Staatsversagens oder Staatszerfalls in den Staaten der Dritten Welt, vor allem in Afrika. Zum Friedensrisiko werden schwache Staaten, die ihr Gewaltmonopol nicht durchsetzen können, da unkontrollierbare Gruppen das Gesetz des Handelns an sich reißen.

6.1.2 Knappe Weltressourcen: Süßwasser und Erdöl

Knapper und teurer werdende Ressourcen könnten zu den großen sicherheitspolitischen Herausforderungen der Zukunft gehören.

Kampf um Wasser

Weil in Zukunft immer mehr Staaten der Welt von akuter Wasserknappheit bedroht sind, besteht die Gefahr von Verteilungskämpfen, sollten politische Lösungen ausbleiben. Zu einer Eskalation derartiger Auseinandersetzungen kann es vor allem dann kommen, wenn Staaten betroffen sind, zwischen denen bereits andere Konflikte bestehen, wie z. B. im Nahen oder Mittleren Osten. Hauptursachen für die erwartete dramatische Verschärfung des Wasserproblems sind das Wachstum der Weltbevölkerung und die Verschmutzung der vorhandenen Trinkwasserreserven.

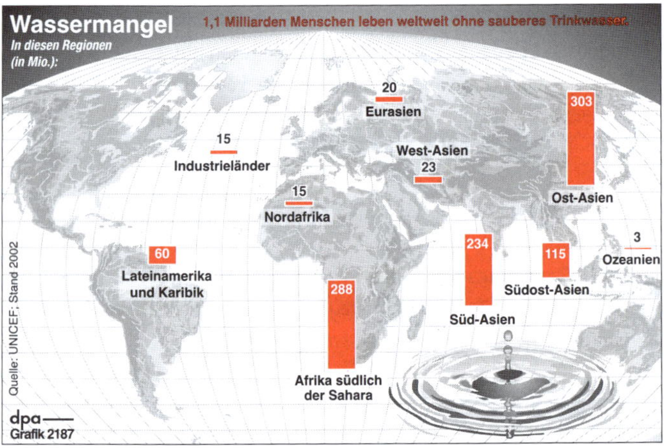

Krieg um Öl

Obwohl sich die westlichen Industrienationen als abhängige Verbraucherstaaten seit der Ölkrise von 1973 um die Nutzung alternativer Energien bemühen, bleibt das „schwarze Gold" des Nahen und Mittleren Ostens auch im 21. Jahrhundert von großer sicherheitspolitischer Bedeutung. Mehr als zwei Drittel der weltweit erkundeten Erdölvorkommen befinden sich auf dem Gebiet der Golfstaaten Saudi-Arabien, Irak, Vereinigte Arabische Emirate, Kuwait und Iran. Damit ist diese Region für den Westen und insbesondere für die USA von erheblichem strategischen Interesse. Durch Interessenkonflikte zwischen den Förderländern und den abhängigen westlichen Verbraucherstaaten sowie durch politische Instabilität wird der Raum um den Persischen Golf wohl auch in Zukunft eine internationale Konfliktzone bleiben. Ähnliches zeichnet sich für das Gebiet um das Kaspische Meer ab, wo nach jüngsten Erkenntnissen weit mehr Erdölreserven ruhen, als bisher angenommen. Hinzu kommt hier der Konflikt der Anrainerstaaten um die Aufteilung der Reserven im Meer.

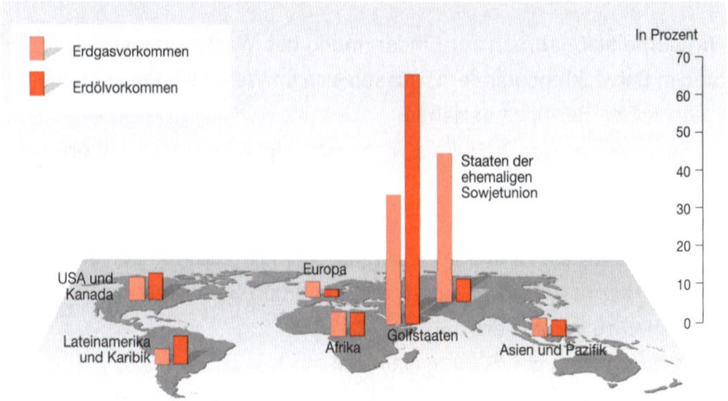

Quelle: BP Statistical Review of World Energy, Oil and Gas Journal, 1998.

Le Monde diplomatique (Hrsg.), Atlas der Globalisierung, Berlin 2003, S. 20

6.1.3 Das Bevölkerungswachstum in der Dritten Welt

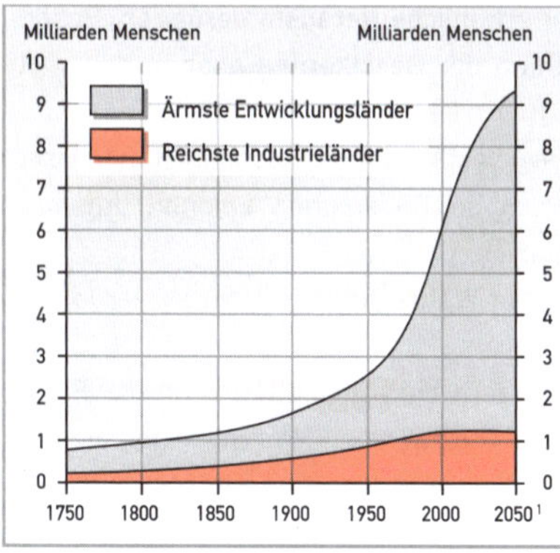

¹Mittlere Hypothese der Vereinten Nationen

Quellen: UN Departement of Economic and Social Affairs (Population division, New York), World Population 1998, The World at Six Billion (Oktober 1999) und World Population Prospects: The 2000 Revision (Februar 2001).

Le Monde diplomatique (Hrsg.), a. a. O., S. 53

Erhebliche Auswirkungen auf die in Zukunft verfügbaren Ressourcen, das ökologische Gleichgewicht der Erde, die Lebensqualität der Menschen und damit auf den Weltfrieden hat die Entwicklung der Weltbevölkerung. Nach einer beispiellosen Bevölkerungsexplosion in den letzten hundert Jahren wird die demografische Entwicklung im 21. Jahrhundert in den Industriestaaten durch geringere oder keine Zuwachsraten verbunden mit einem ausgeprägten Alterungsprozess gekennzeichnet sein. Ein Bevölkerungswachstum wird fast ausschließlich in den armen, bereits jetzt stark bevölkerten Ländern des Südens stattfinden.

Wirksame Maßnahmen zur Eindämmung des Wachstums der Bevölkerung in Entwicklungsländern müssen sich im Wesentlichen auf folgende ursächlichen Bereiche beziehen:

- Bekämpfung der Armut als wichtigster Ursache des Bevölkerungswachstums
- Ausbau sozialer Sicherungssysteme, die den Zwang vermindern, möglichst viele Kinder zur Alterssicherung in die Welt zu setzen
- Frauenförderung, um die soziale Lage und Selbstbestimmung der Frauen zu verbessern
- Verbesserung der Bildungschancen
- Ausbau der Gesundheitsfürsorge, vor allem gezielte Maßnahmen zur Verringerung der Kindersterblichkeit (Zusammenhang von hoher Kindersterblichkeit und hoher Geburtenrate)
- Einrichtung von Beratungszentren für die Familienplanung zur Senkung der Geburtenrate

Selbst ein eingedämmtes Weltbevölkerungswachstum stellt die nationale und internationale Politik vor erhebliche Herausforderungen. Besondere Probleme wird die Zunahme der Bevölkerung aber in den wirtschaftlich unterentwickelten Ländern bereiten:

- Wasserknappheit und die Begrenztheit landwirtschaftlich nutzbarer Flächen, bzw. Verschlechterung der Böden und Wüstenbildung, bedrohen die Ernährungssicherheit.
- Die zunehmende Abholzung der Wälder führt zu einer weiteren Beeinträchtigung des Klimas.
- Ökologische Zerstörungen fördern die Umweltflucht mit der Folge zunehmender Verteilungskonflikte zwischen Migranten und einheimischer Bevölkerung. Der Migrationsdruck in Richtung auf die westlichen Industrieländer wird sich verstärken.

- Durch Landflucht werden die Städte in den Entwicklungsländern rasant wachsen – insbesondere die Armutsviertel ohne ausreichende Versorgungsstrukturen.

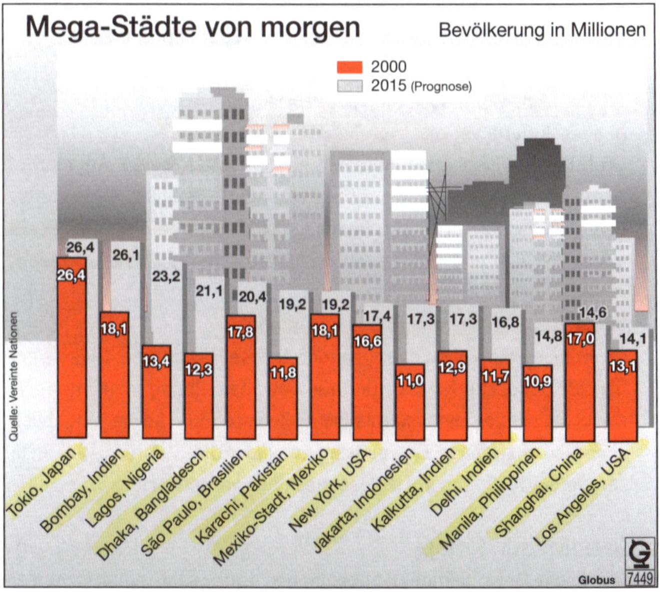

Bevölkerungswachstum, rasch wachsende Stadtbevölkerung und Ernährungsunsicherheit stellen „demografische Stressfaktoren" dar und bieten den Nährboden für Radikalismus und Terrorismus. Die Anfälligkeit für Bürgerkriege steigt.

6.1.4 Der internationale Terrorismus als Friedensbedrohung

Unter „Terrorismus" versteht man

- die bewusste Erzeugung von Angst und Schrecken durch den Einsatz (bzw. die permanente Androhung) massiver und überraschend ausgeübter Gewalt
- seitens nicht-staatlicher Gruppierungen, die aus dem Verborgenen heraus operieren,
- zur Erreichung von politischen Zielen (was den Terrorismus von gewöhnlicher Kriminalität unterscheidet).

Arten des Terrorismus

- **Ethno-nationaler Terrorismus**

  Grundlage: regionale, separatistische Forderungen, die von Autonomierechten bis zu einem eigenen Staat reichen können. Beispiele: die palästinensische PLO (bis Mitte der 1980er Jahre) oder die kurdische PKK.

- **Ideologisch-weltanschaulicher Terrorismus**

  a) als säkularer „sozialrevolutionärer Terrorismus"

  Grundlage: rechts- bzw. linksextremistische Ideologien. Angestrebt wird in der Regel eine neue bzw. veränderte Politik-, Wirtschafts- und Gesellschaftsordnung. Beispiele: „Rote Armee Fraktion" (RAF) in den 1970er- und 1980er-Jahren in Deutschland, „Rote Brigaden" in Italien.

  b) als „ideologisch-religiöser Terrorismus"

  Grundlage: Religionen oder pseudoreligiöse Heilslehren. Diese werden für politische Zwecke und für Gewaltausübung instrumentalisiert. Beispiele: der islamistische Terrorismus sowie angeblich christlich inspirierte Gewaltgruppen, die AUM-Shinrikyo-Sekte in Japan, die 1995 für zwei Giftgasanschläge verantwortlich war.

Die terroristische Strategie

Terroristische Gewaltaktionen haben neben ihrer quasi-militärischen eine „kommunikative" Funktion. Sie werden nicht in erster Linie wegen ihres Zerstörungspotenzials eingesetzt, sondern wegen ihrer öffentlichen Wirkung. Aufgrund des Gefühls des Bedrohtseins, das sie erzeugen, üben Terroristen eine weitaus größere Macht aus, als ihnen nach den realen Umständen und Gegebenheiten eigentlich zukäme.

Terroristen benutzen die Publizität ihrer gewalttätigen Aktionen als Druckmittel, um die Staatsmacht zu unverhältnismäßig harten Gegenmaßnahmen zu provozieren. In der Bevölkerung soll so die Bereitschaft wachsen, die Terroristen im Kampf gegen den Staat zu unterstützen. Am Ende steht das Ziel eines radikalen, fundamentalen Umsturzes des bestehenden politischen und/oder gesellschaftlichen Systems.

Die verheerenden Anschläge des 11. Septembers 2001 auf das New Yorker *World Trade Center* durch die islamistische Terrorgruppe *al-Qaida* zeigten, dass die psychologische Wirkung von Terroranschlägen auch zu einer tief greifenden Destabilisierung der Wirtschaft beiträgt.

Kennzeichen des islamistisch-fundamentalistischen Terrorismus

Seit den 1990er-Jahren hat der religiös-fundamentalistische Terrorismus hinsichtlich seiner Motive, Mittel und Ziele eine neue Qualität erreicht:

- **Ideologie**: Sie gründet sich auf göttlich inspirierte Gebote und kulminiert in der Errichtung eines **Gottesstaates**. Der islamistische Terrorismus wendet sich gegen eine „Verwestlichung" islamischer Weltregionen und ruft zum „**Heiligen Krieg**" gegen alle „Ungläubigen" und „Kreuzfahrer"(= Angehörige der westlichen Industrienationen) auf.
- **Strategie**: Im Fadenkreuz der Terroristen befinden sich Einrichtungen des Westens in den islamischen Staaten (z. B. Botschaften, Niederlassungen von Hilfsorganisationen) oder Symbole der Macht in der westlichen Welt (z. B. World Trade Center). Darüber hinaus zielen die Anschläge zunehmend auf „weiche Ziele" wie Diskotheken, Einkaufszentren oder Bahnhöfe, wobei der Tod einer möglichst großen Zahl Unbeteiligter billigend in Kauf genommen oder gar beabsichtigt ist. Der neue Terrorismus operiert transnational, indem er sich alle Möglichkeiten der globalisierten Weltgesellschaft (Handy, Internet, globale Finanzgeschäfte) zu Nutze macht.
- **Organisation**: Der islamistisch-fundamentalistische Terrorismus bedient sich **dezentraler**, **transnationaler Netzwerke** mit flacher Hierarchie. Leitungsebene und Terrorzellen sind unterschiedlich eng miteinander vernetzt. Die finanzielle Unterstützung erfolgt vorrangig durch reiche private Hintermänner.
- **Durchführung der Anschläge**: Typisch für den Terrorismus neuartiger Qualität sind koordinierte und zeitlich aufeinander abgestimmte Anschlagsserien; kennzeichnend für den religiös-fundamentalistische Fanatismus ist auch die große Zahl von **Selbstmordanschlägen**.

6.2 Politik für Frieden und Sicherheit

Leitfragen:
- Welche wichtigen Prinzipien der UN-Charta kennen Sie?
- Welche Aufgaben hat der Sicherheitsrat und welche Probleme sind in seiner Struktur begründet?
- Welches Selbstverständnis prägt die NATO und wie spiegelt sich dieses in ihrem Aufbau wider?
- Mit welchem strategischen Konzept begegnet die NATO modernen Friedensgefährdungen?

6.2.1 Die UNO – Weltorganisation für Frieden und Sicherheit

Das Ende des Ost-West-Konflikts

Die Hoffnungen auf eine friedlichere Welt nach dem Ende des Ost-West-Konfliktes zerstoben rasch. Neben alte Konflikte, die zum Teil durch die kommunistischen Regime unterdrückt worden waren und nun wieder aufbrachen, traten völlig neue Bedrohungen der Sicherheit (siehe Kapitel 6.1). Nach wie vor benötigt die Welt deshalb Vermittler und machtvolle Institutionen zur Friedenssicherung oder auch zur Friedensschaffung. UNO und NATO sind heute die beiden wichtigsten internationalen Akteure, die sich dieser Aufgabe stellen.

Gründung und Aufgaben der UNO

Am 24. Oktober 1945 wurden die Vereinten Nationen (engl.: United Nations Organization, UNO) von 51 Staaten gegründet. Sie entstanden unter dem Eindruck der Katastrophe des Zweiten Weltkriegs mit dem Ziel, durch eine globale Organisation künftig Frieden und Sicherheit in der Welt zu gewährleisten. Man dachte damals vor allem an die Verhinderung zwischenstaatlicher Kriege.

In der UN-Charta wurden wichtige Prinzipien für die Friedenserhaltung festgelegt:
- Verpflichtung aller Staaten zur friedlichen Beilegung von Konflikten
- Verbot der Androhung und Anwendung von Gewalt
- Beistandsverpflichtung aller Mitgliedstaaten für Maßnahmen der UNO

Seither hat sich die Zahl der Mitgliedstaaten auf 191 (2006) erhöht und die Vereinten Nationen haben ihre Tätigkeitsbereiche auf alle Weltprobleme –

von der Bekämpfung des Hungers bis zum Klimawandel, von der Kinderarbeit bis zum Schuldenproblem vieler Entwicklungsländer – ausgedehnt.

Der Aufbau der UNO

Die Vereinten Nationen sind eine internationale Organisation, die auf freiwilliger Zusammenarbeit der beteiligten Staaten beruht, ohne dass diese auf Souveränitätsrechte verzichten (im Gegensatz etwa zu einer supranationalen Organisation wie der Europäischen Union).

Die Hauptorgane der UNO

Generalversammlung
Die Generalversammlung ist das Diskussionsforum für Weltprobleme und tagt einmal jährlich über mehrere Monate. In ihr sind alle Mitgliedsstaaten gleichberechtigt vertreten. Sie kann Empfehlungen geben, die aber weder für die Mitgliedstaaten noch für den Sicherheitsrat bindend sind. Ihre Beschlüsse im Hinblick auf die Organisation sind hingegen bindend.
Sicherheitsrat
Der Sicherheitsrat ist das für die Erhaltung des Weltfriedens entscheidende Organ. Er stellt fest, ob eine Bedrohung des Friedens vorliegt, und kann Zwangsmaßnahmen gegen die beteiligten Staaten beschließen. Diese reichen von Wirtschaftssanktionen bis zum Einsatz von Waffengewalt zur Herstellung und Sicherung des Friedens.
UN-Generalsekretär
Als höchster Verwaltungsbeamter und Repräsentant kann der Generalsekretär den Sicherheitsrat auf bedrohliche Entwicklungen hinweisen. Er wird auf Vorschlag des Sicherheitsrates von der Generalversammlung auf fünf Jahre gewählt, mit der Möglichkeit einer einmaligen Wiederwahl.

Probleme des Systems kollektiver Sicherheit

Zwar ist die Zahl der UN-Friedensmissionen nach dem Ende des Ost-West-Konflikts gestiegen, immer wieder reagiert der Sicherheitsrat jedoch auf eskalierende Konflikte zu spät oder halbherzig. Folgende strukturelle Probleme schwächen die Effizienz der kollektiven Friedenssicherung:

- Durch ihr Veto können die fünf ständigen Mitglieder des Sicherheitsrates Beschlüsse blockieren, die sich gegen ihre nationalen Interessen richten würden.

Zusammensetzung und Kompetenzen des Sicherheitsrates

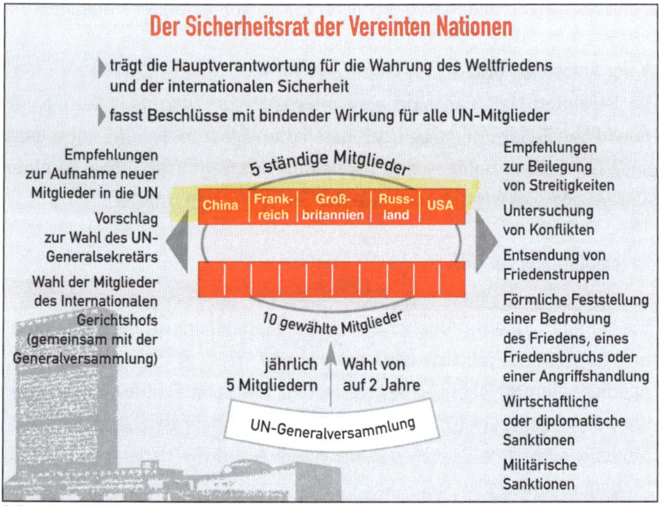

- Bei der Durchführung von Friedensmissionen ist die UNO auf die freiwillige Beteiligung von Mitgliedstaaten angewiesen.
- Bei Interventionen in innerstaatliche Kriege geraten mit dem Interventionsverbot (Achtung der staatlichen Souveränität) einerseits und dem Selbstbestimmungsrecht der Völker sowie dem Schutz der Menschenrechte andererseits Prinzipien der UN-Charta in Konflikt.

Ein anderes Problem ergab sich aus den unilateralen Tendenzen, die sich in den letzten Jahren in der amerikanischen Außenpolitik zeigten.

Unter Unilateralismus ist eine Politik zu verstehen, die ausschließlich die eigenen Interessen berücksichtigt und diese ohne Rücksicht auf internationale Regelwerke und Institutionen durchsetzen möchte.

Durch eine solche Politik wird das System der kollektiven Sicherheit gefährdet.

Reformbedarf im Sicherheitsrat

Angesichts des immer wieder unbefriedigenden und zögerlichen Verhaltens der UNO bei schwerwiegenden Krisen wird seit längerer Zeit eine Reform des Sicherheitsrates diskutiert:

Zum einen erscheint die Beschränkung der ständigen Mitglieder auf die ehemaligen Siegermächte des zweiten Weltkrieges heute nicht mehr

zeitgemäß. Weitere Staaten melden ihre Anwartschaft an. Dazu gehören neben Deutschland auch Japan, Indien und Brasilien. So wurde die Vergrößerung auf 24 ständige Mitglieder vorgeschlagen.
Damit einhergehen sollte zum anderen eine Einschränkung des Vetorechts der ständigen Mitglieder, das immer wieder zu Blockaden führt. Bisher konnte sich die UNO aber noch zu keiner Reform durchringen.

6.2.2 Die NATO – Militärbündnis und Wertegemeinschaft

Entstehung und Aufgaben

Als Reaktion auf die gewaltsame Expansion des sowjetischen Machtbereichs in Ost- und Mitteleuropa nach dem Zweiten Weltkrieg wurde 1949 die NATO (North Atlantic Treaty Organization) als Verteidigungsbündnis des Westens von zehn europäischen Staaten sowie den USA und Kanada gegründet. Die Bundesrepublik Deutschland trat 1955 der NATO bei. Seit 2004 ist die NATO durch den Beitritt ehemaliger Ostblockstaaten auf 26 Mitglieder angewachsen.

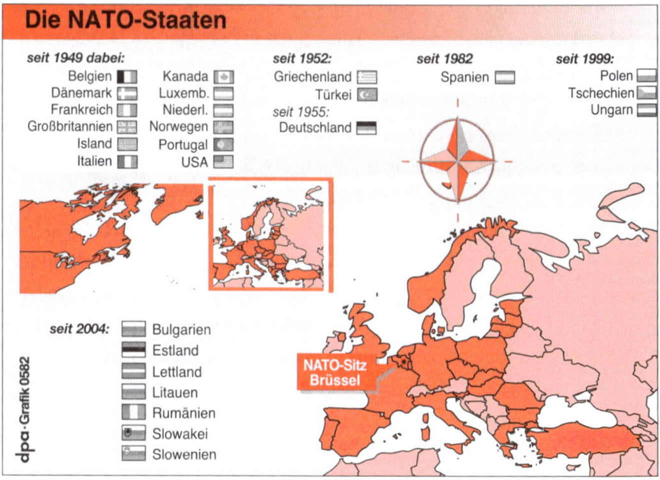

Die NATO versteht sich als Militärbündnis und Wertegemeinschaft: Alle Mitglieder verpflichten sich zur Bewahrung der freiheitlich demokratischen Ordnung nach innen und zu gegenseitigem Beistand bei einem Angriff von außen auf eines der Partnerländer. Der Beistand muss aber nicht automatisch in militärischer Form geleistet werden.

Der Aufbau der NATO

Entscheidungsorgan ist der NATO-Rat, in dem die Staats- und Regierungschefs oder die Außen- bzw. Verteidigungsminister zweimal jährlich zusammentreten. Im Militärausschuss arbeiten die Vertreter des Militärs an der militärischen Planung und beraten den NATO-Rat. Damit ist der Primat der Politik über das Militär gewährleistet. Alle Beschlüsse im NATO-Rat müssen einstimmig gefasst werden, sodass kein Mitglied gegen seinen Willen zu verteidigungspolitischen Festlegungen gezwungen werden kann. Der NATO-Generalsekretär vertritt die NATO bei internationalen Verhandlungen und versucht bei Meinungsverschiedenheiten zwischen den Mitgliedern Kompromisse zu finden.

Reaktionen der NATO auf die neue Sicherheitslage

Die Friedensgefährdungen nach dem Ende des Ost-West-Konflikts erfordern eine völlig veränderte Sicherheitspolitik. Der NATO-Rat einigte sich deshalb 1999 auf ein neues strategisches Konzept, welches die Grundlage für folgende Aktivitäten darstellt:

- Verteidigung des Bündnisgebietes (wie bisher)
- Kampfeinsätze oder friedenssichernde Einsätze im Rahmen eines Mandats des UN-Sicherheitsrates auch außerhalb des NATO-Gebietes – „out of area"
- Militärische Einsätze zur Verhinderung von humanitären Katastrophen auch ohne UNO-Mandat
- Friedenssichernde Einsätze, wenn die betroffene Regierung oder die Konfliktparteien darum ersuchen.

2002 wurde die Bildung einer mobilen Eingreiftruppe (NATO Response Force), bestehend aus amerikanischen und europäischen Verbänden, beschlossen. Durch den Aufbau von mit modernsten Waffen ausgerüsteten, schnell in allen Teilen der Welt verfügbaren Einheiten reagiert die NATO auf den völlig veränderten Charakter der Bedrohungen.

Das transatlantische Verhältnis

Die Kampfeinsätze in den vergangenen Jahren zeigten, dass die USA den europäischen NATO-Partnern in militärischer Hinsicht weit überlegen sind. Außerdem sind sie bereit, ihre Militärmacht bei bedrohlichen Konflikten auch ohne Zustimmung oder Beteiligung ihrer europäischen Verbündeten einzusetzen. Daraus entstanden Belastungen für die transatlantischen Beziehungen auch innerhalb der NATO, deren Entwicklung bisher schwer abzusehen ist.

6.3 Strukturen der Weltpolitik im 21. Jahrhundert

Leitfragen:

- Wodurch unterscheiden sich die Weltordnungsmodelle und welches erscheint Ihnen realistisch?
- Welche Elemente beinhaltet das „Global Governance"-Konzept?
- Durch welche politischen Aktivitäten lassen sich „internationale Regime" bzw. „internationale Netzwerke" charakterisieren?
- Welche Aufgaben hat eine Verfassung und inwiefern kann man die internationalen Ordnungsprinzipien als „Verfassungsordnung für die internationale Politik" bezeichnen?

Die neue Unübersichtlichkeit

Bestimmend für die internationalen Beziehungen ist seit dem Ende des Ost-West-Gegensatzes 1989 eine ordnungs- und machtpolitische Unübersichtlichkeit. Die Staatenwelt bewegt sich zwischen Uni- und Multipolarität, zwischen Hegemonie und Gleichgewicht. Selbst der Zwang zur Vereinheitlichung, den die ökonomische Globalisierung ausübt, bewirkt andererseits eine weitere politische Differenzierung. Die internationale Politik im 21. Jahrhundert muss deshalb versuchen, Ordnung zu schaffen in einer pluralistischen Welt mit all ihren Widersprüchen.

Die Akteure der Weltpolitik

- **Regierungen von souveränen Staaten** sind traditionell die legitimen Vertreter ihrer Gesellschaften.
- **Internationale Organisationen** (Internationale Regierungsorganisationen, (IROs); engl. International Governmental Organizations, IGOs) wurden vor allem nach dem 2. Weltkrieg von den Staaten ins Leben gerufen. Ein dichtes Geflecht von Institutionen – im Jahr 2002 wurden 300 IROs gezählt – bestimmt heute die internationale Politik.
- **Nicht-Regierungsorganisationen** (NROs; engl. Non Governmental Organizations, NGOs) arbeiten national aber auch transnational über die Grenzen von Staaten hinweg. Sie gelten heute als zunehmend wichtige Akteure der Politik. *Greenpeace* und *Amnesty International* ebenso wie Wirtschaftslobbyorganisationen gehören zu den NROs, denen wegen ihres Ressourcenangebots (z. B. Wissen, Werte, Macht) sogar Mitwirkungsrechte in den internationalen Organisationen, z. B. bei großen UN-Konferenzen, eingeräumt werden.

Weltordnungsmodelle

Die Wissenschaft von den internationalen Beziehungen bietet im Wesentlichen drei Interpretationen der weltpolitischen Strukturen der Gegenwart:

Die neorealistische Denkschule

Hier bestimmen die mächtigen Staaten das Geschehen in einer anarchischen Welt.

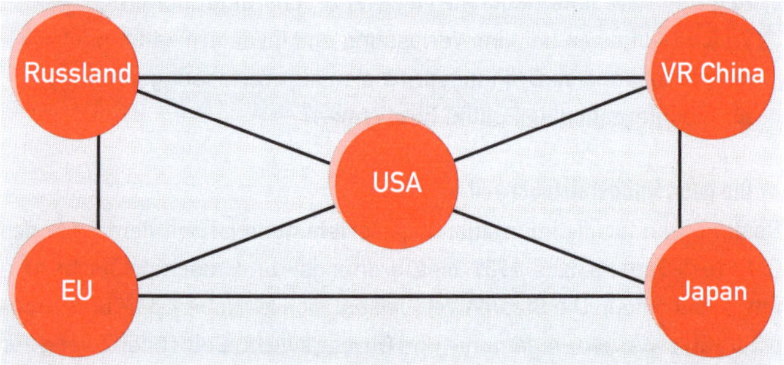

Die institutionalistische Denkschule

Nach der institutionalistischen Denkschule sind internationale Organisationen, zwischenstaatliche Vereinbarungen und regionale Integration die entscheidenden Faktoren der Weltpolitik.

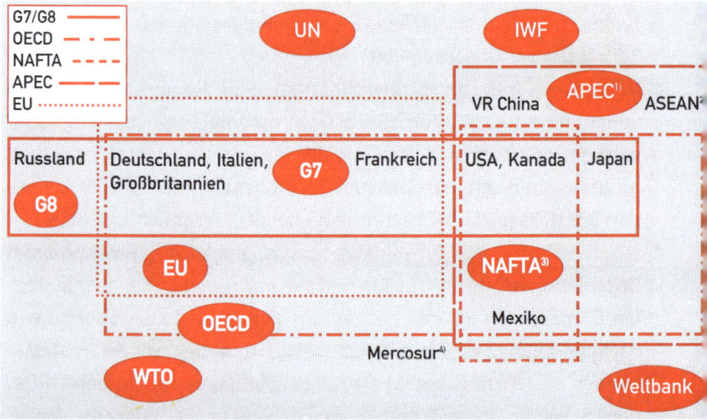

[1] APEC (Asia Pacific Economic Cooperation): Asiatisch-Pazifisches Wirtschaftsbündnis
[2] ASEAN (Association of South-East Asian Nations): Vereinigung südostasiatischer Staaten
[3] NAFTA (North American Free Trade Agreement): Nordamerikanisches Freihandelsabkommen zwischen Kanada, den USA und Mexiko.
[4] MERCOSUR (Mercado Común del Sur): Wirtschaftsbündnis lateinamerikanischer Staaten

Global Governance

Dieses Konzept greift die Kernüberlegungen der Institutionalisten auf, konkretisiert und erweitert sie um wesentliche Elemente. Ausgangspunkt der Überlegungen ist die Erkenntnis, dass die Nationalstaaten alleine überfordert sind, die Weltprobleme zu lösen. Folglich kommt multilateralen Initiativen und Strategien zwischen Staaten und Gesellschaften eine wachsende Bedeutung zu.

Elemente von Global Governance

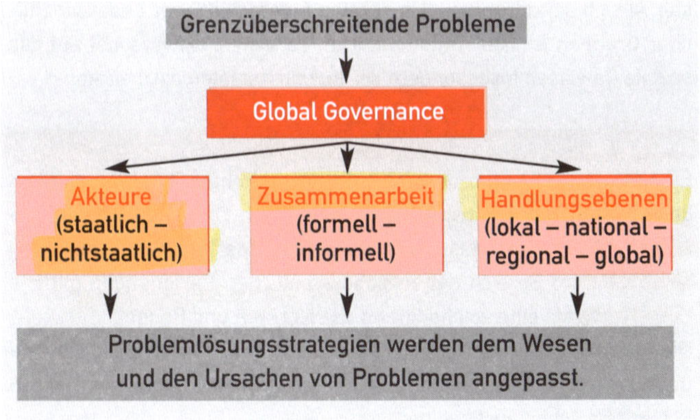

Konturen einer Global Governance-Politik

Die neue „postnationale" Weltordnungspolitik lässt sich anhand internationaler Regime und Netzwerke sowie an der Geltung weltweiter Ordnungsprinzipien festmachen.

Internationale Regime

Regime können allgemein als eine Form von internationaler Regulierung in einem bestimmten Problemfeld beschrieben werden. Es handelt sich dabei um Rahmenabkommen, die auf gemeinsam getragenen Überzeugungen beruhen. Die Einhaltung der Abkommen wird nicht durch eine übergeordnete Instanz, sondern freiwillig gewährleistet.
Die internationale Klimaschutzpolitik ist das Ergebnis eines internationalen Regimes. Das Problem der Klimaerwärmung stand seit den 1970er-Jahren auf der Agenda internationaler Konferenzen, 1992 schaffte die UN-Konferenz für Umwelt und Entwicklung in Rio de Janeiro den Durchbruch: 154 Staaten unterzeichneten die Klimarahmenkonvention.

Internationale Netzwerke

Auch bei internationalen Netzwerken geht es um Kooperation. Im Unterschied zu internationalen Regimen bieten Netzwerke aber nur einen institutionellen Rahmen für die Zusammenarbeit, vertragliche Absprachen sind nicht das Ziel.

Bei dem jährlich stattfindenden Weltwirtschaftsgipfel der acht wichtigsten Wirtschaftsmächte (G 8-Staaten) stehen z. B. die jeweils aktuellen wirtschaftspolitischen Herausforderungen im Mittelpunkt des Meinungsaustauschs. Ergebnis der Gespräche sind allenfalls unverbindliche Absichtserklärungen. Als Netzwerk verschiedener gesellschaftlicher Gruppen ist das Weltsozialforum zu sehen. Es versucht auf das soziale Gewissen insbesondere der Industriestaaten einzuwirken.

Internationale Ordnungsprinzipien

Eine Art „Verfassungsordnung für die internationale Politik" wird durch internationale Ordnungsprinzipien formuliert. Dazu zählen z. B. die Menschenrechte genauso wie Grundsätze des internationalen Handelsrechts. Im Bereich der zwischenstaatlichen Beziehungen gilt das Völkerrecht als eine solche Charta der Normen und Regeln.

Die internationalen Gerichte legen diese Ordnungsprinzipien aus und überwachen deren Einhaltung. Mitunter entwickeln sie diese in ihren Schiedssprüchen auch weiter.

Der Internationale Gerichtshof (IGH) der UN in Den Haag z. B. ist zuständig bei Streitigkeiten zwischen Staaten.

Für die Strafverfolgung konnte der UN-Sicherheitsrat zunächst nur ad-hoc-Tribunale zur Aufarbeitung schwerer Verbrechen gegen das humanitäre Völkerrecht berufen (z. B. im Falle Ruandas und Jugoslawiens). Seit 2002 ist jedoch der ebenfalls in Den Haag angesiedelte Internationale Strafgerichtshof (IStGH) für die Rechtsprechung in Fällen von Völkermord, Verbrechen gegen die Menschlichkeit und Kriegsverbrechen zuständig. Der IStGH ist eine unabhängige internationale Einrichtung, deren Zusammenarbeit mit den Vereinten Nationen lediglich über ein Kooperationsabkommen geregelt ist.

Der Gerichtshof kann nur tätig werden, wenn Staaten, die sein Statut unterzeichnet haben, nicht willens oder nicht in der Lage sind, eine bestimmte schwere Straftat ernsthaft zu verfolgen.

6.4 Aktuell: Möglichkeiten und Grenzen der deutschen Außen- und Sicherheitspolitik

Ziele und Interessen der Außenpolitik

Die deutsche Außenpolitik verfolgt Interessen und Ziele, die – weitgehend unabhängig von der parteilichen Zusammensetzung der Regierung – auf dem Konzept einer „zivilisierenden Außenpolitik" beruhen. Darunter wird eine Außenpolitik verstanden, die eintritt für:

- die Verwirklichung von Frieden und globaler Sicherheit
- Demokratie und Freiheit für alle Menschen
- die Achtung und Weiterentwicklung der Menschenrechte und des Völkerrechts
- den Abbau von Armut und sozialer Ungerechtigkeit und für den Erhalt der Umwelt

Darüber hinaus gibt es auch grundlegende deutsche Interessen. Dies sind:

- die Bewahrung von Freiheit, Sicherheit und Wohlstand der Bürger Deutschlands
- die Entwicklung der europäischen Integration
- die Förderung der transatlantischen Beziehungen
- die Berücksichtigung von Bündnisverpflichtungen

Die genannten Ziele – insbesondere im Bereich der Eindämmung von Konflikten und der Abwehr von Bedrohungen – sollen im Rahmen einer kooperativen Weltordnung erreicht werden, die auf multilateraler Zusammenarbeit und gemeinsamem Handeln anstelle von Konfrontation und Unilateralismus beruht.

Multilateralismus: ein System mehrseitiger Abkommen. Beispiele für multilaterale Abkommen sind u. a. internationale Umweltregime oder die Verträge zur Gründung internationaler Organisationen wie der Vereinten Nationen.
(Gegensatz) Unilateralismus: Handeln nach einseitig nationalen Interessen, z. B. die Errichtung von Handelsbarrieren durch einen Staat.

Grundlagen deutscher Außenpolitik

Grundlage für die Außenpolitik sind die Vorgaben des Grundgesetzes sowie die Einbindung in Bündnisse, vor allem in UNO, NATO und EU. Bei seinen außenpolitischen Entscheidungen muss Deutschland weitere

Faktoren beachten, deren Gewicht von der jeweiligen Situation und der Einschätzung durch die Politik abhängen.

Einflussfaktoren auf außenpolitische Entscheidungen

Bei außenpolitischen Entscheidungen in Deutschland sind zu bedenken …

- geografische Lage und geopolitisches Umfeld in der Mitte Europas
- weltpolitische Entwicklungen und Konflikte, Machtverteilung im internationalen System
- Einstellungen der Nachbarländer und Partner
- Vorgaben und Wertvorstellungen des Grundgesetzes bzw. seine Interpretation durch das Bundesverfassungsgericht
- Bündnisverpflichtungen durch Mitgliedschaft in EU, UN, NATO, OSZE
- wirtschaftliche Beziehungen zu anderen Ländern und weltwirtschaftliche Entwicklungen
- Einstellungen der Bürger und die öffentlich Meinung zu Grundfrage der Außenpolitik
- konzeptionelle Überlegungen der Bundesregierung (und ggf. des Bundestags)
- die aus der deutschen Vergangenheit abzuleitende Verantwortung
- die finanziellen Möglichkeiten des Bundeshaushalts

● Deutschlands Rolle in der Weltpolitik

Förderung der europäischen Integration

Das starke Engagement für die Erweiterung und Vertiefung der EU fördert nicht nur die europäische Integration, sondern versucht auch das Misstrauen der europäischen Länder zu mindern, das in Deutschlands Geschichte und in seiner Größe nach 1990 gründet. Wesentliche Elemente der Europapolitik sind dabei die intensive Abstimmung mit Frankreich, aber auch die Kontakte zu den mittel- und osteuropäischen Staaten.

Unterstützung internationaler Bündnisse und Beziehungen

Auch wenn sich die politische Abhängigkeit Deutschlands von den Siegermächten des 2. Weltkrieges seit der Erlangung der vollen Souverä-

nität 1990 vermindert hat, gehört die Bewahrung und Gestaltung des transatlantischen Bündnisses (NATO) und ein gutes Verhältnis zu den Vereinigten Staaten noch immer zu den besonderen Anliegen. Damit trägt die Politik der globalen Bedeutung der USA als einziger Weltmacht und ihrer herausragenden politischen, militärischen und wirtschaftlichen Rolle Rechnung.
Die Unterstützung der Vereinten Nationen und ihrer Einrichtungen gilt vor allem deren Bemühungen zur Erhaltung des Friedens, zur Durchsetzung der Menschenrechte, einer gerechteren Entwicklung und zur Weiterentwicklung des Völkerrechts.

Bundeswehr und internationale Sicherheit

Die Übernahme größerer Verantwortung in der internationalen Politik seit der deutschen Vereinigung und den weltpolitischen Veränderungen 1989/1990 zeigt sich auch in der wiederholten Beteiligung der Bundeswehr bei multinationalen militärischen Einsätzen, z. B. in Afghanistan (seit 2001/2002) oder im Kongo (2006).
Das Aufgabenspektrum der 1955 gegründeten Bundeswehr umfasste in der Zeit des Kalten Krieges nur den Einsatz zur

- Verteidigung (Landes- oder Bündnisverteidigung),
- sowie bei innerem Notstand („Abwehr einer drohenden Gefahr für den Bestand oder die freiheitliche demokratische Grundordnung des Bundes oder eines Landes")
- und bei Katastrophen (Naturkatastrophen und besonders schwere Unglücksfälle). (Art. 87a, Art. 24 Abs.2 und 35 GG)

Mit dem Ende des Ost-West-Konflikts hat sich die sicherheitspolitische Lage jedoch grundlegend verändert. Deutschland ist heute von befreundeten Staaten umgeben, während in großen Teilen der Welt bewaffnete Konflikte und Kriege stattfinden und der internationale Terrorismus eine „grenzenlose" Strategie entwickelt hat.
Dementsprechend hat sich das Einsatzprofil der Bundeswehr um eine – gegebenenfalls weltweite – Krisenprävention und -bewältigung erweitert.

Aufgaben der Bundeswehr heute

- Schutz deutscher Staatsbürger vor politischer Erpressung und äußerer Gefahr
- Verteidigung Deutschlands und seiner Verbündeten
- Sicherung von Frieden und Stabilität im europäischen Raum

- Förderung des Weltfriedens und der internationalen Sicherheit im Einklang mit der Charta der Vereinten Nationen
- Hilfe bei Katastrophen und Notlagen sowie Unterstützung humanitärer Aktionen

Ein Urteil des Bundesverfassungsgerichts hatte im Jahr 1994 die verfassungsrechtlichen Grundlagen geklärt, nach denen Einsätze bewaffneter deutscher Streitkräfte grundgesetzkonform sind. Bedingungen sind, dass der Einsatz im Rahmen internationaler Bündnisverpflichtungen (z. B. im Rahmen der Europäischen Union, der NATO oder der Vereinten Nationen) stattfindet und dass der Bundestag seine Zustimmung gibt („Parlamentsarmee").

In der Folge wurde eine umfassende Bundeswehrreform mit dem Ziel einer Neustrukturierung in Eingreif-, Stabilisierungs- und Unterstützungskräfte eingeleitet.

Die militärische Option bei Auslandseinsätzen wird jedoch als „ultima ratio", als letztes Mittel, unter vorheriger Ausschöpfung aller diplomatischen und wirtschaftlichen Maßnahmen gesehen.

7 Wirtschaft und Globalisierung

7.1 Wirtschaftsordnungen

Leitfragen:

- Welche Fragen werden in Wirtschaftsordnungen geklärt?
- Welche Wirtschaftsordnungsmodelle gibt es und wie regeln sie die grundlegenden Strukturen des Wirtschaft?
- Worin unterscheidet sich die soziale von der freien Marktwirtschaft?

Was leistet eine Wirtschaftsordnung?

Wie jeder wichtige Teilbereich einer Gesellschaft so braucht auch der Wirtschaftsbereich ein Ordnungssystem, welches die Beziehungen der Akteure untereinander – private Haushalte, Unternehmen, Staat und Ausland – regelt. Die Bedingungen, unter denen wirtschaftliches Handeln stattfindet, sind bestimmt durch das Hauptmerkmal der prinzipiellen Knappheit an Ressourcen.

Die Wirtschaftsordnung gibt Auskunft über die Grundfragen wirtschaftlichen Handelns:

- Wer verfügt über die Produktionsfaktoren Boden, Kapital und Arbeit? Sind sie in privater Hand oder staatliches Eigentum?
- Wer entscheidet darüber, was, wo, wie viel und wie produziert wird – einzelne Wirtschaftssubjekte wie Unternehmen und Konsumenten oder staatliche Institutionen?
- Welches sind die Ziele und welchen Prioritäten folgt die Zielorientierung des Wirtschaftens – Vollbeschäftigung. Verteilungsgerechtigkeit, Wachstum, Nachhaltigkeit?

Die Beantwortung dieser Fragen hängt eng mit den Grundlagen des Gesellschaftssystems zusammen, die in der Verfassung eines Staates verankert sind. Prinzipiell gibt es zwei konkurrierende Modelle von Wirtschaftsordnungen:

- die freie Marktwirtschaft und
- die Zentralverwaltungswirtschaft.

Beide Modelle sind im 18./19. Jahrhundert entstanden und lassen sich auf unterschiedliche wirtschaftliche und gesellschaftliche Leitbilder zurückführen. Das gesellschaftspolitische Leitbild, das der freien Marktwirtschaft entspricht, ist der Liberalismus, der der freien Entfaltung der Persönlichkeit absolute Priorität einräumt. Die Zentralverwaltungswirtschaft hingegen ist dem gesellschaftlichen Leitbild des Sozialismus verpflichtet, der das Wohl der Gemeinschaft über das Wohl des Individuums stellt und Gleichheitsrechte höher bewertet als Freiheitsrechte. (Siehe dazu Kap. 3.2, S. 72 ff.)

Die freie Marktwirtschaft

Die freie Marktwirtschaft nimmt die wirtschaftstheoretischen Grundgedanken *Adam Smith'* auf. Er weist in seinem Buch *„The Wealth of Nations"* (1776) nach, dass volkswirtschaftlich gesehen das größtmögliche Gemeinwohl dann entsteht, wenn die Menschen beim Wirtschaften ihre eigenen Interessen verfolgen, der Staat sich aus dem Wirtschaftsgeschehen heraushält und die Marktkräfte im Sinne der „unsichtbaren Hand" das Verhältnis von Angebot und Nachfrage nach Produktionsfaktoren regeln. Das Konzept der freien Marktwirtschaft gibt somit folgende Antworten auf die Grundfragen wirtschaftlichen Handelns:

- Die Produktionsfaktoren sind in privater Hand. Über den Einsatz der Produktionsfaktoren und damit die Frage, was und wie produziert wird, entscheiden Unternehmen und private Haushalte autonom und in dezentraler Planung von Angebot und Nachfrage. Der Staat hält sich vom Wirtschaftsgeschehen weitgehend fern, er hat lediglich dafür zu sorgen, dass die Freiheit der Akteure gewahrt bleibt, die Rechtsordnung aufrecht erhalten wird und die Versorgung mit öffentlichen Gütern wie z. B. nationaler Sicherheit gewährleistet ist (Nachtwächterstaat).
- Der am freien Markt wirkende Preismechanismus ist Regulativ für die Steuerung von Angebot und Nachfrage an Gütern und Dienstleistungen sowie für die Verteilung des erwirtschafteten Sozialproduktes.
- Der funktionierende Preismechanismus gewährleistet die effiziente Zuweisung der Produktionsfaktoren, was zur Gewinnmaximierung der Akteure beträgt.

Der Vorteil der freien Marktwirtschaft besteht darin, dass sie durch das System von Anreizen und Sanktionen des Verhaltens am Markt zu hohen Innovationsleistungen führt und Wirtschaftswachstum garantiert. Ein Problem dieser Wirtschaftsordnung ist, dass die Steuerung von Produktion und Konsum über den Preis nicht leistungsfähige Akteure vom Markt verdrängt oder gar ausschließt.

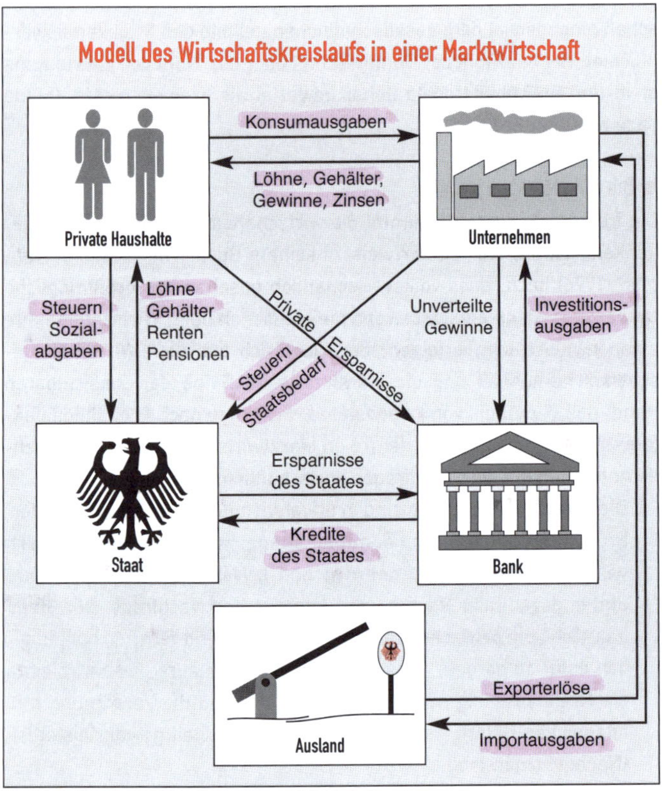

Zentralverwaltungswirtschaft

Wirtschaftstheoretisch liegt diesem Konzept die Theorie von *Karl Marx* und *Friedrich Engels* zu Grunde, die besagt, dass das System der freien Marktwirtschaft notwendigerweise Missstände in Form von Marktmonopolen und regelmäßigen Fehlallokationen (falscher Einsatz von Produktivkräften führt zu Über- oder Unterproduktionskrisen) sowie eine Konzentration der Produktivkräfte in der Hand von wenigen Anbietern erzeugt. Die Zentralverwaltungswirtschaft kommt daher zu diesen Antworten auf die Grundfragen wirtschaftlichen Handelns:

- Die Produktionsmittel werden in staatliches Eigentum überführt.
- Die Entscheidungen über den Einsatz der knappen Ressourcen und die Pläne der Wirtschaftsakteure werden zentral durch Planungsbehörden erstellt; der Staat erhält so die Macht über das Wirtschaftsgeschehen.

- Übergeordnetes Ziel des wirtschaftlichen Handelns ist die Bedarfsdeckung und die Verteilung des Sozialproduktes nach vorgegebenen politischen und wirtschaftlichen Gesichtspunkten.

Versorgungslücken, eingeschränkte individuelle Freiheit und mangelnde Innovationskraft sind die negativen Folgen der Zentralverwaltungswirtschaft.

Die soziale Marktwirtschaft – Wirtschaftsordnung der Bundesrepublik Deutschland

Die soziale Marktwirtschaft ist die Wirtschaftsordnung der Bundesrepublik Deutschland. Basis sind marktwirtschaftlich organisierte Wirtschaftsprozesse, die durch eine vom Staat eingesetzte und kontrollierte Wettbewerbsordnung und eine staatliche Sozialordnung ergänzt werden, um die nicht erwünschten negativen Ergebnisse eines rein marktwirtschaftlichen Systems (z. B. Konzentration wirtschaftlicher Macht oder Fehlallokation der Produktionsfaktoren) zu korrigieren.
Die soziale Marktwirtschaft wurde konzipiert von Wissenschaftlern der „Freiburger Schule" (z. B. *Walter Eucken, Alfred Müller-Armack, Wilhelm Röpcke*) und politisch umgesetzt vom ersten Wirtschaftsminister der Bundesrepublik: *Ludwig Erhard.*

Der Staat kann auf vielfältige Art in das Wirtschaftsgeschehen eingreifen:

- Er garantiert einen Rechtsrahmen, der die Freiheitsrechte für alle Akteure sichert (Vertragsfreiheit, Konsumfreiheit, freie Berufswahl, Gewerbefreiheit, Privateigentum an Produktionsmitteln).
- Er sorgt für die Sicherung des Wettbewerbs, indem wettbewerbsbeschränkende Kartelle (Zusammenschlüsse von Unternehmen) verhindert werden oder Machtmissbrauch durch die marktbeherrschende Stellung einzelner Unternehmen kontrolliert wird.
- Er etabliert ein System der sozialen Sicherung, welches über das Steuersystem, die Sozialabgaben und staatliche Transferzahlungen für sozialen Ausgleich sorgen soll.

Das Grundgesetz schreibt keine Wirtschaftsordnung vor, sondern es gibt die Rahmenbedingungen an, innerhalb derer sich die Wirtschaftsordnung zu bewegen hat. Dieser Rahmen wird durch die im Grundgesetz garantierten Freiheitsrechte, die Gleichheitsrechte und das Sozialstaatspostulat abgesteckt.

Schreibt das Grundgesetz (GG) die soziale Marktwirtschaft zwingend vor?

GG Art. 2, 9, 11, 12, 14 Abs. 11.

- Freie Entfaltung der Persönlichkeit, Handlungsfreiheit, mit besonderer Bedeutung auf ökonomischem Gebiet
  - Unternehmens- und Gewerbefreiheit
  - Wettbewerbsfreiheit
  - Vertragsfreiheit
- Vereinigungs- und Gewerbefreiheit
- Freizügigkeit
- Freie Berufs- und Arbeitsplatzwahl
- Recht auf Eigentum

GG Art. 109

- Gesamtwirtschaftliches Gleichgewicht als Zielvorgabe
- Konkretisiert durch das „Gesetz zur Förderung der Stabilität und des Wachstums der Wirtschaft"
- Kein allgemeines Recht auf Arbeit, aber Recht auf soziale Sicherung

GG Art. 14 Abs. 11., 15, 20

- Soziale Verpflichtung des Eigentums
- Recht zur Enteignung zu Gunsten des Allgemeinwohls
- Möglichkeit zur Sozialisierung im Rahmen der Verfassung
- Sozialstaatsangebot

**Die soziale Marktwirschaft ist verfassungsrechtlich zwar nicht vorgeschrieben,
aber
der Gesetzgeber ist an die Grundrechte, das Sozial- und das Rechtsstaatsgebot gebunden, d.h., die soziale Marktwirtschaft entspricht am ehesten freiheitlichen und demokratischen Prinzipien.**

Bundesverband deutscher Banken

Die soziale Marktwirtschaft hat durch die Verbindung von persönlicher Freiheit mit dem Gedanken des sozialen Ausgleichs zu einer beispiellosen Wohlstandserzeugung nach dem Zweiten Weltkrieg geführt. Für die Zukunft gilt es, die Prinzipien der sozialen Marktwirtschaft auf europäischer Ebene im Rahmen der europäischen Wettbewerbs-, Sozial- und Geldpolitik weiter zu entwickeln. Auch angesichts anhaltend hoher Arbeitslosigkeit, einer hohen Staatsverschuldung sowie der Auswirkungen von Wiedervereinigung und Globalisierung stellt sich die Frage nach der weiteren Entwicklung des Modells der sozialen Marktwirtschaft. Im Zentrum der Diskussion stehen die Kontroversen um individuelle Eigenverantwortung, um die Interpretation der Grundrechte, um die Leistungsfähigkeit des Sozialstaates, um eine angemessene Steuerpolitik und die Entwicklung der sozialen Sicherungssysteme.

7.2 Wirtschaftspolitische Zielsetzungen: das magische Viereck

Leitfragen:

- Welche wirtschaftspolitischen Zielsetzungen werden im Stabilitätsgesetz genannt?
- Durch welche weiteren Ziele könnte das „magische Viereck" erweitert werden?
- Welche Begründungen lassen sich für diese Ziele anführen?
- Wie werden sie gemessen?

Das Stabilitätsgesetz

Im Jahr 1967 – es regierte die erste Große Koalition der Bundesrepublik Deutschland unter Bundeskanzler *Kurt Georg Kiesinger* (CDU) und Vizekanzler *Willy Brandt* (SPD) – kam es zum ersten Mal nach Gründung der Bundesrepublik zu einem damals bedrohlich erscheinenden Konjunkturabschwung. Die Wachstumsrate des Bruttoinlandsprodukts (Wert aller im Inland erwirtschafteten Güter und Leistungen) betrug nach Jahren der Prosperität -0,1 %. Die Bundesregierung reagierte darauf mit dem „Gesetz zur Förderung der Stabilität und des Wachstums der Wirtschaft" vom 8. Juni 1967 (Stabilitätsgesetz, StWG).

StWG §1 „[Erfordernisse der Wirtschaftspolitik] Bund und Länder haben bei ihren wirtschafts- und finanzpolitischen Maßnahmen die Erfordernisse des gesamtwirtschaftlichen Gleichgewichts zu beachten. Die Maßnahmen sind so zu treffen, dass sie im Rahmen der marktwirtschaftlichen Ordnung gleichzeitig zur Stabilität des Preisniveaus, zu einem hohen Beschäftigungsstand und außenwirtschaftlichem Gleichgewicht bei stetigem und angemessenem Wirtschaftswachstum beitragen."

Die im Stabilitätsgesetz formulierten Ziele werden auch als „magisches Viereck" bezeichnet. Zwischen den einzelnen Zielen bestehen wechselseitige Abhängigkeiten und Zielkonflikte, die eine gleichzeitige und vollständige Erfüllung aller Ziele in der Regel verhindern.

Im Januar eines jeden Jahres stellt die Bundesregierung in einem Gutachten die jeweilige gesamtwirtschaftliche Lage und deren absehbare Entwicklung dar. Der Zielerreichungsgrad wird mit Hilfe von vier Indikatoren gemessen:

- Preisindex der Lebenshaltung
- Arbeitslosenquote
- Anteil des Außenbeitrags am BIP
- Zuwachsrate des realen BIP

Die Messgrößen der wirtschaftspolitischen Ziele

Der Verbraucherpreisindex

Die Stabilität des Preisniveaus wird mit dem Verbraucherpreisindex (VPI) gemessen. Steigt das Preisniveau an, so sinkt die Kaufkraft und es herrscht Inflation. Als Grundlage zur Berechnung des Preisniveaus dienen die Verbraucherpreise der privaten Haushalte, die vom Statistischen Bundesamt erfasst werden. Dazu führen ungefähr 60 000 repräsentativ ausgesuchte Haushalte ein Haushaltsbuch, in welchem die Preisentwicklung für ca. 750 repräsentativ ausgesuchte Güter und Dienstleistungen festgehalten wird. Diese Güter und Dienstleistungen bilden den Warenkorb, der in regelmäßigen Abständen an die neuen Konsumgewohnheiten angepasst wird. So sind zum Beispiel in den Warenkorb des Jahres 2000 Scanner und CD-Rohlinge aufgenommen worden, während Disketten und Diaprojektoren ausgesondert wurden. Wichtiger noch als die Zusammenstellung des Warenkorbes ist die Bestimmung des Anteils, mit dem die Preisentwicklung einzelner Preisrepräsentanten in den Gesamtindex eingeht. Das Wägungsschema quantifiziert, welchen Anteil z. B. die Mieten oder andere Ausgaben an den gesamten Verbrauchsausgaben der privaten Haushalte haben und spiegelt somit verändertes Angebots- oder Nachfrageverhalten wider.

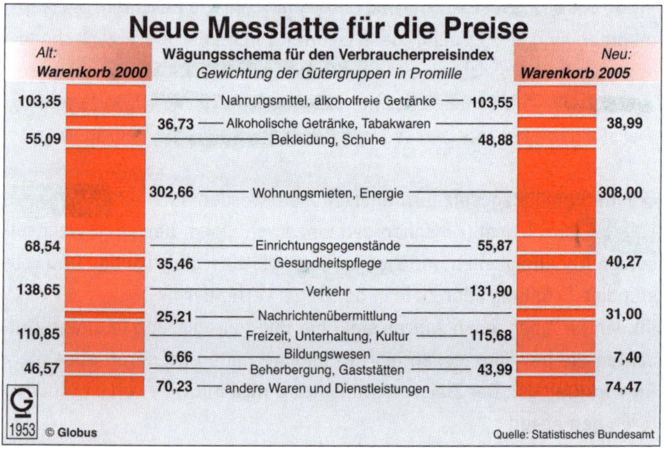

Der Wert der Güter aus dem Warenkorb in einem Basisjahr wird mit dem Wert des Berichtsjahres verglichen. Die in Prozent ausgedrückte Änderung der Indexwerte stellt die prozentuale Veränderung der Lebenshaltungskosten, die Inflation, dar. In der Geschichte der Bundesrepublik bewegten sich die Inflationsraten bisher zwischen den Polen –0,5 % (1986) und 7,3 % (1974).

Die Arbeitslosenquote

Der Beschäftigungsstand wird anhand der Arbeitslosenquote gemessen. Dazu wird der Anteil der registrierten Arbeitslosen (seit 2004 ohne Teilnehmer an Eignungsfeststellungs- und Trainingsmaßnahmen) an allen zivilen Erwerbspersonen (abhängige zivile Erwerbspersonen, Selbstständige, mithelfende Familienangehörige) gemessen. Die Arbeitslosenquote gibt an, wie viel Prozent der zivilen Erwerbspersonen als arbeitslos registriert sind. Die Arbeitslosenquote sagt nichts aus über die stille Reserve (Arbeitslose, die nicht registriert sind) und die Struktur der Arbeitslosigkeit.

Ursachen und Formen der Arbeitslosigkeit

- Saisonale Arbeitslosigkeit entsteht durch geringe Nachfrage in einzelnen Wirtschaftsbereichen in bestimmten Jahreszeiten, z. B. in der Bau- und Tourismusbranche.
- Friktionelle Arbeitslosigkeit entsteht, wenn Arbeitnehmer ihren Arbeitsplatz wechseln und vor dem Antreten einer neuen Stelle arbeitslos sind.
- Konjunkturelle Arbeitslosigkeit ist auf die schwankende Auslastung des Produktionspotenzials durch schwankende Nachfrage zurückzuführen.
- Strukturelle Arbeitslosigkeit beruht auf einem Strukturwandel in der Wirtschaft, der zur Änderung der Zahl der benötigten Arbeitskräfte in bestimmten Branchen oder zu Änderungen in der Qualifikationsstruktur der Arbeitnehmer führt.
- „Mismatch"-Arbeitslosigkeit beruht auf der fehlenden Übereinstimmung zwischen den Eignungen der Arbeitslosen und den Anforderungen der offenen Stellen.

Arbeitslosigkeit kann zudem auf regionale Besonderheiten hin untersucht werden. Strukturschwache Regionen wie z. B. Teile Ostdeutschlands weisen zurzeit signifikant höhere Arbeitslosenquoten auf als andere Gebiete. Die niedrigste Arbeitslosenquote lag in der Bundesrepublik bisher bei 0,7 % (1962, 1965, 1970), die höchste Quote bei 11,7 % (2005).

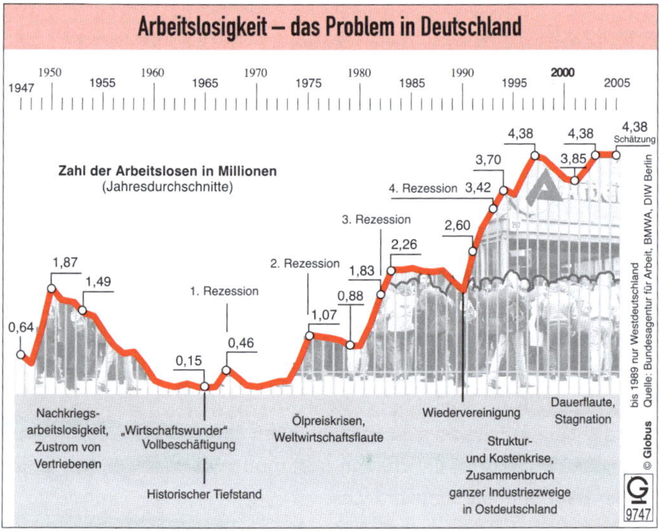

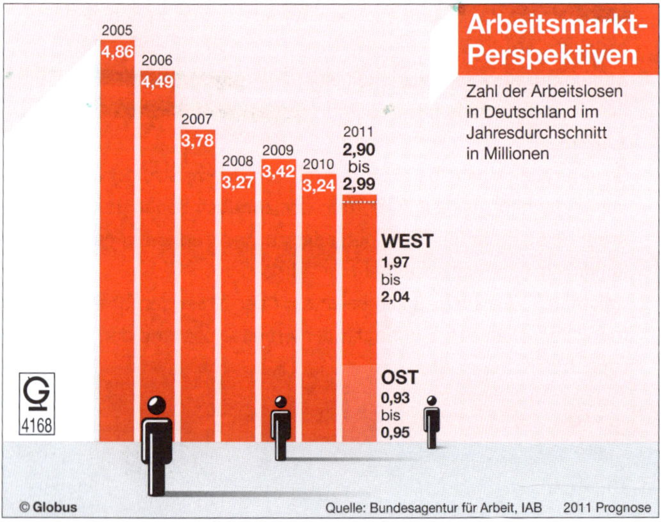

Der Außenbeitrag des BIP

Das außenwirtschaftliche Gleichgewicht wird mit dem Indikator „Anteil des Außenbeitrags am Bruttoinlandsprodukt" (Unterschied zwischen den Ein- und Ausfuhren von Gütern und Dienstleistungen einer Volkswirtschaft) gemessen. Es herrscht Gleichgewicht, wenn die vom Ausland erhaltenen Zahlungseingänge den im gleichen Zeitraum geleisteten Zahlungen an das Ausland entsprechen. Diese Leistungen werden in der Zahlungsbilanz erfasst.

Zahlungseingänge = Zahlungsausgänge

Die Zahlungsbilanz

Sie ist in Teilbilanzen untergliedert und umfasst die Leistungsbilanz, bestehend aus

- Handelsbilanz,
- Dienstleistungsbilanz,
- Erwerbs- und Vermögensbilanz
- sowie die Bilanz der laufenden Übertragungen.

Der Saldo der Leistungsbilanz ergibt sich aus der Zusammenfassung der Salden der vier Teilbilanzen. Traditionell ist z. B. die Handelsbilanz der Bundesrepublik aufgrund der hohen Exportleistung positiv, während die Dienstleistungsbilanz aufgrund der Reiselust der Deutschen sowie die Übertragungsbilanz aufgrund deutscher Zahlungen an internationale Organisationen (UNO, EU) negativ sind.

Die Kapitalbilanz umfasst Kapitalexporte und Kapitalimporte in Form von Direktinvestitionen, Kreditgeschäften und Wertpapierkäufen.

In der Devisenbilanz werden die Veränderungen der Währungsreserven der Bundesrepublik notiert.

Zuletzt gibt es noch eine Bilanz der Restposten, die z. B. Kapitalflucht und Schmuggel erfasst.

Das Bruttoinlandsprodukt

Die Zielgröße „stetiges und angemessenes Wirtschaftswachstum" wird mit den Zuwachsraten des realen Bruttoinlandsproduktes (BIP) gemessen.

Das BIP ist das Maß für die wirtschaftliche Leistung eines Landes. Es erfasst den Marktwert aller Waren und Dienstleistungen, die in einem Land in einer bestimmten Zeit hergestellt werden (nominales BIP). Die Änderungsraten des BIP gelten als Indikator für Wirtschaftswachstum. Das reale BIP wird – um aussagekräftig in Bezug auf die wirtschaftliche Entwicklung zu sein – in konstanten Preisen eines Basisjahres berechnet.

Bei der Betrachtung des BIP muss jedoch berücksichtigt werden, dass in dieser Messgröße nur Leistungen erfasst werden, die über den Markt gelaufen sind, sich also in Geldwert ausdrücken lassen. Nicht erfasst wird außerdem alles, was in Schattenwirtschaft (Schwarzarbeit) produziert wird.
Die höchsten Zuwachsraten des realen BIP lagen bisher bei 9 % 1960, die geringsten Raten bei –1,2 % im Jahr 1982.

Die Verflechtung der wirtschaftspolitischen Ziele

Es gibt vielfältige Verflechtungen der vier Ziele untereinander. Ein positiver Zusammenhang besteht in der Regel zwischen den Zielen hoher Beschäftigungsstand und stetiges und angemessenes Wachstum, da mit der Ausweitung der Produktion und der dadurch entstehenden Zunahme des realen BIP die Arbeitslosigkeit abnehmen kann. Dieser Zusammenhang ist jedoch nicht zwingend, da Wirtschaftswachstum auch auf Grund von Produktivitätsfortschritten erzielt werden kann, die sich nicht auf die Zahl der Arbeitsplätze auswirken (jobless growth). Ein Zielkonflikt wird häufig zwischen den Zielen hoher Beschäftigungsstand und Preisniveaustabilität konstruiert. Dabei wird angenommen, dass niedrige Inflationsraten hohe Arbeitslosigkeit und umgekehrt hohe Inflationsraten niedrige Arbeitslosigkeit bedingen (modifizierte Philips-Kurve). Dieser Zielkonflikt kann empirisch allerdings nur für Zeiten von konjunktureller Arbeitslosigkeit nachgewiesen werden, eine echte wirtschaftspolitische Alternative zwischen Inflation und Arbeitslosigkeit besteht nicht.

Zur Begründung der Ziele...

Die Gründe für die Beibehaltung der wirtschaftspolitischen Ziele des StWG lassen sich auf politischer und ökonomischer Ebene darstellen. Eine Demokratie mit geringer Arbeitslosigkeit, hohen Wachstumsraten oder niedrigen Inflationsraten tendiert bedingt durch den Zufriedenheitsgrad der Bürgerinnen und Bürger auch zu politischer Stabilität nach innen und außen.

...Preisniveaustabilität

Fehlende Preisniveaustabilität betrifft die Wirtschaftsakteure in der Regel negativ. Private Haushalte, die ihre Einkommen über Löhne und Gehälter beziehen, sind negativ betroffen, wenn die Entwicklung der Realeinkommen die Inflationsrate nicht ausgleicht. Bezieher staatlicher Transfereinkommen (z. B. Kindergeld, Sozialhilfe) haben durch mangelnde Preisniveaustabilität sinkende Einkommen zu verzeichnen, falls die Transferzahlungen nicht entsprechend der Inflationsrate angehoben werden. Auch Unternehmen sind negativ betroffen, wenn die Inflation eine Lohn-Preis-Spirale auslöst oder wenn die Kosten der Inflation nicht auf die Preise abgewälzt werden können.

...hoher Beschäftigungsstand

Eine hohe Arbeitslosenquote stellt für die Betroffenen eine große individuelle Belastung dar, die durch finanzielle Einbußen, Mangel an Selbstwertgefühl, Verlust von Qualifikationen und oft auch gesellschaftlicher Ächtung gekennzeichnet ist. Zudem entstehen mit der Arbeitslosigkeit gesamtwirtschaftliche Kosten durch arbeitsmarktpolitische Maßnahmen wie Arbeitslosengeld und einen Verlust an Staatseinnahmen durch niedrigere Steuereinnahmen und staatliche Zuzahlungen an die Sozialversicherungskassen. Rein ökonomisch betrachtet bedeutet Arbeitslosigkeit eine Unterauslastung der Produktionskapazitäten, die auch zu zurückgehender gesamtwirtschaftlicher Nachfrage führt.

...außenwirtschaftliches Gleichgewicht

Eine defizitäre Zahlungsbilanz ist auf zu hohe Importe von Gütern und Dienstleistungen zurückzuführen, d.h. die Volkswirtschaft lebt über ihre Verhältnisse. Beschäftigung entsteht im Ausland nicht im Inland. Die Finanzierung des Defizits muss durch Kredite geleistet werden, was langfristige Zins- und Tilgungsverpflichtungen bedeutet, die wirtschaftlichen Aufschwung bremsen oder verhindern können.
Ein Zahlungsbilanzüberschuss heißt, dass mehr Güter exportiert als importiert werden, was eine Wohlstandsminderung bewirkt und bei längerer Dauer zu importierter Inflation führen kann.

...Wirtschaftswachstum

Stetiges und angemessenes Wirtschaftswachstum bedeutet Wohlstandsvermehrung für die Volkswirtschaft. Es führt, wenn das BIP-Wachstum stärker ausfällt als die Wachstumsraten der Produktivität, zu Beschäftigungswachstum. Die höhere Nachfrage nach Gütern und Dienstleistungen bei allen Wirtschaftsakteuren bewirkt verbesserte Einkommenslagen und vermindert so die Gefahr von Verteilungskonflikten. Zudem erleichtert Wachstum den Strukturwandel der Wirtschaft, da neue Branchen entstehen, die Arbeitsplätze für die in schrumpfenden Bereichen freigesetzten Arbeitskräfte anbieten.

Vom Viereck zum Sechseck

Neben den im Stabilitätsgesetz von 1967 festgelegten Zielen wird immer wieder diskutiert, ob eine Ergänzung des Zielkatalogs erforderlich ist. Ein „magisches Sechseck" könnte die Ziele gerechte Einkommensverteilung und einen schonenden Umgang mit der Umwelt im Sinne der Nachhaltigkeit beinhalten.

Rein quantitatives Wirtschaftswachstum würde durch das Ziel der Nachhaltigkeit um eine qualitative Dimension erweitert, die durch Ressourcen schonendes Produzieren und Konsumieren zu einer Steigerung der Lebensqualität auf nationaler und internationaler Ebene führen könnte. Dieses Ziel lässt sich auch aus dem 1994 ins Grundgesetz aufgenommenen Artikel 20a (Umweltschutz) ableiten.

Diskutiert wird auch die Aufnahme einer gerechten Einkommens- und Vermögensverteilung in den Zielkatalog. Als Begründung dient die Entwicklung der personellen Einkommens- und Vermögensverteilung, die laut „Armuts- und Reichtumsbericht" der Bundesregierung durch zunehmende Ungleichverteilung charakterisiert ist.

Beide Ziele sind allerdings nicht so quantifizierbar wie die anderen Ziele des magischen Vierecks und ihre Umsetzung in konkrete Wirtschaftspolitik unterliegt politischen Wertvorstellungen, die stark divergieren.

7.3 Das Verhältnis von Ökonomie und Ökologie

Leitfragen:
- Warum kommt es in unserem Wirtschaftssystem zur Schädigung der Umwelt?
- Wie kann man die Kosten des Umweltverbrauchs messen?
- Welche Maßnahmen können gegen eine Übernutzung ergriffen werden?

Ursachen des Umweltproblems im ökonomischen System

Die Übernutzung öffentlicher Güter

Umweltgüter wie Luft und mit Einschränkung auch Wasser sind öffentliche Güter. Sie stehen allen Menschen zur Verfügung. Anreize, sparsam mit ihnen umzugehen gibt es im ökonomischen System nicht. Dadurch besteht die Gefahr ihrer Übernutzung und ihrer Schädigung. Der Verursacher des Schadens hat den Nutzen, die Kosten trägt die Allgemeinheit. Die Kosten werden also externalisiert, d. h. nach außen abgewälzt. Solange es keine Preise für Umweltgüter gibt, in denen sich ihre tatsächliche Knappheit widerspiegelt, vermag der Marktmechanismus ihre Übernutzung nicht zu verhindern.

Negative externe Effekte

Ein weiterer Schaden entsteht dadurch, dass das ökonomische Verhalten von Personen sich negativ auf unbeteiligte Dritte auswirkt, wofür diese finanziell nicht entschädigt werden. Man spricht von negativen externen Effekten. Der Fahrer eines alten Autos oder die Betreiber eines Heizkraftwerks, das Braunkohle verbrennt, belasten die Umwelt überdurchschnittlich mit Schadstoffen, die nicht nur den jeweiligen Eigentümer, sondern auch nicht Beteiligte gesundheitlich beeinträchtigen.
(Es gibt natürlich auch den umgekehrten Sachverhalt der positiven externen Effekte. Wer z. B. viel Geld in die Restaurierung eines alten Gebäudes steckt, erhält historisches Erbe für die Nachwelt und verschafft den vorbeigehenden Passanten einen interessanten und reizvollen Anblick. Eine Bezahlung für diese Leistung erhält der Eigentümer nicht.)

Die schwierige Kostenermittlung für Umweltverbrauch

Die Umwelt zu bewerten, ihren Gebrauch in Euro und Cent auszudrücken, ist ein schwieriges Unterfangen. Am einfachsten gelingt dies noch, wo der Schaden in Form von Kosten für die Sanierung der Bauwerke oder der Wiederaufbereitung der Umweltgüter als Geldbetrag ausgedrückt werden kann. Komplizierter wird es jedoch, wenn man den Schaden taxieren möchte, der z. B. durch den Artenschwund entstanden ist, oder auch einfach nur durch den Tod eines einzelnen Singvogels. Üblich ist hier die sog. Zahlungsbereitschaftsanalyse. In Befragungen versucht man herauszufinden, wie viel es den Menschen wert ist, wenn eine ungünstige Umweltentwicklung gebremst oder gar aufgehalten wird. Auch wenn solche Untersuchungen ein recht genaues Bild über den Wert vermitteln, den die Wirtschaftsbürger einer intakten Umwelt beimessen, sind die so ermittelten „Preise" für Umweltzerstörung dennoch nicht mit denen zu vergleichen, die sich bei anderen Gütern über den Markt gebildet haben.

Lösungen des Umweltproblems

In den meisten Fällen gehen ökonomische Theorien davon aus, dass die Wirtschaft ein isoliertes Gesamtsystem ist, dessen ständigem Wachstum nichts im Wege steht.

Im Gegensatz dazu sind die Vertreter einer ökologischen Ökonomie überzeugt, dass die Wirtschaft nur der Teilbereich eines übergeordneten, nicht wachsenden Systems ist, und zwar des Ökosystems Natur. Das aber bedeutet, dass dem Wirtschaftssystem Grenzen gesetzt sind, innerhalb derer nur nachhaltiges Wirtschaften stattfinden darf. Das heißt, dass ökonomische Aktivitäten dort ihre Schranken finden, wo die Natur nicht mehr in der Lage wäre, die belasteten ökologischen Gleichgewichte wieder herzustellen. Es stellt sich also die Frage, durch welche Maßnahmen wirtschaftliche Effekte und der Schutz der Umwelt zum Ausgleich gebracht werden können.

Das Ordnungsrecht

Gesetze und Verordnungen, die der Staat zum Schutz der Natur erlässt, erzielen eine schnelle Wirkung. Doch erfordert die Durchsetzung des Ordnungsrechts einen großen und teuren Verwaltungsapparat.

Steuern und Lizenzen

Eine Alternative sind marktwirtschaftliche Lösungen, bei denen die Schadenskosten berücksichtigt, also internalisiert werden.

Der Staat hat über das Steuerwesen eine Möglichkeit, erwünschte Effekte zu fördern, z. B. durch Steuervergünstigung, und negative externe Ef-

fekte zu bestrafen, z. B. durch eine Erhöhung steuerlicher Abgaben.
In diese zweite Kategorie fällt die Ökosteuer, die den Energieverbrauch verteuert und damit einen wirtschaftlichen Anreiz bietet, den Verbrauch und damit die Umweltbelastung zu vermindern.
Die Lizenzregelung sieht dagegen vor, dass eine obere Grenze für eine mögliche Schadstoffbelastung der Umwelt festlegt wird und Zertifikate (Anteilsscheine für die Berechtigung zum Schadstoffausstoß) an Interessenten verteilt werden, die wie Wertpapiere behandelt werden können.

Internalisierung externer Effekte durch Verhandlungen

Eine Verhandlungslösung kann sinnvoll sein, wenn wie im Falle von Umweltgütern keine eindeutigen Eigentumsrechte bestehen. Eine solche besteht z. B. darin, dass der Schadensverursacher dem Geschädigten Ersatz leistet. Ein Viehzüchter müsste einem Kornbauern z. B. den Schaden zahlen, den seine Herde angerichtet hat. Aber auch der umgekehrte Fall ist denkbar. Der Kornbauer bezahlt den Viehzüchter dafür, dass dieser seine Herden einzäunt. Problematisch wird die Verhandlungslösung jedoch immer dann, wenn die Zahl der Beteiligten groß und die Kosten der Verhandlungen unzumutbar sind.

7.4 Akteure und Instrumente der Wirtschaftspolitik

Leitfragen:
- Welche Aufgaben hat die Finanzpolitik?
- Mit welchen Instrumenten können die Ziele erreicht werden?
- Welche Rolle kann der Staat bei der Unterstützung des Wirtschaftsprozesses spielen? Welche Theorien gibt es dazu und worin bestehen deren Schwächen?
- Welche wichtige Aufgabe fällt der Europäischen Zentralbank zu und mit welchen Instrumenten arbeitet sie?

7.4.1 Grundlagen der Finanzpolitik

Die Aufgaben der Finanzpolitik

Wesentlicher Bestandteil staatlicher Wirtschaftspolitik ist die Finanzpolitik. Ihre Aufgabe ist es,
- die Finanzierung der staatlichen Ausgaben zu sichern,
- Einnahmen nach sozialen Gesichtspunkten umzuverteilen,
- vor allem aber die wirtschaftliche Entwicklung positiv zu beeinflussen.

Diese Aufgaben erfüllt der Staat ganz wesentlich mit Hilfe der Steuerpolitik. Steuern sind die wichtigste Finanzierungsquelle des Staates. Sie lassen sich gliedern nach der Art der Erhebung und nach der Verfügungsgewalt:

Direkte und indirekte Steuern

Direkte Steuern werden auf Einkommen, Vermögen und Kapitalerträge erhoben, es sind also Besitzsteuern. Sie erfassen das Einkommen bei seiner Entstehung. Dementsprechend rechnen hierzu z. B. die Einkommensteuer und die Körperschaftsteuer (= Einkommensteuer juristischer Personen. Dazu gehören beispielsweise Kapitalgesellschaften, d. h. Aktiengesellschaften und GmbHs).
Indirekte Steuern sind die Verkehr- und Verbrauchsteuern. Sie erfassen das Einkommen bei seiner Verwendung. Dazu gehören die Umsatzsteuer (Mehrwertsteuer) oder die Mineralölsteuer. Indirekte Steuern sind in den Preisen der Produkte enthalten und werden von den Unternehmen an den Staat gezahlt. Eigentlicher Steuerträger sind aber die Endverbraucher, also die privaten Haushalte.

Ertragshoheit

Die staatlichen Steuereinnahmen werden zwischen Bund, Ländern und Gemeinden aufgeteilt. Mineralöl- und die Tabaksteuer stehen z. B. ausschließlich dem Bund zur Verfügung, während die Einkommensteuer nach einem bestimmten Schlüssel auf Bund, Länder und Gemeinden aufgeteilt wird. Gleiches gilt für die Umsatzsteuer. Reine Ländersteuern sind die Kfz- und die Grunderwerbsteuer. Den Gemeinden fließt die Gewerbe- und die Grundsteuer zu.

Die Problematik der Staatsverschuldung

Hohe Arbeitslosenzahlen, die Defizite der sozialen Sicherungssysteme wie auch gestiegenes Anspruchsdenken gegenüber dem Staat führen seit Jahren zu beständig wachsenden Ausgaben der öffentlichen Haushalte. Deren Finanzierung mit steigender Steuer- und Abgabenlast steht im Kreuzfeuer der Kritik, auch die Verdrängung privater Wirtschaftstätigkeit, erkennbar durch einen zunehmenden Anteil der staatlichen Ausgaben am Sozialprodukt (Staatsquote), wird negativ beurteilt.
Durch eine rapide gestiegene Verschuldung der öffentlichen Haushalte werden heute die finanzpolitischen Gestaltungsmöglichkeiten begrenzt.

Bei der Staatsverschuldung muss zwischen
- der jährlichen Neuverschuldung zum Ausgleich eines Haushaltsdefizits
- und der Gesamtverschuldung des Staates unterschieden werden. Die hohe Gesamtverschuldung und dadurch bedingte Zinsverpflichtungen beschränken die Handlungsfähigkeit des Staates deutlich.

Zwar sind Kreditaufnahmen zur Abfederung konjunktureller Schwankungen akzeptabel, ebenso wenn sie der Finanzierung öffentlicher Investitionen dienen, Skepsis ist allerdings angebracht, wenn die Staatsverschuldung strukturell begründet ist, also dauerhaft steigt. Dadurch werden zunehmend höhere Anteile des Steueraufkommens allein benötigt, um steigende Zins- und Tilgungsleistungen zu bedienen.
Es wäre zu einfach, die Ursache der hohen Staatsverschuldung allein auf die dringend notwendigen Ausgaben für die Aufbauarbeit in den neuen Bundesländern zurückzuführen, sind die enormen Staatsdefizite doch ein Phänomen, das für alle entwickelten Wirtschaftsnationen gleichermaßen kennzeichnend ist und offenbar Beleg für die kollektive Überforderung des Staates durch das Anspruchsdenken seiner Bürger.

Stabilitätspakt und nationale Finanzpolitik

Auch nach der Einführung des Euro (siehe dazu Kap. 5, S. 144 f.) gelten für die Mitglieder der Europäischen Währungsunion weiterhin die finanzpolitischen Konvergenzkriterien des Stabilitäts- und Wachstumspaktes, der Grenzen für die Neuverschuldung von 3 % und für die Gesamtverschuldung von 60 % des Bruttoinlandsprodukts setzt. Der Stabilitätspakt sieht Sanktionen bis hin zu Geldbußen für jene Staaten vor, die die Defizitkriterien wiederholt verfehlen.

Für die einen bedeutet der Stabilitätspakt ein notwendiges Disziplinierungsinstrument, um die Schuldenwirtschaft in Europa zu beschränken. Für andere ist er ein Eingriff in die nationale Finanzpolitik, der kreditfinanzierte Konjunkturprogramme in Krisenzeiten erschwert.

7.4.2 Finanzpolitik zwischen Angebots- und Nachfrageorientierung

Finanzpolitische Entscheidungen orientieren sich immer auch an Wirtschaftstheorien und politischen Strömungen. Nachfrage- und Angebotstheorie liefern unterschiedliche idealtypische Konzepte zur Bewältigung von Wachstums- und Beschäftigungskrisen.

Die Nachfragetheorie

Sie geht auf den englischen Nationalökonomen *John Maynard Keynes* zurück, die er unter dem Eindruck der hohen Arbeitslosigkeit während der Weltwirtschaftskrise der 30er-Jahre des letzten Jahrhunderts entwickelte. Keynes sieht Arbeitslosigkeit in einer unzureichenden gesamtwirtschaftlichen Nachfrage begründet. Der Markt allein sei nicht in der Lage, von sich aus das Gleichgewicht zwischen Angebot und Nachfrage herzustellen.

- Deshalb sollte der Staat eine aktive Rolle bei der Steuerung der Konjunktur übernehmen und durch kreditfinanzierte, staatliche Beschäftigungsprogramme zusätzliche Nachfrage schaffen. Über die Initialzündung höherer Staatsinvestitionen soll ein positiver, sich selbst verstärkender Wirtschaftsprozess in Gang gesetzt werden.
- Der Staat hat seine Ausgaben antizyklisch zum Konjunkturverlauf zu gestalten, d.h. bei boomender Wirtschaft sollen die Ausgaben zurückgeführt und Rücklagen gebildet werden.

Im Mittelpunkt der Nachfragetheorie stehen also Maßnahmen der staatlichen Ausgabenpolitik und der Steuerpolitik, die so zu treffen sind, dass sie in Zeiten der Hochkonjunktur die Nachfrage dämpfen und in Zeiten der Rezession die Nachfrage beleben.

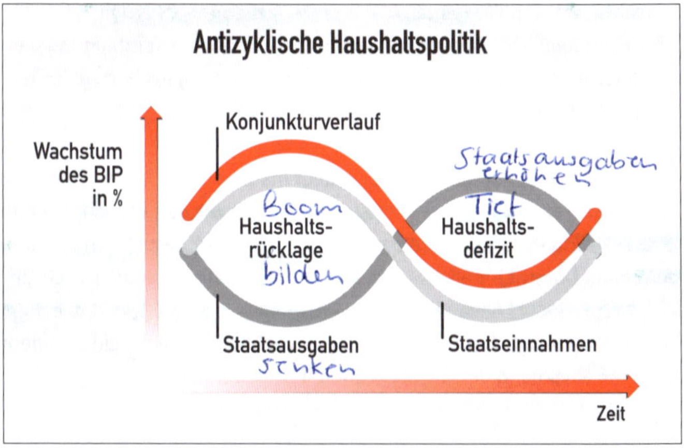

Die Schwächen der keynesianischen Konzeption sind
- zeitliche Verzögerungen (time lags) zwischen wirtschafts- und finanzpolitischen Entscheidungen und ihren Wirkungen,
- die Verdrängung privater Investitionen durch staatliche Investitionen (crowding out),
- das Ansteigen der Staatsquote und damit der Abgaben- und Steuerbelastung,
- die steigende Staatsverschuldung zur Finanzierung der öffentlichen Haushalte.

Wirtschaftsliberalismus und Angebotstheorie

Die Theorie des klassischen Wirtschaftsliberalismus dagegen misst dem Staat nur eine passive Rolle bei der Gestaltung des Wirtschaftsprozesses zu. Das freie Spiel der Marktkräfte wird gefordert, Träger wirtschaftlichen Handelns ist das Individuum, der Staat soll lediglich Rahmenbedingungen schaffen, seine Ausgaben an den Steuereinnahmen ausrichten, sich der konjunkturellen Entwicklung gegenüber aber neutral verhalten.
Die neoklassische Angebotstheorie greift die Gedanken des Wirtschaftsliberalismus auf und entwickelt sie weiter:

- Die Grundüberlegung besteht darin, die Angebotsbedingungen für die Unternehmen zu verbessern, z. B. durch Steuersenkungen, moderate Lohnabschlüsse und eine Deregulierung des Arbeitsmarktes (Flexibilisierung der Arbeitszeit und Lockerung des Kündigungsschutzes), um die Rentabilität ihrer Investitionen zu erhöhen.
- Der Geldpolitik kommt die Aufgabe zu, durch eine Verstetigung des Geldmengenwachstums (Monetarismus) Planungssicherheit für die am Wirtschaftsprozess Beteiligten zu schaffen.

Die Schwäche der Angebotstheorie liegt insbesondere in der Fixierung auf die Kosten. Da die Gewinne der Unternehmen jedoch auch von den Erlösen abhängen, muss auch die Nachfrageseite berücksichtigt werden, denn Unternehmen investieren nicht automatisch, sondern schränken bei geringer Absatzerwartung ihre Erweiterungsinvestitionen ein oder führen lediglich Rationalisierungsinvestitionen durch, die zu einem weiteren Rückgang der Beschäftigung führen können.

7.4.3 Geldpolitik in der Europäischen Union

Die Europäische Zentralbank

2002

Mit der Einführung des Euro (1999) wurde die geld- und währungspolitische Kompetenz von den nationalen Notenbanken auf die Europäische Zentralbank (EZB) übertragen, die zusammen mit allen nationalen Zentralbanken der EU-Staaten das europäische System der Zentralbanken (ESZB) bildet.

Die Hauptaufgaben der EZB bestehen darin,

- einerseits den Volkswirtschaften für eine gesunde Wirtschaftsentwicklung ausreichend Geld bereitzustellen,
- andererseits im Euroraum für Preisstabilität zu sorgen.

Die EZB ist dabei von politischen Weisungen unabhängig. Maßnahmen der Währungsbehörde unterliegen auch dann nicht politischer Kontrolle, wenn sich z. B. eine restriktive Geldpolitik, um eine drohende Inflation zu vermeiden, negativ auf Produktion und Beschäftigung auswirkt. Gelegentlich wird daher die EZB als wirtschaftspolitisch machtvolle Nebenregierung kritisiert, deren demokratische Verantwortung sich auf eine, wenn auch umfassende Rechenschaftspflicht dem Europäischen Parlament gegenüber beschränkt.

Das Europäische System der Zentralbanken (ESZB)

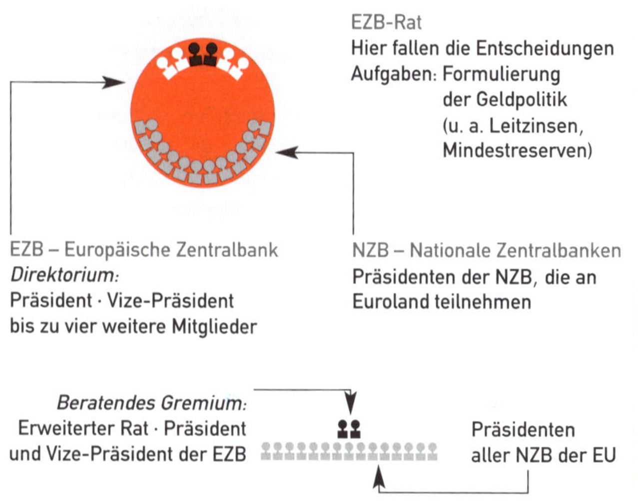

Geldwertstabilität als vorrangiges Ziel

Der Geldwertstabilität kommt in der wirtschaftspolitischen Zielhierarchie entscheidende Bedeutung zu. Lang anhaltende Preisauftriebe führen zu Einkommens- und Vermögensverlusten: Die Preise der Güter erhöhen sich laufend, während Einkommens- und Rentenzahlungen, wenn überhaupt, erst mit zeitlichem Abstand angepasst werden. Die Kaufkraft des Geldes nimmt ab. Hinzu kommt, dass Geldanlagen immer mehr an Wert verlieren und das Vertrauen in die Währung schwindet. Bei Inflationen mit sehr starkem Preisauftrieb setzt Tauschhandel ein und Ersatzwährungen treten an die Stelle des eigentlichen Geldes.

Auslöser einer unerwünschten Geldentwertung können sein:

- Die Nachfrage übersteigt die Produktion; durch höhere Preise wird versucht, das Gleichgewicht wieder herzustellen (Nachfragesog-Inflation).
- Das Angebot verteuert sich wegen gestiegener Produktionskosten – z. B. durch hohe Lohnforderungen oder durch die Verteuerung von Rohstoffen – oder auch einfach durch den Versuch der Unternehmen, höhere Gewinne zu erzielen (Angebotsdruck-Inflation).

Die Stabilitätspolitik der EZB

Die geldpolitische Strategie der EZB orientiert sich neben der Analyse der wirtschaftlichen Lage auch an der Entwicklung der Geldmenge. Diese wird in ihrer weitesten Abgrenzung als M 3 bezeichnet und umfasst neben dem Bargeldumlauf auch Einlagen mit unterschiedlichen Laufzeiten bei den Geschäftsbanken.
Da eine Inflation letztlich immer auch mit einer Zunahme der nachfragewirksamen Geldmenge zusammenhängt, ist die Kontrolle des Geldmengenwachstums ein wesentliches Instrument der Stabilitätspolitik.
Die EZB legt jährlich einen Wachstumskorridor für die Geldmenge M3 fest, der sich am möglichen Produktionswachstum der Wirtschaft orientiert. Werden diese beiden Größen langfristig im Gleichgewicht gehalten, ist die Geldwertstabilität gesichert.

Die Instrumente der EZB

Die Umsetzung ihrer geldpolitischen Ziele kann die EZB allerdings nur indirekt erreichen. Was heißt das?
Will ein Unternehmen investieren oder ein privater Haushalt ein Auto anschaffen, wird meist ein Kredit bei einer Bank aufgenommen. Um Kredite gewähren zu können, müssen sich die Banken aber selbst mit Geld versorgen, d. h. sie müssen sich refinanzieren – und das können sie bei der Zentralbank. Und wie bei jeder Kreditgewährung werden auch hier Zinsen fällig. Genau hier setzt die EZB an: Über die Variation der sogenannten Leitzinsen kann die Zentralbank das Zinsniveau in den Volkswirtschaften steuern.
Erhöht sie die Zinsen, zu denen sie Zentralbankgeld an die Banken abgibt, verteuert sie deren Kreditaufnahme. Die Banken geben aber ihre höheren Geldbeschaffungskosten an die privaten Kreditnehmer – Unternehmen und private Haushalte – weiter, indem sie höhere Zinsen für ihre Bankkredite verlangen.
Manche kreditfinanzierte Investition eines Unternehmers wird jetzt unrentabel, weil die höheren Kreditkosten sich im Vergleich zum erwarteten Gewinn nicht rechnen. Auch mancher Bauherr oder Autokäufer wird seine kreditfinanzierten Bau- oder Kaufpläne erst einmal nicht realisieren. Gleichzeitig sorgen steigende Zinsen dafür, dass die Sparneigung zunimmt.

Die Maßnahme der EZB wirkt also doppelt:
- Sie dämpft die kreditfinanzierte Nachfrage und
- trägt durch Sparanreize dazu bei, dass dem Wirtschaftskreislauf

Geld entzogen wird und auch auf diesem Wege die Nachfrage nach Waren und Dienstleitungen zurückgeht. Somit wird sich der Preisanstieg verlangsamen.

Neben der Erhöhung der Leitzinsen kann die EZB zur Inflationsbekämpfung auch den Umfang der Kreditvergabe an die Geschäftsbanken einschränken. Umgekehrt kann die Zentralbank aber auch die Kreditspielräume der Geschäftsbanken erweitern und über günstige Konditionen das Zinsniveau in den Volkswirtschaften senken, um einen umgekehrten Prozess in Gang zu setzen.

Grenzen der Geldpolitik

Der Wirksamkeit geldpolitischer Maßnahmen sind Grenzen gesetzt. Internationale Finanzströme können ebenso die Inflation fördern wie zu hohe Lohnabschlüsse der Tarifparteien. Daneben können selbst steigende Zinsen die Investitions- und Konsumbereitschaft nicht dämpfen, wenn eine optimistische Grundstimmung herrscht.

7.4.4 Wechselkurspolitik in der Europäischen Union

In unserer multinationalen Welt haben die meisten Länder eine eigene nationale Währung. Bei allen Zahlungen über die Landesgrenzen hinweg müssen daher in der Regel einheimische Zahlungsmittel in ausländische umgetauscht werden. Ein deutscher Exporteur will von seinem Geschäftspartner vorzugsweise Euro erhalten. Ein Importeur außerhalb der Eurozone muss sich also Euro für seine Landeswährung kaufen. Erhält der deutsche Exporteur eine fremde Währung, dann wird er seinerseits diese in Euro umwechseln. Solche Tauschgeschäfte erfolgen zum jeweils gültigen Wechselkurs – dem Austauschverhältnis zweier Währungen. Zahlungsanweisungen in fremder Währung werden auch als „Devise“ bezeichnet. Deshalb wird auch häufig vom Devisenkurs gesprochen.

Warum schwanken Wechselkurse?

Der Wert einer Währung bestimmt sich aus dem Zusammenspiel von Angebot und Nachfrage nach Devisen. Wer Höhe und Veränderung von Wechselkursen erklären will, muss daher wissen, wovon Angebot und Nachfrage nach Währungen abhängen. Es lassen sich zwei dominierende Einflüsse ausmachen:

- Traditioneller Erklärungsansatz für Wechselkursschwankungen ist die Kaufkraftparitätentheorie: Realisiert ein Land z. B. auf Grund günstiger Produktionskosten Exportüberschüsse, führt dies zu einer steigenden Nachfrage nach der Währung dieses Landes, um die dort gekauften Güter bezahlen zu können. Als Folge dieser Nachfrage wird der Wechselkurs dieser Währung steigen und die Produkte verteuern – solange bis kein Preisvorteil mehr durch den hohen Wechselkurs besteht. Zur Erklärung heutiger Kursschwankungen ist die Kaufkraftparitätentheorie immer weniger geeignet, da die durch die Handelströme ausgelösten Devisenbewegungen nur einen sehr kleinen Teil an den gesamten Währungsbewegungen ausmachen.
- Wechselkursschwankungen sind heute auf die immensen Kapitalbewegungen der globalen Investmentfondsgesellschaften und Versicherungen zurückzuführen, die kleinste Zinsvorteile und Renditeunterschiede ausnutzen.

Wechselkurssysteme

Der Euro ist in zwei Wechselkurssysteme eingebunden. Frei schwankende Wechselkurse kennzeichnen die Außenbeziehungen des Euro zu Drittländern wie den USA, Japan oder China. Hier bestimmen Angebot und Nachfrage an den Devisenbörsen den Außenwert der Währung.
Innerhalb der EU wurde zwischen „Ins“ (Euroteilnehmer) und „Outs“ ein System weitgehend fester Wechselkurse, der Wechselkursmechanismus II (WKM II), eingerichtet. Die Regeln des WKM II verpflichten die Zentralbanken zu Stützungskäufen bzw. -verkäufen an den Devisenbörsen zugunsten der unter Druck geratenen Währung eines Landes der EU, das nicht an der Währungsunion teilnimmt („Outs“). Für die neuen Mitgliedsstaaten der EU ist die mindestens zweijährige Teilnahme am WKM II neben der Erfüllung der Konvergenzkriterien eine zentrale Bedingung für den Beitritt zum Euro-Währungsgebiet.

7.5 Global Economic Governance

Leitfragen:

- Warum ist eine politische Steuerung des Globalisierungsprozesses notwendig?
- Was bedeutet „global governance"?
- Welches sind die Akteure von global governance?
- Welche Möglichkeiten und Grenzen hat global governance?

7.5.1 Global Governance: Akteure, Instrumente, Ziele

Was will Global Governance?

Globale Umweltprobleme, internationaler Terrorismus, weltweite Migration oder die ungehinderte Verbreitung von Massenvernichtungswaffen (Proliferation) stellen grenzüberschreitende Probleme dar und führen zu der Erkenntnis, dass sich bei globalisierten Problemlagen auch die Politik „globalisieren" müsse. Der Versuch diese Probleme, die einen hohen internationalen Regelungsbedarf haben, zu lösen, wird unter dem Schlagwort von Global Governance, einer Weltordnungspolitik, diskutiert. Im wirtschaftlichen Bereich spricht man von Global economic Governance. Kern dieses Modells ist die Zusammenarbeit staatlicher und nichtstaatlicher Akteure auf allen politischen Ebenen.

Wie funktioniert Global economic Governance?

Im Bereich der Weltwirtschaft basiert die Global Governance-Architektur auf fünf Säulen:

Im Zentrum dieser Architektur stehen dabei internationale Organisationen wie die Vereinten Nationen (UN), die Welthandelsorganisation (WTO), der Internationale Währungsfonds (IWF) oder die Weltbank. Darüber hinaus gewinnen unterhalb einer festen Organisationsform stabile und dynamische multilaterale Konferenzen und Abkommen (internationale Regime) zunehmend an Bedeutung. Internationale Organisationen und Regime führen zu einer stärkeren Verhaltensverlässlichkeit der Staaten, da sie Leitlinien, Normen und rechtliche Regeln bereitstellen und somit geeignet sind, Kooperationshindernisse zu überwinden.

Grundlagen einer stabilen Wirtschaftsordnung	
Freie Welthandelsordnung	**Freie Weltfinanzordnung**
Freiheit des Güterverkehrs	Freiheit des Kapitalverkehrs

↑

Gefährdungen	
Protektionismus	Zahlungsverkehrbeschränkungen Überschuldung von Staaten Währungsspekulationen

↑

Gegenwehr durch Global Economic Governance	
Welthandelsorganisation	Internationaler Währungsfonds Weltbank Forum für Finanzstabilität G 8-, G 10-, G 20-Treffen

Grenzen von global governance

Zentrales Problem einer auf der Selbstkoordination der Staaten beruhenden Global-Governance-Architektur bleibt einerseits der Mangel an Entscheidungsfähigkeit und andererseits die Umsetzung von Entscheidungen. So sind einstimmig zu treffende Entscheidungen in großen multilateralen Verhandlungssystemen nur schwer herbeizuführen – und die Umsetzung einmal getroffener Entscheidungen hängt ganz vom Willen der Nationalstaaten ab. Da es kein internationales Gewaltmonopol gibt, können vor allem mächtige Staaten nicht gezwungen werden, internationale Vereinbarungen auch einzuhalten.

7.5.2 Die Welthandelsorganisation (WHO)

Die Welthandelsorganisation (engl.: World Trade Organization, WTO) gilt als Hüterin des Freihandels und schafft mit der Beseitigung von Handelshemmnissen entscheidende Voraussetzungen für den Globalisierungsprozess.

Die WTO (bis 1995: GATT, General Agreement on Tariffs and Trade) legt seit 1995 als einzige international anerkannte Vertragsinstitution Regeln im Welthandel fest. Sie gilt als ein Wegbereiter der wirtschaftlichen Globalisierung, weil es ihr, bzw. dem Vorläufer GATT, gelang, protektionistische Maßnahmen (tarifäre und nichttarifäre Maßnahmen) abzubauen.

Die innere Struktur der WTO umfasst drei Teilabkommen

- GATT (General Agreement on Tariffs and Trade),
- GATS (General Agreement on Trade in Services) und
- TRIPs (Trade Related Intellectual Property Rights).

Die Arbeit der WTO gründet sich auf der Freihandelsdoktrin, nach der ein freier Handel Wohlstandsgewinne für alle Beteiligten ermöglicht. Im Zentrum der Organisation stehen dabei folgende Prinzipien, die von den Mitgliedstaaten anerkannt werden müssen:

Prinzipien der WTO

- Meistbegünstigung (alle handelspolitischen Zugeständnisse, die sich zwei Staaten untereinander machen, gelten automatisch auch für alle anderen Staaten)
- Reziprozität (die Handelserleichterungen sollen gegenseitig sein)
- Inländerbehandlung/Nichtdiskriminierung (nach der Einfuhr sind die aus den WTO-Ländern stammenden Waren wie inländische zu behandeln)

Zur Beilegung von Streitigkeiten steht der WTO ein Streitschlichtungsmechanismus zur Verfügung, der eine einvernehmliche Einigung zwischen den Streitparteien herbeiführen soll und Vergeltungsmaßnahmen durch eine Partei (z. B. Strafzölle) sanktionieren kann.

Die Erfolge der WTO bei der Liberalisierung des Welthandels werden unterschiedlich beurteilt. Während Befürworter einer weitgehenden Liberalisierung auf die Wohlfahrtseffekte einer zunehmend arbeitsteiligen Weltwirtschaft verweisen, kritisieren Globalisierungsgegner die negativen Folgen der Liberalisierung. Sie werfen der WTO Versagen bei der

Durchsetzung einer gerechten Weltwirtschaftsordnung vor, die auch den ärmeren Ländern durch eine moderate Umverteilung des Wohlstandes die Einhaltung von sozialen und ökologischen Mindeststandards (z. B. Verbot von Kinderarbeit) ermöglicht.

Auch protektionistische Maßnahmen, die trotz der Erfolge der WTO bei der Liberalisierung immer noch gebräuchlich sind, lassen sich unterschiedlich beurteilen: Einerseits bieten sie Schutz für die eigene Volkswirtschaft vor wirtschaftlich überlegenen Konkurrenten oder Gütern, die Umweltstandards oder ethische Standards nicht erfüllen. Andererseits verzögert der Protektionismus notwendige Strukturanpassungen, so dass eine abgeschirmte Wirtschaft in der Regel langsamer wächst als eine offene Volkswirtschaft.

7.5.3 Der Internationale Währungsfonds (IWF)

Der Internationale Währungsfonds (engl.: International Monetary Fund, IMF) steht im Mittelpunkt der internationalen Finanzmarktarchitektur.
Die internationalen Finanzmärkte (Kreditmärkte, Wertpapiermärkte und Devisenmärkte) entwickelten sich mit der Liberalisierung seit den 70er-Jahren enorm. So stieg in den 90er-Jahren das Weltsozialprodukt um 50 %, während die Direktinvestitionen (siehe dazu S. 185) sich mehr als verfünffachten. Täglich werden heute an den internationalen Devisenmärkten über 1,2 Billionen US-Dollar umgesetzt.
Spekulative Finanztransfers können, wie die Asienkrise 1997 zeigte, das gesamte Weltwährungssystem erschüttern. Der IWF, der einer Kreditgenossenschaft ähnelt, hat die Aufgabe für eine stabile Weltwährungsordnung zu sorgen. Dies bewerkstelligt er heute vor allem durch die Bereitstellung von Krediten für in Finanznot geratene Länder.

Die Arbeit des IWF ist umstritten. Er wird von den Kritikern als verlängerter Arm der großen Industrieländer gesehen, welche die schwachen Staaten dominieren und häufig durch strenge Auflagen die Not der betroffenen Staaten noch vergrößern. Andererseits vermochte der IWF in der Vergangenheit durch seine Kreditvergaben schlimmere Krisen zu verhindern (z. B. durch Kredite für Russland oder die Türkei). Die Stimmen im IWF sind gewichtet gemäß den Einlagen der Mitgliedsländer, die sich wiederum an der Wirtschaftsstärke der Länder orientieren.

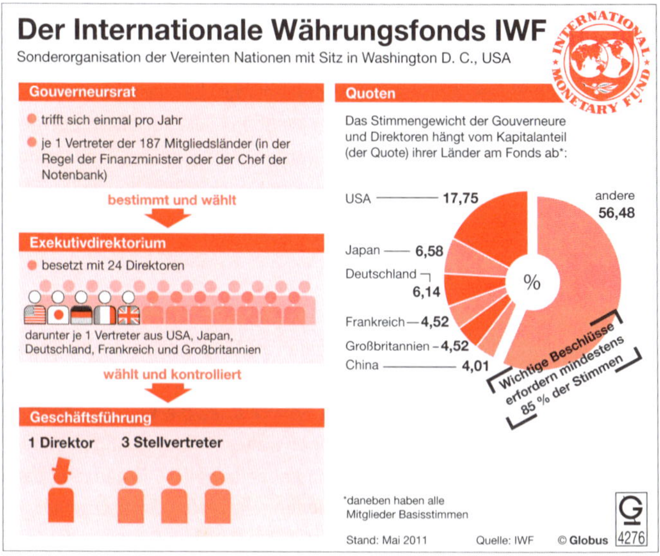

7.5.4 Internationale Netzwerke

Heute haben sich neben den internationalen Organisationen informelle Netzwerke globaler transgouvernementaler Zusammenarbeit etabliert, die in regelmäßigen Zusammenkünften wirtschaftspolitische aber auch andere globale Fragen erörtern.

Dazu gehören u. a.

- die G 8-Staaten,
  eine sehr einflussreiche Gruppe von acht Industriestaaten: Deutschland, Frankreich, Großbritannien, Italien, Japan, Kanada, Russland und die USA
- die G 20-Staaten,
  ein informelles Dialogforum von Industrie- und Schwellenländern, das mehr als 90 % des Welt-Sozialprodukts und knapp zwei Drittel der Erdbevölkerung repräsentiert. Das Anliegen der G 20 ist es, Fragen zu erörtern, die für die Stabilität des internationalen Finanz- und Währungssystems bedeutsam sind. Hierzu gehören z. B. Fragen der Angemessenheit des Wechselkursregimes oder Fragen einer geordneten Liberalisierung des Kapitalverkehrs.

Um die destabilisierenden Finanzspekulationen zu unterbinden, wird die Einführung einer Devisentransaktionssteuer gefordert. Die Einnahmen aus der Steuer (Tobinsteuer) sollen armen Ländern direkt zugute kommen. Damit könnte die Arbeit der Weltbank, die vor allem Entwicklungsprojekte finanziert, unterstützt werden. Wirkung und Realisierbarkeit der Tobin-Steuer werden allerdings unterschiedlich beurteilt.

7.5.5 NGOs

In WTO und IWF haben die Nationalstaaten als Mitgliedstaaten das Sagen. Darüber hinaus haben die Nationalstaaten in bilateralen und multilateralen Abkommen und Vereinbarungen Spielräume, die Weltwirtschaft zu gestalten. Nationalstaaten können daher weiterhin als wichtigste Akteure eines weltwirtschaftlichen Ordnungsmodells gelten. Ergänzend dazu treten sog. Nichtregierungsorganisationen (engl.: Non Governmental Organizations, NGOs) als neue Akteure globaler Politik in Erscheinung (z. B. Greenpeace oder Attac). Sie spielen im Bereich der Interessenartikulation eine wichtige Rolle und sind durch ihren niederen Organisationsgrad und ihre Verankerung in der Zivilgesellschaft für viele Hoffnungsträger einer mehr bürgerorientierten, demokratischeren Weltgesellschaft.

Die NGOs stehen jedoch im Mittelpunkt heftiger Diskussionen:

Pro

- NGOs nehmen die Funktion wahr, die eingespielte Routine der Politik durch Protest, Provokation und Tabubrüche zu stören, in Bewegung zu halten, Gegenöffentlichkeit zu erzeugen und Gegenmacht aufzubauen.
- Die NGOs fungieren als Sensoren der Gesellschaft, greifen vernachlässigte Themen auf und konfrontieren das politische System mit einem Reformdruck von unten. Sie setzen die Politik unter Handlungs- und Legitimationsdruck.
- NGOs tragen zur Zerkleinerung der „großen Politik" bei und holen gewissermaßen die Politik in die Gesellschaft zurück.
- Die NGOs konfrontieren die Welt der Sachzwänge und scheinbar unveränderbaren Systemlogiken oft mit der Welt des Wünschbaren, mit der Utopie einer besseren Welt – und können so zuweilen zumindest Nachdenklichkeit bewirken und Denkanstöße geben.

- NGOs tragen dazu bei, das soziale und moralische Kapital einer Gesellschaft zu mobilisieren; sie bringen zum Ausdruck, dass es neben Individualisierungs- und Entsolidarisierungstendenzen auch noch Bedürfnisse nach erlebbarer Gemeinschaft und kreativer Betätigung im Gemeinwesen gibt.

nach: www.oneworld.at/ngo-conference/discussion/nuscheler. htm (12.12.2002)

Kontra

- Die NGOs greifen oft punktuell Problemfelder auf und erarbeiten sich in diesen Feldern beachtliche Sachkompetenz, berücksichtigen aber bei dieser Engführung die Interdependenzen in der Politik nicht hinreichend. Wirkungen ihrer Aktivitäten auf andere Bereiche werden häufig ausgeblendet. Ihr Erfolg beruht u. a. auf dem Privileg, sich nicht um den Ausgleich von Zielkonflikten kümmern und Entscheidungen treffen zu müssen.
- Die NGOs haben zwar die kommunikative Infrastruktur der Gesellschaft verbreitert und zur Rückbindung der Politik in die Gesellschaft beigetragen. Manche neigen allerdings, weil sie auf die Schaffung von Öffentlichkeit über die Medienpräsenz setzen, zu einer „Skandalisierung" der Politik. Statt komplizierte Sachverhalte verständlich zu machen und Lösungswege aufzuzeigen, werden Skandale medienwirksam inszeniert.
- Gerade bei bedeutenden NGOs, die auch im Politikbetrieb Gehör finden, z. B. bei UN-Konferenzen, muss die Frage nach der Legitimation und der innerorganisatorischen Demokratie gestellt werden. In wessen Namen und für wie viele Menschen sprechen die NGO-Funktionäre? Es gibt mittlerweile eine wachsende Gruppe professionalisierter NGOs, die kaum über aktive Mitstreiter verfügen, sondern auf der Grundlage von Spendengeldern Lobbyarbeit für dieses oder jenes Anliegen betreiben.

7.6 Aktuell: Deutschland als Wirtschaftsstandort

Leitfragen:

- Welche Stellung hat Deutschland im internationalen Handel?
- Was sind Standortfaktoren und was versteht man unter Standortqualität?
- Wie attraktiv ist der Standort Deutschland?

Die deutsche Wirtschaft im Welthandel

Deutschland gehört zu den führenden Industrienationen der Welt. Es weist einen sehr hohen Verflechtungsgrad mit der Weltwirtschaft auf. Der Weltmarktanteil deutscher Exporte beträgt ca. zehn Prozent. In den Schlüsselbranchen Fahrzeugbau, Maschinenbau und chemische Industrie ist der Anteil deutscher Produkte noch höher.

Die Ausfuhren haben für die deutsche Gesamtwirtschaft eine enorme Bedeutung. So haben sich die Exporte von Waren und Dienstleistungen in den vergangenen zehn Jahren nominal mehr als verdoppelt, die Importe sind um rund 80 Prozent gestiegen. Das gesamte Bruttoinlandsprodukt hat dagegen zwischen 1995 und 2005 nominal nur um 21,6 Prozent zugelegt. Eine herausragende Bedeutung hat die Europäische Union für den deutschen Handel – über 60 % des Handels werden innerhalb der EU abgewickelt.

© Bergmoser + Höller (aktualisiert) 681153

Deutschland ist seit Jahren Weltmeister im Bereich der Warenexporte. Allerdings hängen die deutschen Ausfuhren immer stärker von Vorleistungen ab, die im Ausland erbracht werden. Das können unter anderem Teile sein, die jenseits der Grenzen gefertigt und dann im Inland z. B. in ein Auto eingebaut werden. Der Anteil der ausländischen Wertschöpfung an den deutschen Exportgütern lag 2005 bei rund 41 Prozent. Diese Auslagerung (Outsourcing) der Produktion relativiert die positiven Auswirkungen der Exporterfolge vor allem auf den deutschen Arbeitsmarkt.

Der Wirtschaftsstandort Deutschland

Durch die Globalisierung, aber insbesondere auch durch die Aufnahme der mittel- und osteuropäischen Staaten in den EU-Binnenmarkt im Zuge der Osterweiterung 2004/2007 steht Deutschland in einem stärker werdenden, weltweiten Standortwettbewerb. Dabei ist die zentrale Frage, ob der Standort Deutschland noch attraktiv genug ist, um Unternehmen und Investitionen im Lande zu halten bzw. neue Unternehmen in Deutschland anzusiedeln.

Für die Attraktivität von Wirtschaftsstandorten gibt es keinen absoluten Maßstab. Die Qualität eines Wirtschaftsstandortes ist nur in Relation zu anderen Standorten zu definieren. Generell gilt: Je flexibler die Produktionsfaktoren sind, desto geringer sind die Anpassungslasten einer Volkswirtschaft. Das macht den Standort attraktiv für Investitionen.

Ein Indikator für die Attraktivität eines Standortes sind jedoch die Direktinvestitionen.

Direktinvestitionen sind Kapitalanlagen von Inländern im Ausland (oder Ausländern im Inland). Dazu zählen Gründungen von oder Beteiligungen an Unternehmen, Produktionsstätten und Niederlassungen, des weiteren Kreditgewährungen.

Direktinvestitionen zielen vornehmlich auf eine längerfristige unternehmerische Beteiligung ab. Daher scheinen die Zahlen die Attraktivität eines Wirtschaftsstandorts anschaulich widerzuspiegeln. In der Realität ist dieser Indikator aber umstritten, da in die Investitionsentscheidung auch Motive eingehen, die nicht unmittelbar mit der Standortqualität zu tun haben. Dazu gehören z. B. Marktnähe durch lokale Präsenz, geografisch angepasste Produktdifferenzierung, lokale Strategien in der Produktentwicklung und -werbung oder der Gewinn globaler Expertise. Durch Investitionen im Ausland sichern Unternehmen also auch ihre internationale Wettbewerbsfähigkeit und damit ihr Überleben.

Vor- und Nachteile des Wirtschaftsstandortes Deutschland:

überwiegend negativ	überwiegend positiv
– hohe Kosten – inflexibler Arbeitsmarkt – schwache Wettbewerbsfähigkeit in Zukunftsbranchen	– hohe Qualifizierung der Arbeitskräfte – politische Stabilität – gute Infrastruktur

Deutlich geworden ist aber in den letzten Jahren, dass nicht mehr nur die internationalen Konzerne, sondern zunehmend auch mittelständische Betriebe von der Möglichkeit Gebrauch machen, im Ausland kostengünstiger zu produzieren.

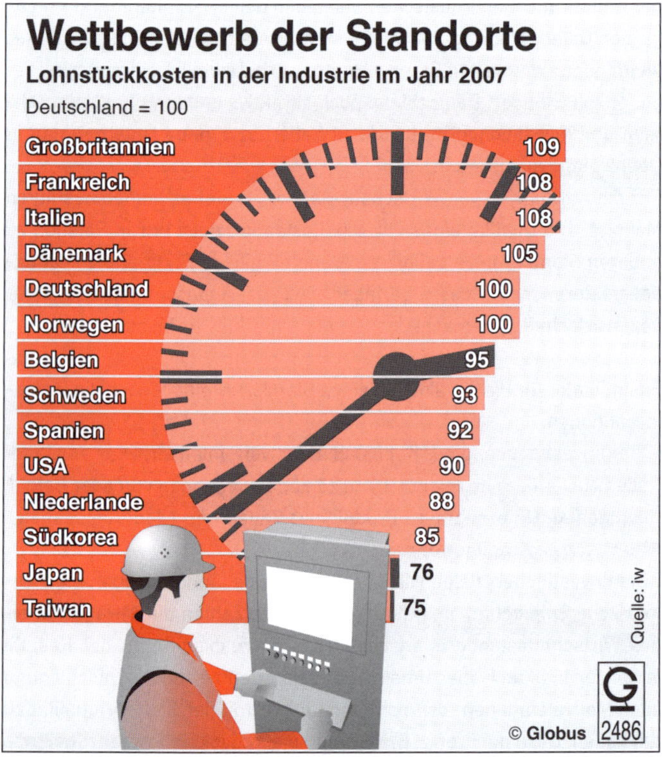

Letztlich lässt sich die Frage, wie attraktiv der Standort Deutschland heute und in der Zukunft ist, nicht abschließend beantworten, gerade weil den unternehmerischen Standortentscheidungen unterschiedliche Motive zugrunde liegen.

Anhang

Klausur- und Arbeitstechniken

1 Hinweise für die Arbeit mit Prüfungsaufgaben

Allgemeine Prüfungsanforderungen für das Abitur

Die Prüfungsanforderungen für die Abiturprüfung in Sozialkunde bzw. Politik, die die Kultusministerkonferenz 2005 formuliert hat, erwarten von den Abiturienten folgende Leistungen und Fähigkeiten:

- „ein verlässliches problembezogenes Deutungs- und Ordnungswissen zu besitzen und funktional zu nutzen
- ein vielfältiges Repertoire an fachbezogenen Methoden und fachübergreifenden und wissenschaftspropädeutischen Arbeitsweisen zu kennen und aufgabenspezifisch anwenden zu können
- eine differenzierte, begründete und kriterien- bzw. kategoriengestützte Urteilsfähigkeit darzulegen
- Konflikte, Problemlagen, Interessen zu erkennen und Lösungsoptionen und Handlungsalternativen zu erörtern
- sich in unterschiedliche Rollen hineinzuversetzen, verschiedene Perspektiven zu übernehmen und entsprechende Handlungsoptionen und deren gestalterische Umsetzung zu entwickeln."

Einheitliche Prüfungsanforderungen in der Abiturprüfung (EPA) Sozialkunde/Politik (Beschlüsse der Kultusministerkonferenz vom 1.12.1989 i.d.F. vom 17.11.2005), S. 5 f.

Anforderungsbereiche und Arbeitsanweisungen (= Operatoren)

Das Aufgabenspektrum in den Klausuren der gymnasialen Oberstufe und in der Abiturprüfung ist in drei Schwierigkeitsabstufungen unterteilt:

„Der Anforderungsbereich I umfasst das Wiedergeben und Darstellen von fachspezifischen Sachverhalten aus einem abgegrenzten Gebiet und im gelernten Zusammenhang unter reproduktivem Benutzen geübter Arbeitstechniken.

Der Anforderungsbereich II umfasst das selbstständige Erklären, Bearbeiten und Ordnen bekannter fachspezifischer Inhalte und das angemessene Anwenden gelernter Inhalte und Methoden auf andere Sachverhalte.

Der Anforderungsbereich III umfasst den reflexiven Umgang mit neuen Problemstellungen, den eingesetzten Methoden und gewonnenen Erkenntnissen, um zu Begründungen, Folgerungen, Beurteilungen und Handlungsoptionen zu gelangen." EPA, a.a.O., S. 15

Den Anforderungsbereichen entsprechen in der Regel die sog. Operatoren. Das sind handlungsinitiierende Verben, die signalisieren, welche Tätigkeiten beim Bearbeiten von Prüfungsaufgaben erwartet werden.

Operatoren des Anforderungsbereichs I (Reproduktion)	
aufzählen nennen wiedergeben zusammenfassen	Kenntnisse (Fachbegriffe, Daten, Fakten, Modelle) und Aussagen in komprimierter Form unkommentiert darstellen
benennen bezeichnen	Sachverhalte, Strukturen und Prozesse begrifflich präzise aufführen
beschreiben darlegen darstellen	Wesentliche Aspekte eines Sachverhaltes im logischen Zusammenhang unter Verwendung der Fachsprache wiedergeben

Operatoren des Anforderungsbereichs II (Reorganisation und Transfer)	
analysieren	Materialien oder Sachverhalte kriterienorientiert oder aspektgeleitet erschließen, in systematische Zusammenhänge einordnen und Hintergründe und Beziehungen herausarbeiten
auswerten	Daten oder Einzelergebnisse zu einer abschließenden Gesamtaussage zusammenführen
charakterisieren	Sachverhalte in ihren Eigenarten beschreiben und diese dann unter einem bestimmten Gesichtspunkt zusammenführen
einordnen	Eine Position zuordnen oder einen Sachverhalt in einen Zusammenhang stellen
erklären	Sachverhalte durch Wissen und Einsichten in einen Zusammenhang (Theorie, Modell, Regel, Gesetz, Funktionszusammenhang) einordnen und deuten
erläutern	Wie erklären, aber durch zusätzliche Informationen und Beispiele verdeutlichen
herausarbeiten ermitteln erschließen	Aus Materialien bestimmte Sachverhalte herausfinden, auch wenn sie nicht explizit genannt werden, und Zusammenhänge zwischen ihnen herstellen
interpretieren	Sinnzusammenhänge aus Materialien erschließen
vergleichen	Sachverhalte gegenüberstellen, um Gemeinsamkeiten, Ähnlichkeiten und Unterschiede herauszufinden
widerlegen	Argumente anführen, dass Daten, eine Behauptung, ein Konzept oder eine Position nicht haltbar sind

Operatoren des Anforderungsbereichs III (Reflexion und Problemlösung)	
begründen	Zu einem Sachverhalt komplexe Grundgedanken unter dem Aspekt der Kausalität argumentativ und schlüssig entwickeln
beurteilen	Den Stellenwert von Sachverhalten oder Prozessen in einem Zusammenhang bestimmen, um kriterienorientiert zu einem begründeten Sachurteil zu gelangen
bewerten Stellung nehmen	Wie beurteilen, aber zusätzlich mit Reflexion individueller und politischer Wertmaßstäbe, die Pluralität gewährleisten und zu einem begründeten eigenen Werturteil führen
entwerfen	Ein Konzept in seinen wesentlichen Zügen erstellen
entwickeln	Zu einem Sachverhalt oder zu einer Problemstellung ein konkretes Lösungsmodell, eine Gegenposition, ein Lösungskonzept oder einen Regelungsentwurf begründend skizzieren
erörtern	Zu einer vorgegebenen Problemstellung eine reflektierte, kontroverse Auseinandersetzung führen und zu einer abschließenden, begründeten Bewertung gelangen
gestalten	Produktorientierte Bearbeitung von Aufgabenstellungen. Dazu zählen unter anderem das Entwerfen von eigenen Reden, Strategien, Beratungsskizzen, Karikaturen, Szenarien, Spots und von anderen medialen Produkten sowie das Entwickeln von eigenen Handlungsvorschlägen und Modellen
problematisieren	Widersprüche herausarbeiten, Positionen oder Theorien begründend hinterfragen
prüfen überprüfen	Inhalte, Sachverhalte, Vermutungen oder Hypothesen auf der Grundlage eigener Kenntnisse oder mithilfe zusätzlicher Materialien auf ihre sachliche Richtigkeit bzw. auf ihre innere Logik hin untersuchen
sich auseinander setzen diskutieren	Zu einem Sachverhalt, zu einem Konzept, zu einer Problemstellung oder zu einer These etc. eine Argumentation entwickeln, die zu einer begründeten Bewertung führt

EPA, a.a.O., S. 17 f.

Aufgabenarten

Synopse zu den Varianten der Aufgabenarten:

Material gebunden	Material ungebunden
Analyse, Darstellung, Erörterung, Gestaltung Materialgrundlage: Positionierte bzw. parteiliche Texte Reden Falldarstellungen Fachspezifische Essays Fachspezifische Theorien Journalistische Berichte bzw. Texte Statistische Materialien Visuelle Materialien (z. B. Karikaturen, Plakate, Diagramme) Audiovisuelle Materialien	**Material ungebundene Argumentation** Darstellung und Analyse eines Sachverhalts sowie eine Entwicklung einer begründenden Argumentation zu einer politischen, gesellschaftlichen, ökonomischen Problemstellung bzw. eine gestalterische Auseinandersetzung

Die **Materialanalyse** erfordert aus vorgelegten Materialien relevante Informationen und deren Strukturen zu erkennen und einzuordnen. Dies verlangt die Reflexion und Anwendung fachlicher und fachmethodischer Kenntnisse.

Die **Darstellung** erfordert die thematische akzentuierte Reorganisation fachlicher und methodischer Kenntnisse.

Die **Erörterung** ist eine reflektierte, kontroverse Auseinandersetzung mit einer Problemstellung und abschließender, begründeter Bewertung.

Die **Gestaltung** zielt auf ein anwendungsbezogenes Produkt als Ergebnis einer Auseinandersetzung mit fachspezifischen Problemstellungen. Gestalterische Aufgaben überprüfen Handlungskompetenz in simulierten Situationen. Sie schließen sich an die Analyse von konkreten Konflikten an und erfordern, sich im Sinne von Perspektivenwechseln in die Situation, Interessen und Denkweisen anderer gesellschaftlicher, wirtschaftlicher und politischer Gruppen zu versetzen und sich in unterschiedlichen sozialen Situationen angemessen und wirkungsvoll zu verhalten.

nach: EPA, a.a.O., S. 19 f.

2 Aufgabenbeispiele

Die folgenden Klausuren bzw. Klausurteile sind konkrete Beispiele für die fachspezifischen Anforderungen in Sozialkunde/Politik, insbesondere im Abitur. Deshalb wird immer ein möglicher Erwartungshorizont mit der möglichen Gewichtung der Teilaufgaben beigegeben (in Bewertungseinheiten = BE bzw. in Verrechnungspunkten = VP). Bei der Aufgabe 2.2. ist der sonst stichpunktartige Erwartungshorizont durch eine Schülerarbeit mit Korrekturanmerkungen ausformuliert.
Es finden sich Beispiele für unterschiedliche Arbeitanweisungen (= Operatoren) und Aufgabenarten.
Die Aufgabe 2.1 zeigt den Umfang einer Gesamtaufgabe und ordnet den Erwartungshorizont den Anforderungsbereichen I – III zu.
Für die Auswahl der materialgebundenen Aufgaben waren die in Klausuren geforderten Arbeitstechniken entscheidend, diese werden deshalb im Anschluss an jede Klausur kurz erläutert.
Bei den Aufgaben konnte man sich deshalb auf die Fragen bzw. Teilaufgaben beschränken, welche sich auf Materialien beziehen.

2.1 Eine Material ungebundene Argumentation

Thema: Die moderne Gesellschaft – eine unsichere Gesellschaft?

Aufgabenstellung

In den letzten Jahren stellten Wissenschaftler wiederholt die These auf, der Verlust von Sicherheit sei ein wesentliches Merkmal moderner Gesellschaften.

1. Erläutern Sie diese These ausgehend von Charakteristika der gegenwärtigen Gesellschaft der Bundesrepublik Deutschland.
2. Nehmen Sie zu der These Stellung und überprüfen Sie dabei, inwieweit die These auch im Hinblick auf die internationale Verflechtung zutrifft.

3.1 Beschreiben Sie ein Reformvorhaben im Bereich sozialer Sicherheit.

3.2 Untersuchen Sie anhand dieses Beispiels Notwendigkeiten und Grenzen politischen Handelns.

[Mögliche Gewichtung: 30 %/30 %/40 %]

Erwartungshorizont

Teilaufgabe 1

Die Prüflinge analysieren in zusammenhängender, strukturierter Form unterschiedliche Tendenzen in der gegenwärtigen Gesellschaft der Bundesrepublik Deutschland in ihrer Bedeutung für einen Verlust von Sicherheit, z. B.

- Veränderungen in Familienstrukturen (u. a. Schwächung sozialer Bindungen)
- Wertewandel (u. a. Individualisierungstendenzen mit biografischen Brüchen, immer geringere Verbindlichkeit eines festen Werterahmens für soziale Interaktionen und Verlust von Verhaltenssicherheiten, Verunsicherung durch Optionsvielfalt in der pluralen Lebenswelt, Sinnfindungsproblematik)
- Entwicklungen in Arbeits- und Berufswelt (u. a. Lockerung sozialer Bindungen durch verstärkte Mobilitätserfordernisse, vermehrt Brüche in Berufsbiografien, drohende Arbeitsplatzverluste)
- in Teilbereichen Intensivierung sozialer Mobilität (u. a. vermehrte Statusunsicherheit)
- zunehmende Wissenskomplexität (u. a. Orientierungsproblematik)
- Weiterentwicklungen der „Risikogesellschaft" (u. a. gewandeltes, teilweise gestiegenes Gefahrenpotential).

In methodischer Hinsicht wird erwartet, dass die Prüflinge befähigt sind, soziologische, politische und ökonomische Sachverhalte unter Einbeziehung grundlegenden fachlichen Deutungs- und Ordnungswissens und bei Verwendung der Fachterminologie zu verknüpfen sowie eine klar gegliederte Argumentation zu entwickeln.
(Anforderungsbereiche II und I)

Teilaufgabe 2

Auf der Basis der dargelegten Charakteristika der Gesellschaft der Bundesrepublik Deutschland bestimmen die Prüflinge zum einen den Stellenwert der Entwicklungen im Hinblick auf einen Sicherheitsverlust und verdeutlichen, inwiefern die These in Bezug auf Gesamtgesellschaft bzw. die individuelle Einschätzung berechtigt ist. Hinsichtlich der internationalen Verflechtungen ist z. B. einzugehen auf

- die Bedrohung durch den internationalen Terror (z. B. Problematik der terrorbereiten „Schläfer" inmitten der Gesellschaft)
- unterschiedliche Auswirkungen des Globalisierungsprozesses (z. B. Verlagerung von Arbeitsplätzen in das Ausland, gestiegenes Risiko der

Ausbreitung von Infektionskrankheiten infolge der Aufhebung räumlicher Distanz)
– Folgen von Migrationsprozessen (z. B. Integrationsprobleme).

Andererseits sind als Argumente gegen die These u. a. anzuführen die Bedeutung eines dicht(er) geknüpften sozialen Netzes sowie Sicherheitsgewinne aufgrund einer verstärkten internationalen Zusammenarbeit und eines Ausbaus institutioneller Kooperation (z. B. verbreiterte Kooperation durch EU-Erweiterung, vertiefte internationale Zusammenarbeit bei der Bewältigung von Problemen, aktuelle Entwicklungen bei der UNO im Hinblick auf eine „Weltinnenpolitik").

Im Anschluss an die differenzierte Argumentation gelangen die Prüflinge zu einem begründeten Urteil, inwieweit die These vom Sicherheitsverlust als einem wesentlichen Merkmal moderner Gesellschaften zutrifft.

(überwiegend Anforderungsbereich III)

Teilaufgabe 3

Die Prüflinge beschreiben ein Reformvorhaben aus dem Bereich soziale Sicherung (z. B. Bürgerversicherung, Reform der Pflegeversicherung, Grundrente). Klar herausgearbeitet werden müssen dabei die Zielsetzungen und Strategien, z. B. also die Beantwortung der Frage, ob das Reformvorhaben mehr Sicherheit oder mehr Eigenverantwortung beim Bürger anstrebt.

(Anforderungsbereich I)

Teilaufgabe 3.2

Mit Bezug auf das ausgewählte Reformvorhaben untersuchen die Prüflinge zunächst Notwendigkeiten politischen Handelns, die aus der Verpflichtung des Staates zum Schutz und zur Sicherung der Menschenwürde (Art. 1 Abs. 1 GG) sowie aus der Erfüllung des Sozialstaatsprinzips als einem der Grundprinzipien der Verfassung (Art. 20 Abs. 1 GG, Art. 28 Abs. 1 GG) resultieren, wie z. B.

– Hilfen bei der Bewältigung besonderer Aufgaben und Lebensrisiken gerade im Hinblick auf gesellschaftlichen Wandel
– die Ausgestaltung von Solidaritäts- und Gerechtigkeitsvorstellungen
– die Vermeidung drohender sozialer Konflikte

Politische Reformmaßnahmen können u. a. auch notwendig sein, um die Effizienz bisheriger Maßnahmen zu steigern, die Selbstverantwortung des Einzelnen zu fördern, überzogene Anspruchshaltungen gegenüber

dem Sozialstaat zu vermindern und Einsparungen zu ermöglichen.
Anschließend werden Grenzen politischen Handelns aufgezeigt, die sich z. B. ergeben

- hinsichtlich der Durchsetzbarkeit (z. B. Probleme der Mehrheitsfindung insbesondere bei zustimmungspflichtigen Gesetzen)
- hinsichtlich der Akzeptanz (z. B. Verunsicherung der Bevölkerung durch ständig korrigierte Reformvorhaben)
- aufgrund von Verteilungskonflikten (z. B. Finanzierungsgrenzen bei Systemen der sozialen Sicherung infolge des Wandels der Altersstruktur)
- aufgrund von Zielkonflikten (z. B. bezüglich des Spannungsfelds Gerechtigkeit – Gleichheit – Sicherheit).

Je nach Beispielwahl sind auch die Schwierigkeiten, bei einem ständigen Wandel der Rahmenbedingungen verlässliche Voraussagen als Grundlage politischen Handelns machen zu können, sowie die wachsende Bedeutung des internationalen Umfelds für politische Entscheidungen aufzuzeigen.
(überwiegend Anforderungsbereich II)

EPA, a.a.O., S. 50 – 52

2.2 Auswertung eines Textes

Thema: Gesellschaftsstruktur und soziale Differenzierung

Aufgabenstellung

1 Erarbeiten Sie aus dem beigefügten Text, wie nach Ansicht des Autors das Thema „soziale Ungleichheit“ in Politik und Öffentlichkeit wahrgenommen wird! *[10 BE]*

2 *[18 BE]*

2.1 Paul Nolte greift wiederholt die Bezeichnung „Klassengesellschaft“ (z. B. Z. 16) auf.
Definieren Sie den Begriff „Klasse“ nach Marx und erschließen Sie aus dem Text, wie der Autor Paul Nolte diesen Begriff verwendet!

2.2 Skizzieren Sie einen neueren Ansatz zur Beschreibung der Sozialstruktur der Bundesrepublik Deutschland, der geeignet erscheint, „unterschiedliche Mentalitäten und Lebensentwürfe“ (Z. 36 f.) in unserer Gesellschaft angemessen zu erfassen!

4 Paul Nolte beklagt im letzten Absatz des Textes, dass soziale Ungleichheit in Politik und Öffentlichkeit nicht angemessen thematisiert werde.

Erwägen Sie, weshalb eine demokratische Gesellschaft sich der Diskussion von Themen wie „soziale Ungleichheit“ bzw. „Aufteilung der Gesellschaft in unterschiedlich ausgestattete Schichten und Klassen“ (Z. 44 ff.) nicht verschließen darf! *[20 BE]*

Textauszug

Der Zeithistoriker Paul Nolte im Jahr 2004 über die „Klassengesellschaft“ in Deutschland:

„Manches an den sozialen Unterschieden und Spannungslinien, die unsere Gesellschaft prägen, freilich ist durchaus neu und ein Produkt der letzten zwei, drei Jahrzehnte. Drei wichtige Beispiele liegen auf der Hand: Der private Konsum hat, zum Beispiel mit dem auffällig gesteigerten Markenbewusstsein, eine größere Bedeutung für die Selbststilisierung des Einzelnen und seinen Platz in der Gesellschaft gewonnen. Internet-Nutzer sind vergleichsweise jung – ein Beleg dafür, dass Alter und Generation in den sozialen Verteilungskämpfen eine größere, oder jedenfalls veränderte Rolle spielen. Und jeder weiß, dass zwischen West und Ost, zwischen „alter Bundesrepublik“ und „Ex-DDR“ eine soziale und kulturelle Kluft liegt, die sich in den letzten Jahren in mancher Hinsicht eher vergrößert als geschlossen hat. Wie gesagt – diese Stichworte sind jedem Zeitungsleser vertraut. Aber obwohl wir es besser wissen könnten, sind wir oft erstaunlich blind dafür, wie eng solche Phänomene mit dem Grundproblem der sozialen Schichtung, mit den Funktionsmechanismen der Klassengesellschaft, zusammenhängen. Aufmerksame Soziologen und Journalisten wissen spätestens seit der Mitte der 80er-Jahre von der wachsenden Schere zwischen den Einkommen aus selbstständiger und aus unselbstständiger Arbeit [...]. Sie wissen auch, dass Konsum und Lifestyle der 80er und 90er-Jahre soziale Unterschiede nicht eingeebnet, sondern im Gegenteil häufig vergrößert haben. Aber in Politik und Öffentlichkeit hat all das kaum Resonanz gefunden. Es wäre ja zu peinlich zuzugeben, dass Klassenunterschiede auch im Übergang in das 21. Jahrhundert unsere Gesellschaft noch ganz fundamental und vielfältig prägen – vom Schulbesuch bis zur Gesundheitsversorgung, vom Einkommen bis zur politischen Macht. Auch der liberale Intellektuelle [...] spricht lieber über die vermeintlich egalisierende „Individualisierung“, über die Gesellschaft der „Optionen“ und der „Risiken“. Selten fällt dabei auf, dass manche mehr Optionen haben und andere größere Risiken tragen. Man muss die Diagnose einer Klassengesellschaft gar nicht teilen, um sich über die Unfähigkeit der Politik zu wun-

dern, soziale Unterschiede, die Existenz unterschiedlich privilegierter sozialer Gruppen überhaupt noch angemessen zur Sprache zu bringen. Meist wird mit allgemeinsten Kategorien wie dem „Volk“ oder den vielbeschworenen „Bürgerinnen und Bürgern“ zugekleistert, dass Menschen unterschiedliche materielle Möglichkeiten, unterschiedliche Mentalitäten und Lebensentwürfe haben – und dass diese Merkmale sich nicht wie zufällig in der Gesellschaft verteilen. Wenn den Politikern aber das Bewusstsein dafür fehlt, in welcher Gesellschaft wir leben, und die Begriffe nicht mehr zur Verfügung stehen, um das auszudrücken, führt das zu einem Realitätsverlust und zu einem Mangel an Problemeinsicht und Problemlösungsfähigkeit, den sich keine Demokratie auf Dauer leisten kann. [...]
Warum sollte in der Politik, warum sollte überhaupt in der Öffentlichkeit ein so unappetitliches Thema wie soziale Ungleichheit, wie die Aufteilung der Gesellschaft in unterschiedlich ausgestattete Schichten und Klassen gerne angesprochen werden? Es erscheint uns selbstverständlich, dass die Rede darüber verpönt ist, die Sachverhalte verklausuliert werden. Doch dies ist keineswegs normal [...]. Denn eine demokratische Gesellschaft sollte sich Rechenschaft über ihre Bauprinzipien ablegen.“

Abituraufgabe Bayern 2006

● Schülerarbeit

Aufgabe 1: Wahrnehmung des Themas „soziale Ungleichheit“ in Politik und Öffentlichkeit

Der Autor kritisiert die Wahrnehmung des Themas „soziale Ungleichheit“ in der Politik und in der Öffentlichkeit. Er weist darauf hin, dass die soziale Differenzierung spätestens seit den 80er-Jahren (Z. 17 ff.) evident ist. Politik und Öffentlichkeit behandeln dieses Thema jedoch sehr unzulänglich (vgl. Z. 22). Einen Erklärungsansatz sieht der Autor darin, dass die Individualisierungstendenzen in der Gesellschaft dazu beitragen, dass jedem die gleichen Möglichkeiten und die damit verbundenen Risiken offen stehen. Klassenunterschiede werden in Politik und Öffentlichkeit negiert oder umformuliert. Der Politik wirft der Autor vor, dass die soziale Differenzierung unterschiedlicher Gesellschaftsgruppen hinter „allgemeinsten Kategorien“ (Z. 35 f.) versteckt bzw. durch sie überdeckt werden. Die Politik reagiert nicht angemessen darauf, dass in der Gesellschaft die sozialen Gruppen unter unterschiedlichen Lebensbedingungen zu leben haben. Das führt dann nach Meinung des Autors zu einem Verlust an Problemlösungsfähigkeit, da nur auf die Gesellschaft als

Ganzes eingegangen wird, nicht aber auf die vorherrschenden sozialen Unterschiede und Lebensbedingungen der in der Gesellschaft lebenden sozialen Gruppen. Politik sowie Öffentlichkeit wirft der Autor weiterhin vor, dass das unangenehme Thema der sozialen Differenzierung in der öffentlichen Debatte verschwiegen wird und die damit verbundenen Probleme im politischen Prozess ungenügend artikuliert und problematisiert werden.

Anmerkung zu 1

Der Sinn der Textpassage (Z. 26 – 30) ist nicht klar erfasst. P. Nolte macht auf die Verschleierungsfunktion populärer soziologischer Theorien aufmerksam. 8/10 BE

Aufgabe 2.1: Begriffsdefinition „Klasse" nach Marx und Begriffsverwendung durch den Autor

Karl Marx verwendet den Begriff „Klasse" im Zusammenhang mit seiner politischen Theorie des Marxismus. Die Klasse zeichnet sich bei Marx durch den Besitz von Produktionsmitteln oder durch den Nichtbesitz aus. Nach Marx beherrscht die besitzende Klasse die Besitzlosen. Dieser Zustand muss nach Marx beseitigt werden. Mit dem Übergang vom Kapitalismus zum Sozialismus sollen die Klassen in der Gesellschaft aufgehoben werden. Durch die Revolution des Proletariats soll ein Kollektiv angestrebt werden, das gleich an Besitz und Rechten ist.
Der Autor Paul Nolte verwendet den Begriff „Klasse" unter verschiedenen Gesichtspunkten. Er sieht darin zum einen den sozialen Status von sozialen Gruppen, der diese in oben und unten einer Gesellschaft einordnet. Hierzu kommen für ihn auch die Handlungsoptionen und die ungleiche Verteilung von Risiken. Im weitesten Sinne verdeutlicht er mit den Begriffen „Klasse" und „Klassengesellschaft", dass die Gesellschaft keineswegs gleich ist, sondern in soziale Gruppen mit vorteilhaften und unvorteilhaften Lebensbedingungen zerfällt. Wichtig sind in diesem Zusammenhang die damit vorhandenen bzw. nicht vorhandenen Privilegien der sozialen Gruppen.

Anmerkungen zu 2.1

Der Klassenbegriff nach Marx ist treffend definiert, beim Begriff nach Nolte könnte auf die genannten Kriterien (Z. 23 – 26: Schulbesuch usw.) verwiesen werden. 8/8 BE

Aufgabe 2.2: Neuerer Ansatz zur Beschreibung der Sozialstruktur

Die Erfassbarkeit der Sozialstruktur Deutschlands ist durch die Auflösung der Schichtungsgesellschaft, die Individualisierungstendenzen sowie den Wertewandel seit den 1980er-Jahren deutlich differenzierter und komplizierter geworden. Daraufhin entstand ein neuer Ansatz für die Beschreibung der Sozialstruktur, nämlich z. B. die Erfassung der Gesellschaft in sozialen Milieus. Dabei unterliegen die sozialen Milieus drei Hauptkriterien: Eine maßgebliche Rolle spielen die Zuweisungskriterien für den sozialen Status, die vier Basisdimensionen materielle Lage, Prestige, Einfluss und Bildung. Untersucht werden weiterhin die Wertorientierungen, wie beispielsweise postmaterielle und materielle Werte oder Vorstellungen von Glück. Hinzu kommt außerdem das Alltagsbewusstsein der Personen, das sich in der Auffassung von Ehe, Familie und Partnerschaft, den jeweiligen Lebensweisen und Lebensstilen und auch in den Zukunftsvorstellungen zeigt. Maßgeblichen Einfluss haben zudem Alter, Geschlecht, Beruf und Generation. Die Erhebung erfolgt durch Interviews, begleitende Beobachtungen, offene Fragestellungen und Selbsteinschätzungen. Dieser kultursoziologische Ansatz ist aufgrund der eben genannten Erfassungsinstrumente sehr subjektiv. Beispiele für Milieus sind das hedonistische Milieu oder das postmoderne Milieu.

Anmerkung zu 2.2

Das Konzept der „sozialen Milieus" wird sehr gut skizziert, die drei Hauptkriterien werden anschaulich ausgeführt. 10/10 BE

Aufgabe 4: Demokratische Gesellschaft und die Diskussion von Themen der sozialen Ungleichheit

Einer demokratischen Gesellschaft liegen Grundsätze zugrunde, weshalb sie sich der Diskussion von Themen wie „soziale Ungleichheit" bzw. „Aufteilung der Gesellschaft in unterschiedlich ausgestattete Schichten und Klassen" nicht verschließen darf. An erster Stelle ist hierbei der Minderheitenschutz in einer Demokratie zu nennen. Die sozialen Gruppen, die nachteiligen Lebensbedingungen ausgesetzt sind, haben oft einen Minderheitenstatus, der es ihnen erschwert, sich in den politischen und gesellschaftlichen Prozess einzubringen und einzugliedern. Den Interessen dieser Minderheiten muss in einer demokratischen Gesellschaft Gehör geschenkt werden. Minderheitenschutz, Chancengleichheit sowie Pluralismus von Interessen, Meinungen und Bedürfnissen sind fester Bestandteil der freiheitlich-demokratischen Grundordnung. Gewährt eine demokratische Gesellschaft den einzelnen sozialen Gruppen diese Wesenselemente nicht, indem sie Minderheiteninteressen unzulänglich beachtet, diesen keinen Raum zur Artikulation lässt, die Öffentlichkeit für diese sozialen Ungleichheiten nicht sensibilisiert und nach Lösungskonzepten sucht, riskiert sie die Gefahren von Polarisierung der Gesellschaft und randständigen Gruppen. Dies kann wiederum zu einer Gefahr der demokratischen Ordnung führen, da durch soziale Ungleichheiten und die Aufteilung der Gesellschaft in unterschiedliche Klassen und Schichten radikale Gruppen herausgebildet werden können oder soziale Gruppen sich der Gesellschaft und den demokratischen Prinzipien durch soziale Isolation und Ausklinken aus der Gesellschaft entziehen können. Eine demokratische Gesellschaft sollte sich aus den genannten Gründen dieser Diskussion also keinesfalls entziehen oder verschließen, wenn sie die Stabilität der demokratischen Ordnung nicht gefährden möchte.

Anmerkungen zu 4.

Sehr überzeugend werden die Gefahren der Polarisierung bzw. der Radikalisierung von gesellschaftlichen Minderheiten entwickelt. Die Stabilität der demokratischen Ordnung kann auch gefährdet werden, wenn Grundwerte wie soziale Gerechtigkeit nicht beachtet werden. 10/12 BE

Schlussbemerkung: Alle Aufgaben werden inhaltlich gut beantwortet, in vorbildlicher Weise werden die Gedanken und Argumente logisch entwickelt. Die Klausur ist insgesamt ohne Fehler und in flüssigem, gut lesbarem Stil verfasst. Die Arbeit kann folglich noch mit der Note 1 (= 13 Punkte) bewertet werden.

Arbeitstechnik: Auswertung eines Textes

Was? Fragen zum Gegenstand des Sachtextes:

1. Wie formuliert der Autor Problem, Gegenstand und Fragestellung?
2. Wo liegen Abgrenzungen, Einschränkungen und Verweise vor?
3. Wie lassen sich die Hauptaussagen zusammenfassen?

Wie? Fragen zum methodischen Ansatz und Vorgehen des Textes:

1. Um welche Text- bzw. Quellengattung handelt es sich?
2. Wie geht der Autor bei der Beantwortung der Ausgangsfrage vor?
3. Wie bearbeitet er das Problem (Gliederung, Hauptpunkte, Definition zentraler Begriffe, methodisches Vorgehen)?
4. Was ist die Aussageebene (beschreibend, erklärend, kritisierend, normativ orientiert, praxisbezogen)?

5. Worauf stützt sich die Argumentation? Wie wird begründet und bewiesen?

Wofür? Fragen zur theoretischen Position, zum politischen Standpunkt oder zum historischen Wert:

1. Ist die theoretische, politische und wissenschaftstheoretische Position explizit (= ausdrücklich) oder implizit (= erschließbar) erkennbar?
2. Welche Hinweise auf andere Theorien gibt es im Text, die der Autor vertritt?
3. Wer sind mögliche Adressaten?

Wie gelungen? Fragen zur Bewertung und (Quellen-)Kritik:

1. Von welchen Grundannahmen (Prämissen) geht der Autor aus?
2. Welche Art der Datenerhebung und -verwertung liegt vor?
3. Wann, wo und von wem ist der Text verfasst worden? Wie nahe (zeitlich, lokal) ist der Autor dem Beschriebenen? Von welchem Standort des Verfassers ergibt sich welche Perspektive?
4. Sind Inhalt und Vorgehen des Autors verständlich und schlüssig (treffende Definition, klare Strukturierung, nachvollziehbare Begründung von Behauptungen, angemessene und verständliche Sprache)?
5. Sind Fakten, Wertungen und Vermutungen klar zu unterscheiden?
6. Stimmen Inhalt und Vorgehen inhaltlich, theoretisch, methodisch, in der politischen Position, in der praktischen Schlussfolgerung überein?
7. Gibt es Einschränkungen, Widersprüche und Ungereimtheiten im Text?
8. Was wurde vernachlässigt? Wie würde man selbst an das Thema herangehen? Was hat der Text gebracht (Lerngewinn, praktischer Nutzen)? Warum bin ich interessiert, motiviert, erfreut oder aber frustriert, gelangweilt, gleichgültig?

2.3 Visualisierung von Textzusammenhängen

Thema: Demokratie und Diktatur

● Aufgabenstellung

1 Jean-Jacques Rousseau

1.1 Erstellen Sie ein Modell der Demokratietheorie Rousseaus, in dem die Begriffe Gesamtwille und Gemeinwille eine entscheidende

Rolle spielen! *[10/60 BE]*

1.2 Der Identitätstheorie wird vorgeworfen, dass sie der Diktatur den Weg bereitet.
Erklären Sie den Begriff „Identitätstheorie" und diskutieren Sie, ob diese Kritik berechtigt ist! *[12/60 BE]*

Textauszug

Wenn man also beim Gesellschaftsvertrag von allem absieht, was nicht zu seinem Wesen gehört, wird man finden, dass er sich auf folgendes beschränkt: Gemeinsam stellen wir alle, jeder von uns seine Person und seine ganze Kraft unter die oberste Richtschnur des Gemeinwillens[1]; und wir nehmen, als Körper, jedes Glied als untrennbaren Teil des Ganzen auf. ...

In der Tat kann jedes Individuum als Mensch einen Sonderwillen haben, der dem Gemeinwillen, den er als Bürger hat, zuwiderläuft oder sich von diesem unterscheidet. Sein Sonderinteresse kann ihm ganz anderes sagen als das Gemeininteresse; sein selbstständiges und natürlicherweise unabhängiges Dasein kann ihn das, was er der gemeinsamen Sache schuldig ist, als eine unnütze Abgabe betrachten lassen, deren Einbuße den anderen weniger schadet, als ihn ihre Leistung belastet, und er könnte gar seine Rechte als Staatsbürger in Anspruch nehmen, ohne die Pflichten eines Untertanen erfüllen zu wollen, da er die moralische Person, die der Staat darstellt, als Gedankending betrachtet, weil sie kein Mensch ist; eine Ungerechtigkeit, deren Umsichgreifen den Untergang der politischen Körperschaft verursachen würde.

Damit nun aber der Gesellschaftsvertrag keine Leerformel sei, schließt er stillschweigend jene Übereinkunft ein, die allein die anderen ermächtigt, dass, wer immer sich weigert, dem Gemeinwillen zu folgen, von der gesamten Körperschaft dazu gezwungen wird, was nichts anderes heißt, als dass man ihn zwingt, frei zu sein. ...

Aus dem Vorhergehenden folgt, dass der Gemeinwille immer auf dem rechten Weg ist und auf das öffentliche Wohl abzielt: Woraus allerdings nicht folgt, dass die Beschlüsse des Volkes immer gleiche Richtigkeit haben. Zwar will man immer sein Bestes, aber man sieht es nicht immer. Verdorben wird das Volk niemals, aber oft wird es irregeführt, und nur dann scheint es das Schlechte zu wollen.

Es gibt oft einen beträchtlichen Unterschied zwischen dem Gesamtwillen[2] und dem Gemeinwillen. Dieser sieht nur auf das Gemeininteresse, jener auf das Privatinteresse und ist nichts anderes als eine Summe von

Sonderwillen: Aber nimm von ebendiesen das Mehr und das Weniger weg, das sich gegenseitig aufhebt, so bleibt als Summe der Unterschiede der Gemeinwille. Wenn die Bürger keinerlei Verbindung untereinander hätten, würde, wenn das Volk wohlunterrichtet entscheidet, aus der großen Zahl der kleinen Unterschiede immer der Gemeinwille hervorgehen, und die Entscheidung wäre immer gut. Aber wenn Parteiungen entstehen, Teilvereinigungen auf Kosten der großen, wird der Wille jeder dieser Vereinigungen ein allgemeiner hinsichtlich seiner Glieder und ein besonderer hinsichtlich des Staates. Man kann dann sagen, dass es nicht mehr so viele Stimmen gibt wie Menschen, sondern nur noch so viele wie Vereinigungen. Die Unterschiede werden weniger zahlreich und bringen ein weniger allgemeines Ergebnis. Wenn schließlich eine dieser Vereinigungen so groß ist, dass sie stärker ist als alle anderen, erhält man als Ergebnis nicht mehr die Summe der kleinen Unterschiede, sondern einen einzigen Unterschied. ... Um wirklich die Aussage des Gemeinwillens zu bekommen, ist es deshalb wichtig, dass es im Staat keine Teilgesellschaften gibt und dass jeder Bürger nur seine eigene Meinung vertritt. ... Wenn es aber Teilgesellschaften gibt, ist es wichtig, ihre Zahl zu vervielfachen und ihrer Ungleichheit vorzubeugen.

Jean-Jacques Rousseau, Vom Gesellschaftsvertrag oder Grundsätze des Staatsrechts (Erstveröffentlichung 1762), Stuttgart 1986, S. 18, 21, 30 – 32

[1] volonté générale (frz.)

[2] volonté de tous (frz.)

Erwartungshorizont

Teilaufgabe 1.1 Schaubild zu Gesamtwille und Gemeinwille bzw. Gemeinwohl bei Jean-Jacques Rousseau

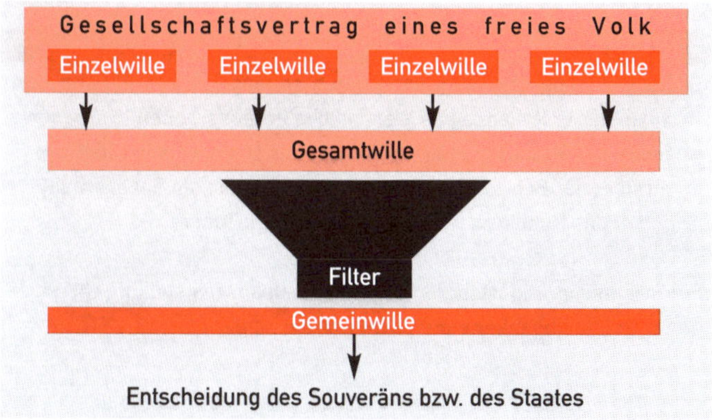

Teilaufgabe 1.2 Erklärung des Begriffs „Identitätstheorie"

- einheitlicher (homogener) Volkswille;
- vorgegebenes Gemeinwohl;
- Leugnen der Legitimität von Interessenkonflikten;
- Identität von Regierenden und Regierten.

Gründe für die Berechtigung der Kritik, dass die Identitätstheorie „der Diktatur den Weg bereitet", z. B.:

- Ablehnung pluralistischer Strukturen durch die Festlegung des Gemeinwohls a priori;
- Durchsetzung und Aufrechterhaltung des homogenen Volkswillens ggf. mit allen Mitteln; Unterdrückung unterschiedlicher, individueller Interessen;
- Ablehnung des Repräsentationsprinzips aufgrund der angeblichen Unvertretbarkeit des Gemeinwillens;
- Wahlen in reduzierter Bedeutung der Umsetzung eines scheinbar objektiven Volkswillens.

Die Kritik, dass die Identitätstheorie „der Diktatur den Weg bereitet", lässt sich auch relativieren: So kann der Schüler z. B. darauf hinweisen, dass die mit dieser Theorie verbundenen plebiszitären Elemente als Erweiterung bzw. Vertiefung des demokratischen Gedankens verstanden werden können, dass die Achtung von Grundrechten auch hier nicht prinzipiell ausgeschlossen wird oder dass Regierungswechsel grundsätzlich möglich sind. Die Argumentation kann durch Herstellen geeigneter Bezüge zu identitätstheoretischen Ansätzen bestimmter politischer Denker vertieft werden.

nach: Abituraufgabe Bayern 2005

Arbeitstechnik: Visualisierung von Textzusammenhängen

Durch Visualisierung eines Textzusammenhanges in einem Schaubild

- muss der Erstellende das Wesentliche herausarbeiten,
- erhält das Publikum eine vereinfachende Orientierungshilfe,
- versteht der Betrachter schneller einen komplexen Sachverhalt,
- behält das Publikum mehr als durch reines Zuhören.

Eine Visualisierung ist in der Regel eine Zusammenstellung verschiedener Gestaltungselemente: Wichtig dabei sind:

1. Textteile:
- Lesbarkeit der Schrift (Größe, Deutlichkeit)
- Einfachheit der Sprache
- Klare (Zu)Ordnung der Begriffe
- Kürze und Prägnanz der Formulierungen

2. Farben, freie Grafiken und Symbole:
- Eindeutig unterscheidbare Farben stellen Bezüge her.
- Umrandungen und Schraffuren markieren Gemeinsamkeiten.
- Pfeile zeigen Zusammenhänge (Folgen, Widersprüche).
- Standardisierte Symbole erleichtern das Verständnis.

3. Arten eines Organigramms:
- Hierarchische Strukturen (Über- und Unterordnung)
- Abläufe (Ursache und Wirkung)
- Organisationen (Gesamtheit und Bestandteile)

Eine übersichtliche Visualisierung benötigt ausreichend Platz. Selbst gelungene Schaubilder erfordern häufig eine zusätzliche Erläuterung, weil eine Visualisierung von der Vereinfachung lebt!

2.4 Analyse von Fotos

Thema: Wandel diktatorischer Herrschaftssysteme

Aufgabenstellung

Im September 2005 konnten in Afghanistan nach fast vier Jahrzehnten erstmals wieder freie Wahlen stattfinden.
Untersuchen Sie ausgehend von den Abbildungen, welche Probleme bei der Durchführung dieser Wahlen überwunden werden mussten!

Bilder aus Medienberichten
zu den Parlamentswahlen
in Afghanistan im September 2005

Abb. 1

Abb. 2

Abb. 3

Erwartungshorizont

Probleme, die bei der Durchführung der Wahlen überwunden werden mussten, insbesondere:

- Organisation und Durchführung von Wahlen in einer überwiegend analphabetischen und in demokratischen Verfahren ungeübten Bevölkerung;
- Traditionen, kulturelle Praktiken und religiöse Auffassungen, die häufig mit freien und gleichen Wahlrechten kontrastieren;
- Gefahr von Manipulationen und Unregelmäßigkeiten bei der Wahl;
- Störungen und militant-terroristische Aktivitäten, die Sicherungsmaßnahmen durch die internationale Schutztruppe (ISAF) erforderten;
- Herausforderungen logistischer und organisatorischer Art aufgrund der unzureichenden Infrastruktur und der schwierigen Zugänglichkeit vieler Landesteile.

Abituraufgabe Bayern 2006

Arbeitstechnik: Analyse von Fotos

Fragen bei der Arbeit mit Fotos

- Wann ist das Foto entstanden? Lässt sich ein bestimmter Anlass für die Aufnahme erkennen?
- Wer hat das Foto gemacht – und in wessen Auftrag?
- An welche(n) Adressaten könnte es gerichtet sein?

Zur Darstellung

- Was ist auf dem Bild dargestellt? Welche Einzelheiten sind zu sehen?
- Mit welcher Bildtechnik wurde das Foto gestaltet (Ausschnitt, Figuren, Gegenstände, Bildaufbau, Bildmittelpunkt, Brennweite, Kameraperspektive, Einstellungsgröße)?
- Wurde das Bild bearbeitet (Retusche, Montage, Beschnitt)?
- Lässt sich ein bestimmtes „Motiv“, ein Leitthema erschließen?
- Welche weiteren Informationen sind wichtig, um das Bild interpretieren und in seinen politischen Zusammenhang einordnen zu können?
- Ist das Foto repräsentativ (für die Entstehungszeit, für die Zeitgenossen)?
- Handelt es sich um einen Schnappschuss oder um eine gestellte Szene, um eine Amateur- oder Profiaufnahme?
- Sollte die gezeigte Situation dokumentiert oder künstlerisch gestaltet werden?

Zur Bewertung

- Wie bewerten Sie die Bildunterschriften und die dem Foto beigefügten Informationen? Enthalten sie Wertungen, sollen sie den Betrachter beeinflussen, enthalten sie Falschinformationen?
- Welche Fragen bleiben offen?
- Wenn Sie alle Fragen beantwortet haben: Welches „Gesamtbild“ entsteht für Sie, nachdem Sie alle „Puzzleteile“ zusammengefügt haben? Welche Deutungen soll das Bild mit welchen Darstellungstechniken vermitteln? Wie deuten Sie die Aussage des Fotos?

nach:www.stiftung.koerber.de/wettbewerbe/geschichtswettbewerb/workshop/fotos.pdf

2.5 Analyse von Karikaturen

Thema: Internationale Politik

Aufgabenstellung

Beschreiben und interpretieren Sie die Karikatur und diskutieren Sie den darin dargestellten Reformvorschlag! *[20 BE/60 BE]*

Erwartungshorizont

Beschreibung der Karikatur:

- Konferenztisch des UN-Sicherheitsrates mit den Regierungschefs der fünf ständigen Vertreter im Weltsicherheitsrat Russland, USA, China, Frankreich, Großbritannien;
- vier Vertreter der Staaten Brasilien, Japan, Indien und Deutschland vor dem Konferenztisch auf einem Teppich, hinter dem ein Parkplatzschild steht;
- Bundeskanzler Schröder, der Vertreter Deutschlands, als Wortführer;
- zurückhaltende Reaktion der Regierungschefs der fünf ständigen Vertreter im UN-Sicherheitsrat

Interpretation der Karikatur:

Diskussion um die Reform des UN-Sicherheitsrates mit Vorschlag seiner Erweiterung um die neuen ständigen Mitglieder Brasilien, Japan, Indien und Deutschland u. a. als einflussreiche Vertreter großer Weltregionen.

Mögliche Aspekte einer Diskussion des dargestellten Reformvorschlags:

Argumente für den Reformvorschlag, z. B.:

- weitgehende Einigkeit über Notwendigkeit zur Anpassung des UN-Sicherheitsrats an weltpolitische Konstellationen und Probleme seit Ende des Kalten Krieges;
- Infragestellung der Auswahl der fünf ständigen Mitglieder und Suche nach neuen Kriterien;
- von vielen Staaten anerkannter Anspruch Deutschlands und Japans als große Wirtschaftsnationen und wichtige Nettozahler der UN;
- berechtigter Anspruch Brasiliens und Indiens als besonders bevölkerungsreiche Staaten;
- Aufwertung Deutschlands als geschätzter Vermittler in internationalen Krisen.

Einwände gegen den Reformvorschlag, z. B.:

- Misstrauen gegenüber einem zu mächtigen Deutschland (v.a. von anderen EU-Staaten);
- Vorbehalte z. B. Chinas gegen die Aufwertung Japans und Indiens;
- keine Berücksichtigung des afrikanischen Kontinents;
- Machtverlust der bisherigen ständigen Vertreter;
- Effizienzverlust wegen schwierigerer Entscheidungsfindung.

Eingegangen werden kann auch auf die Verknüpfung der Frage der Zusammensetzung des Sicherheitsrates mit anderen strukturellen Reformen.

Abituraufgabe Bayern 2005

Arbeitstechnik: Analyse von Karikaturen

Beobachtungsfragen	Beobachtungsgegenstände	Untersuchungsbereich
Was sieht man?	Zustände, Vorgänge, Personen	Thema, Problem
Wer/Was wird angegriffen?	z. B. Politiker, Industrie, Umweltverschmutzer	Angriffsziel
Wer wird angesprochen?	z. B. Parteifreunde, Interessengruppen, Steuerzahler	Adressaten
Wie wirkt die K. auf mich? Wie reagiere ich?	z. B. abschreckend, erheiternd; Zustimmung, Ablehnung (Identifikation, Aversion)	Wirkungstendenz, Leserreaktion
Warum wirkt die K. so auf mich?	pers. Einstellung zum Problem, Idealvorstellung und Realität	Urteile – Vorurteile, Realitätsbezug
Wie verfahre ich, meinen Eindruck zu belegen? Was untersuche ich?	z. B. Bildaufbau, Raumaufteilung, Hintergrund, „Requisiten“, Personendarstellung oder -kontrastierung, Vorgänge, Bild-Textverhältnis, Grafik usw.	Gestaltungstechnik
Was fällt in der Darstellung besonders auf?	z. B. Verzerrung, Übertreibung, Schwarzweißmalerei, Andeutung, Verschlüsselung	Darstellungstendenz
Welche Darstellungsmittel bewirken die Aussagetendenz?	z. B. – Andeutung, Zitate, Bilder – Metapher, Vergleich, Personifikation, Symbole – Montage, Zitat, Umstellung – Vereinfachung, Verallgemeinerung – Mehrdeutigkeit, Ironie	Darstellungsmittel

2.6 Auswerten von Tabellen

Thema: Gesellschaftlicher Wandel und gesellschaftliche Herausforderungen

Aufgabenstellung

1. In der politisch interessierten Öffentlichkeit gibt es zur Zeit eine kontroverse Debatte über das Entstehen einer „neuen Unterschicht".

1.1 Analysieren Sie die Entwicklung der Einkommensverteilung nach M 1. *[12/60 VP]*

1.2 Prüfen Sie, ob sich die These von der Entwicklung einer neuen Unterschicht mit den Daten aus M 1 belegen lässt. *[6/60 VP]*

M 1 Schichtung der Bevölkerung nach relativen Einkommenspositionen

Verteilung der monatlichen Haushaltsnettoeinkommen						
Deutschland insgesamt (Mittelwert gesamt = 100 %)	1991	1994	1997	2000	2001	2002
Relativer Wohlstand (> 150 %)	13,0	12,3	11,1	12,2	12,9	12,5
Gehobene Einkommenslage (125 – 150 %)	10,5	10,8	10,0	10,7	9,6	9,9
Mittlere Einkommenslage (75 – 125 %)	39,4	41,6	44,0	43,4	44,2	41,0
Prekärer Wohlstand (50 – 75 %)	26,9	25,7	25,7	24,5	23,9	25,5
Relative Armut (0 – 50 %)	10,1	9,6	9,2	9,2	9,4	11,1

Aus: Statistisches Bundesamt (Hrsg.), Datenreport 2004, S. 629.

Tabelle links:
Eigenwald, in: Praxis Deutsch, Heft 22 (1977), S. 46
zit. nach Manfred Handwerger, Die politische Karikatur, in: Handreichungen für den Sozialkundeunterricht, 1. Folge: Band 1, Juli 1983, S. 74

Erwartungshorizont

Zu Teilaufgabe 1.1

Das Zahlenmaterial aus M 1 ist hier systematisch und gezielt auf die Fragestellung hin, das heißt auf die Entwicklung der Einkommensverteilung, zu untersuchen; dazu gehört eine Formalanalyse des vorgelegten Materials, eine inhaltliche Zusammenfassung und als dritter Schritt eine Interpretation der Aussagen.

Die Statistik M 1 stellt eine Schichtung der Bevölkerung nach relativem Einkommen dar, und zwar in nicht absoluten Einkommenswerten, sondern in Prozentabweichungen vom Mittelwert der Gesamtbevölkerung, der allerdings auch nicht in absoluten Zahlen angegeben wird.
Die Zahlen sind dem „Datenreport 2004" des Statistischen Bundesamtes, einer zuverlässigen Quelle, entnommen und beziehen sich auf die Bundesrepublik Deutschland. Zwischen 1991 und 2000 werden die Daten im Dreijahresrhythmus angegeben, dann jährlich für 2001 und 2002, sodass eine leichte Streckung der Zeitachse zu berücksichtigen ist.
Die Prozentabweichungen vom Mittelwert, der das durchschnittliche Haushaltsnettoeinkommen in der Bundesrepublik angibt, werden in Gruppen gebündelt. Die Benennung der Gruppen bezieht sich auf den Grad der Abweichung vom Mittelwert. So wird zum Beispiel die oberste Gruppe, die um mehr als 50 % vom Mittelwert abweicht, mit „relativer Wohlstand" bezeichnet. Diese Gruppe nimmt von 1991 bis 1997 um 1,9 % ab und im folgenden Zeitraum bis 2002 wieder um 1,4 % zu, das heißt im gesamten betrachteten Zeitraum gibt es eine Abnahme um 0,5 %.
Ähnlich verläuft die Entwicklung bei der zweiten, als „gehobene Einkommenslage" bezeichneten Gruppe mit einer Abweichung von 125 % bis 150 % vom Mittelwert: Hier ergibt sich eine fast gleich bleibende Entwicklung mit Schwankungsbreiten von maximal 0,6 % nach oben oder unten mit einer insgesamt leicht abfallenden Tendenz über den Zeitraum hinweg; damit bleiben von den 10,5 % von 1991 in dieser Gruppe im Jahr 2002 noch 9,9 % der Bevölkerung übrig.
Der als „mittlere Einkommensgruppe" bezeichnete Teil der Bevölkerung steht für eine Abweichung von 25 % nach oben und unten vom Mittelwert; er steigt zwischen 1991 und 1997 an und nimmt dann – mit einer Ausnahme für das Jahr 2001 – ab, wobei sich einer Zugrundelegung des Gesamtzeitraums trotzdem ein Anstieg um 1,6 % von 39,4 % auf 41,0 % zu beobachten ist; zu berücksichtigen ist dabei, dass diese Gruppe auch in

den Prozentabweichungen die größte Gruppe abgesehen von den „relativen Armen" ist, da sie, wie oben gesagt, eine Spannweite von 50 % umfasst.
Die Größe der als „prekärer Wohlstand" bezeichneten Gruppe (mit 50 % bis 75 % des Durchschnittswertes) schwankt im Beobachtungszeitraum um bis zu 3 %, die Gruppe verändert ihren Rangplatz als zweitgrößte Bevölkerungsgruppe aber nicht; sie nimmt zwischen 1991 und 2002 gerade einmal um 1,4 % ab.
Die letzte Gruppe zeichnet sich durch ein Durchschnittseinkommen zwischen 0 und 50 % aus und wird als „relative Armut" bezeichnet. Sie entwickelt sich ohne große Schwankungsbreiten unstetig nach oben und steigt von einem 10,1 %-Anteil 1991 auf 11,1 % im Jahr 2002.
Wenn man den gesamten Zeitraum und alle Gruppen betrachtet und dabei die Ungenauigkeiten durch die Streckung der Zeitachse ab 2001 außer Acht lässt, kann man feststellen, dass die Armut größer geworden ist und die Gruppe „relative Armut" die Gruppe „gehobene Einkommenslage" an Anzahl übertrifft; die Mittelgruppe (75 % bis 125 % des Durchschnittseinkommens) wächst mit 1,6 % am stärksten, die übrigen Gruppen – die Gruppe „relative Armut" ausgenommen – reduzieren ihren Anteil an der Gesamtbevölkerung, am wenigsten die Gruppe der Wohlhabenden.
Bei der Betrachtung der Veränderungen von 2001 gegenüber 2002 fällt auf, dass die Reduzierung der Gruppe der Wohlhabenden fast so hoch ist wie über den Gesamtzeitraum hinweg, die „mittlere Einkommenslage" sinkt dramatisch um 3,2 % innerhalb dieses einen Jahres, die beiden untersten Gruppen nehmen um 1,6 beziehungsweise 1,7 % zu. Das bedeutet, dass der größte Teil der zahlenmäßigen Reduzierung der mittleren Gruppe in diesem Jahr zum Zuwachs der ärmeren und der armen Schichten führt, das heißt, es findet insgesamt eine Umverteilung „nach unten" statt. Für eine endgültige Aussage fehlen jedoch die Daten der Folgejahre.

Zu Teilaufgabe 1.2

Die These von der Entstehung einer neuen Unterschicht muss an den Aussagen der Tabelle M 1 auf konkrete Zusammenhänge und die innere Stimmigkeit überprüft werden.

M 1 bietet ausschließlich eine Darstellung der Einkommenssituation, deshalb wird es im Folgenden zunächst nur um die Analyse der Einkommenslage gehen.

Aus M 1 kann man belegen, dass die einkommensschwachen Schichten seit 2000 zugenommen haben, vor allem aber die Schicht in „relativer Armut". Damit könnte die Entwicklung der neuen Unterschicht belegt werden, aber dieser Beleg ist nicht hinreichend, da die Definition der neuen Klasse neben den Hinweisen auf die Einkommenssituation die Einstellungen, Verhaltensweisen und Lebensperspektiven, die mit einer bloßen Einkommensgruppentabelle nicht überprüfbar sind.
Um wirklich stichhaltige Belege für das Entstehen der neuen Unterschicht anzutreten, wären empirisch erhobene Daten zu den Lebensstilen, Verhaltensweisen und Präferenzen von Langzeitarbeitslosen bzw. ihren Familien oder Bedarfsgemeinschaftsangehörigen nötig, die mit den Aussagen von anderen Mitgliedern der „Unterschichten" verglichen werden müssen.

Abituraufgabe Baden-Württemberg 2006

Arbeitstechnik: Auswertung von Tabellen

Inhalt, Form und Quelle

- Welche Angaben können Sie dem Titel der Tabelle entnehmen?
- Lesen Sie alle Erklärungen sorgfältig (Erläuterungen zum Titel, zur Erhebungsmethode, Fußnoten etc.).
- Beachten Sie die Quellenangaben: Urheber, Veröffentlichung – wann, wo, von wem?
- Untersuchen Sie, um welche Einheiten es sich handelt (z. B. absolute Zahlen – in Tausend, in Millionen –, Prozentangaben etc.)
- Bei sozialwissenschaftlichen Erhebungen: Sind die Fallzahlen repräsentativ? N (n) gibt die Zahl der Befragten an.
- Welche Variablen werden miteinander in Beziehung gesetzt (z. B. Geschlecht, Alter, Beruf)?

Auswertung

- Welches zahlenmäßige Verhältnis verbindet die Variablen miteinander?
- Lassen sich Trends, Unregelmäßigkeiten (Zahlensprünge nach unten oder oben), Beschleunigungen erkennen?
- Betrachten Sie den Gesamtdurchschnitt und setzen Sie ihn in Relation zu den Einzelwerten. Wo gibt es signifikante Abweichungen?

Interpretation

- Fassen Sie die Einzelergebnisse der Tabelle zu einer Gesamtaussage zusammen.
- Wie fügt sich das Ergebnis in das behandelte Thema ein? Stellen Sie fest, ob sich eine – ev. vor der Auswertung formulierte – Erwartung/ Arbeitshypothese bestätigt oder nicht.
- Konnten Sie erkennen, ob die Tabelle (z. B. durch die Zusammenstellung der Variablen, einen bestimmten Zeitausschnitt o. a.) interessengeleitet erstellt wurde?

2.7 Analyse eines Schaubildes (Diagramms)

Thema: Familie und Sozialpolitik

Aufgabenstellung

Im vorliegenden Schaubild werden die Personenzahlen in Haushalten im Jahr 1900 jenen des Jahres 2001 gegenübergestellt.

1. Ermitteln Sie die wesentlichen Aussagen der Gegenüberstellung!
2. Erläutern Sie Aspekte, nach denen das Schaubild differenziert werden müsste, um zu genaueren Erkenntnissen bezüglich notwendiger sozialpolitischer Maßnahmen zu gelangen!

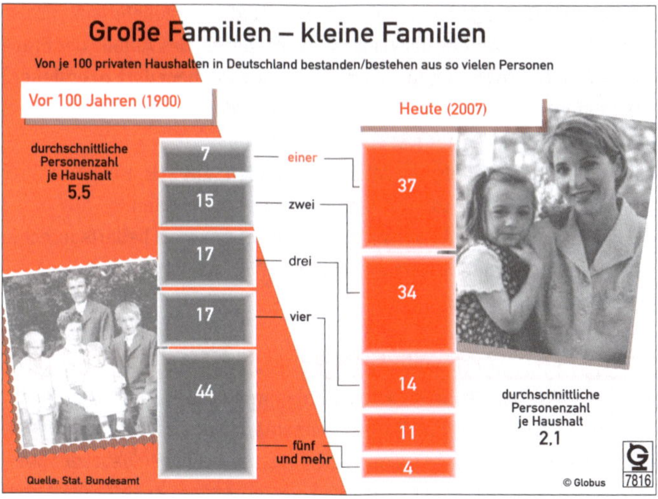

Erwartungshorizont

Teilaufgabe 1

Wesentliche Aussagen der Gegenüberstellung der Personenzahlen in den Haushalten in den Jahren 1900 und 2001:

- Reduzierung der durchschnittlichen Personenzahlen pro Haushalt um mehr als die Hälfte: von 5,5 Personen im Jahr 1900 auf 2,1 Personen im Jahr 2001;
- Absinken des Anteils der Fünf- und Mehrpersonenhaushalte: 44 % als höchster Anteil an Haushalten im Jahr 1900 gegenüber 4 % als geringster Anteil im Jahr 2001;
- mehr als Verfünffachung des Anteils der Einpersonenhaushalte: von 7 % im Jahr 1900 auf einen Anteil von 37 % im Jahr 2001;
- mehr als Verdopplung des Anteils der Zweipersonenhaushalte;
- Rückgang des Anteils der Drei- und Vierpersonenhaushalte um fast ein Drittel als auffällige, aber vergleichsweise geringe Veränderung: von einem Gesamtanteil von 34 % (17 % + 17 %) im Jahr 1900 auf 25 % (14 % + 11 %) als Gesamtanteil im Jahr 2001.

Teilaufgabe 2

Differenzierungen wären z. B. anhand der Alters- und Geschlechtsstruktur der Haushalte, der Form des Zusammenlebens oder auch in Bezug auf Berufs-, Bildungs- und Einkommensstruktur vorzunehmen:

- Ermittlung des Anteils der Älteren, dabei speziell des Anteils der Frauen, um z. B. Prognosen für Betreuungs- und Pflegebedarf zu erstellen;
- Ermittlung des Anteils der Kinder und von deren Alter, um z. B. den Bedarf an Kindergartenplätzen abzuschätzen;
- Ermittlung des Anteils der Alleinerziehenden, um z. B. Hinweise über erforderliche Ganztagsbetreuung für Kinder zu erhalten;
- Ermittlung des Anteils berufstätiger Eltern, um z. B. bedarfsgerechte Arbeitsplätze prognostizieren zu können.

Abituraufgabe Bayern 2004

Arbeitstechnik: Analyse eines Schaubildes

In Schaubildern wird statistisches Zahlenmaterial – zumeist in Form von Diagrammen – mit bildhaften Elementen (Fotos oder Grafiken) und ggf. mit Textinformationen kombiniert. Diagramme dienen dabei der größenmäßigen Veranschaulichung von Zahlenwerten. Zahlenwerte und Zusammenhänge zwischen zwei oder mehr Werten können im zwei-

oder dreidimensionalen Raum dargestellt werden *(xy-Diagramm bzw. dreidimensionales-Diagramm)*. Beispiele sind Punkt-, Strich-, Kurven-, Säulen-, Flächen- oder Kreisdiagramm.

Auswertung:

1. Lesen Sie Titel, Erläuterungen, Erhebungsmethoden, Fußnoten etc. sorgfältig durch.
2. Achten Sie auf die Quellenangabe, auf das Alter der Grafik und bei Umfrageergebnissen auf die Anzahl der Befragten/Untersuchten.
3. Untersuchen Sie die Einheiten (absolute Zahlen – in Tausend, in Millionen –, Prozentangaben, Mengen- bzw. Größenangaben, Jahreszahlen).
4. Differenzieren Sie unbedingt, ob das Zahlenmaterial auf tatsächlichen Werten oder auf Hochrechnungen beruht! Stellen Sie in letzterem Falle fest, welche Annahmen dem Schaubild zugrunde liegen (gelegentlich werden Varianten angegeben).
5. Überprüfen Sie, ob die Größendarstellungen des Diagramms sich proportional zu den Zahlenwerten verhalten oder ob Stauchungen und Verzerrungen vorliegen.
6. Sammeln Sie, welche Informationen man dem Schaubild entnehmen kann. Achten Sie dabei auf Unregelmäßigkeiten und Prognosen für die Zukunft.
7. Überprüfen Sie, welche Informationen durch bildliche Darstellungen illustriert bzw. kommentiert werden.
8. Versprachlichen Sie Ihre Erkenntnisse.
9. Werfen Sie noch einen kritischen Blick auf das Schaubild: Warum wurde es erstellt? Will es nur informieren oder auch aufrütteln und unsere Meinung lenken? Vor allem Zukunftsprognosen und Trendverlängerungen sind oft nur subjektive Annahmen, die (noch) nicht überprüft werden können!

2.8 Auswertung eines Modells

Thema: Gewaltenteilung und Macht

● Aufgabenstellung:

Untersuchen Sie das Verfassungsmodell der Tschechischen Republik hinsichtlich der Kennzeichen des parlamentarischen und des präsidentiellen Regierungssystems!

Erwartungshorizont

Zu untersuchen sind die Machtverteilung und Gewaltenteilung zwischen Präsident und Parlament:

- Elemente eines präsidentiellen Systems sind die Stellung des Präsidenten als Staatsoberhaupt und als Oberbefehlshaber der Streitkräfte, dessen Recht auf Abschließen internationaler Verträge und auf ein suspensives Veto. Typisch ist ferner, dass der Ministerpräsident durch das Parlament nur bestätigt, aber nicht gewählt wird.
- Elemente eines parlamentarischen Systems sind die Wahl des Präsidenten durch das Abgeordnetenhaus und den Senat, die Abhängigkeit der Regierung vom Abgeordnetenhaus, dem sie politisch verantwortlich ist und dessen Bestätigung sie braucht, sowie das Recht des Abgeordnetenhauses und des Senats, Gesetze zu beschließen.

Dem Schaubild zufolge lässt sich das Verfassungssystem der Tschechischen Republik keinem der beiden Regierungssysteme eindeutig zuordnen; es stellt sich als Mischform dar.

Abituraufgabe Bayern 2003

Arbeitstechnik:	Auswertung eines Modells
Was will das Strukturmodell erfassen?	Sehen Sie sich das Inhaltsverzeichnis, die Überschrift und den hinführenden Text genau an! In welchem Kontext steht das Modell? Warum steht es gerade an dieser Stelle?
Welche einzelnen Elemente sind abgebildet?	Beachten Sie die – meist grafisch hervorgehobenen – Schlüsselstellen des Modells! Wo sind die Ausgangs- bzw. Zielpunkte für die dargestellten Beziehungen? Findet sich eine Legende?
Was bedeuten Symbole und grafische Besonderheiten?	Verbalisieren Sie die dargestellten Beziehungen und Zusammenhänge! Entschlüsseln Sie die grafischen Elemente (z. B. Kreise, Kästchen, Pfeile, Farben, Linien, Wellen u. ä.)! Warum sind z. B. unterschiedliche Schriftgrößen verwendet?
Welche Informationen werden zusätzlich vermittelt?	Beziehen Sie Beschriftungen, Randbemerkungen, Erklärungen, Fußnoten ein! Lassen sich eventuell aus der Quellenangabe Schlüsse ziehen (Autor? Jahresangabe?)?
Ist das Modell vollständig?	Überlegen Sie – unter Einbeziehung Ihres Vorwissens –, ob die Subsysteme vollständig dargestellt sind! Sind Zusammenhänge nur pauschal und wenig differenziert wiedergegeben? Gibt es zusätzliche Beziehungen evtl. auch nach außen, die das System beeinflussen? Welche? Ist – bei Abläufen – evtl. der Zeitfaktor berücksichtigt?
Ist das Modell verständlich?	Sind Zusammenhänge übersichtlich genug dargestellt? Lassen sich Prozessabläufe nachvollziehen? Können Sie jetzt dargestellte Zusammenhänge und Abläufe ohne Schwierigkeiten verbal wiedergeben?
Ist die Realität mit dem Modell zutreffend erfasst?	Überlegen Sie, inwieweit das Modell Zusammenhänge oder Abläufe insgesamt zu abstrakt, zu ungenau oder auch zu kleinschrittig darstellt! Überprüfen Sie seinen Aussagewert, indem Sie reale Abläufe mit dem Modell vergleichen!

Archiv der sozialen Demokratie der Friedrich-Ebert-Stiftung, Bonn – S. 56 (3);
Archiv für christlich-demokratische Politik der Konrad-Adenauer-Stiftung, Sankt Augustin – S. 56 (5);
Bergmoser + Höller Verlag, Aachen – S. 39, 46, 49, 53, 59, 62, 64, 84, 85, 115, 116, 122, 140, 184, 218;
ddp Deutscher Depeschendienst / AP, Berlin – S. 206;
dpa Info-Grafik, Frankfurt – S. 103, 113, 118, 132, 135, 141, 160, 181, 215;
dpa Picture-Alliance / epa Syed Jan Sabawoon, Frankfurt – S. 206;
Wolfgang Horsch, Niedernhall – S. 208;
http://www.einsatz.bundeswehr.de – S. 206.